建/筑/工/程/施/工/现/场/管/理/人/员/实/操/系/列

资料员
实操技能 全图解

郑淳峻 主编

化学工业出版社

·北京·

内容提要

本书内容包括：资料管理概述、资料员基础知识、工程施工管理资料管理、施工测量记录资料管理、工程施工技术资料管理、施工物资资料管理、施工记录资料管理、施工试验记录资料管理、工程施工质量验收记录资料管理、建筑工程竣工组卷资料管理、工程监理资料管理及附录。

本书内容翔实、简单易懂、综合性强，且与工程实际紧密结合，具有较强的实用性。为便于学习与理解，本书将内容以文字、图形和表格等方式准确、简洁地表达出来，化繁为简，便于读者有目标地学习。书中还增加了教学视频，读者可以扫描书中的二维码进行观看。

本书可供建筑施工现场的资料员及施工技术人员参考，也可供相关院校师生使用。

图书在版编目（CIP）数据

资料员实操技能全图解/郑淳峻主编 .—北京：化学工业出版社，2020.5（2023.3重印）
建筑工程施工现场管理人员实操系列
ISBN 978-7-122-36231-5

Ⅰ.①资… Ⅱ.①郑… Ⅲ.①建筑工程-技术档案-档案管理-图解 Ⅳ.①G275.3-64

中国版本图书馆 CIP 数据核字（2020）第 028603 号

责任编辑：彭明兰　　　　　　　　　　文字编辑：毕小山
责任校对：宋　夏　　　　　　　　　　装帧设计：史利平

出版发行：化学工业出版社（北京市东城区青年湖南街13号　邮政编码100011）
印　　装：三河市延风印装有限公司
787mm×1092mm　1/16　印张14½　字数366千字　2023年3月北京第1版第7次印刷

购书咨询：010-64518888　　　　　　　售后服务：010-64518899
网　　址：http://www.cip.com.cn
凡购买本书，如有缺损质量问题，本社销售中心负责调换。

定　价：58.00元　　　　　　　　　　　　　　　　版权所有　违者必究

前言

为了加强建筑与市政工程施工现场专业人员队伍建设、规范专业人员的职业能力评价、指导专业人员的使用与教育培训、促进科学施工、确保工程质量和安全生产，中华人民共和国住房和城乡建设部(以下简称住房和城乡建设部)制定了《建筑与市政工程施工现场专业人员职业标准》(JGJ/T 250—2011)，在建设行业开展关键岗位培训考核和持证上岗工作，对于提高从业人员的专业技术水平和职业素养、促进施工现场规范化管理、保证工程质量和安全、推动行业发展和进步发挥了积极重要的作用。此标准的核心是建立全面综合的职业能力评价制度，该制度是关键岗位培训考核工作的延续和深化。实施此标准的根本目的是为了提高建筑与市政工程施工现场专业人员队伍素质，确保施工质量和安全生产。

为了响应住房和城乡建设部的号召，加强建筑工程施工现场专业人员队伍建设，促进科学施工，确保工程质量和安全生产，我们依据《建筑与市政工程施工现场专业人员考核评价大纲》和《建筑与市政工程施工现场专业人员职业标准》(JGJ/T 250—2011)，按照职业标准要求，针对施工现场管理人员的工作职责、专业知识、专业技能，遵循易学、易懂、能现场应用的原则，组织编写了本书。

本书从简单的入门知识着手，结合现场施工资料管理经验，详细地介绍了施工现场资料管理相关知识，注重理论与实际的结合，给出大量资料表格填写示例，方便读者对照查阅。本书形式上大体运用图表的格式清晰地展现出来，具有简单易懂、综合性强的特点。书中还增加了教学视频，读者可以扫描书中的二维码进行观看。

本书内容共分为十一章，分别为资料管理概述、资料员基础知识、工程施工管理资料管理、施工测量记录资料管理、工程施工技术资料管理、施工物资资料管理、施工记录资料管理、施工试验记录资料管理、工程施工质量验收记录资料管理、建筑工程竣工组卷资料管理、工程监理资料管理。

本书由郑淳峻担任主编，参加编写的人员有魏文彪、高海静、葛新丽、梁燕、吕君、孙玲玲、张跃、阎秀敏、何艳艳、高世霞、常聪聪、哈翠翠等。

由于时间仓促和能力有限，本书难免有不完善的地方，敬请读者批评指正，以期通过不断的修订与完善，使本书能真正成为资料员岗位工作的必备助手。

编者
2020.2

目录

第一章 资料管理概述 ………………………………………………………… 1

第一节 工程资料的分类与编号 ……………………………………………… 1
一、工程资料的分类 ………………………………………………… 1
二、工程资料的编号 ………………………………………………… 12

第二节 施工资料管理的程序与建筑工程资料编写基本要求 ……………… 14
一、施工资料管理的程序 …………………………………………… 14
二、建筑工程资料编写基本要求 …………………………………… 15

第三节 建筑工程技术资料的内容 …………………………………………… 19
一、施工前期的技术资料 …………………………………………… 19
二、施工阶段的技术资料 …………………………………………… 19
三、工程竣工后提交城建档案管理部门的归档资料 ……………… 20
四、建设工程竣工备案资料 ………………………………………… 20

第四节 工程资料管理的术语 ………………………………………………… 20
一、工程资料管理常用术语 ………………………………………… 20
二、工程资料管理其他术语 ………………………………………… 23

第二章 资料员基础知识 ……………………………………………………… 25

第一节 资料员的基本要求与职责 …………………………………………… 25
一、资料员的基本要求 ……………………………………………… 25
二、资料员的工作职责 ……………………………………………… 25

第二节 资料员的工作内容 …………………………………………………… 27
一、施工前期阶段的工作内容 ……………………………………… 27
二、施工阶段的工作内容 …………………………………………… 28
三、竣工验收阶段的工作内容 ……………………………………… 28

第三节 整理工程技术资料 …………………………………………………… 31
一、工程技术保证资料的重要性 …………………………………… 31
二、整理工程技术资料的原则 ……………………………………… 31
三、竣工图样和资料的整理及编制要求 …………………………… 31

第三章 工程施工管理资料管理 ……………………………………………… 34

第一节 工程概况表 …………………………………………………………… 34
一、工程概况表填写说明 …………………………………………… 34
二、工程概况表填写示例 …………………………………………… 34

第二节 施工现场质量管理检查记录 ………………………………………… 35
一、填写说明 ………………………………………………………… 35
二、施工现场质量管理检查记录填写示例 ………………………… 36

第三节 建设工程质量事故调(勘)查记录 ………………………… 38
　　一、建设工程质量事故调(勘)查记录填写说明 ………………… 38
　　二、建设工程质量事故调(勘)查记录填写示例 ………………… 38
第四节 建设工程质量事故报告书 …………………………………… 39
　　一、建设工程质量事故报告书填写说明 ………………………… 39
　　二、建设工程质量事故报告书填写示例 ………………………… 39

第四章 施工测量记录资料管理 …………………………………… 41

第一节 施工测量放线记录 …………………………………………… 41
　　一、施工测量放线资料的编制要求 ……………………………… 41
　　二、施工测量放线报验申请表填表说明 ………………………… 41
　　三、施工测量放线报验申请表填写示例 ………………………… 42
第二节 工程定位测量记录 …………………………………………… 43
　　一、工程定位测量记录填写说明 ………………………………… 43
　　二、工程定位测量记录填写注意事项及示例 …………………… 44
第三节 基槽验线记录 ………………………………………………… 45
　　一、填写基槽验线记录的要求 …………………………………… 45
　　二、基槽验线记录填写说明 ……………………………………… 46
　　三、基槽验线记录填写示例 ……………………………………… 46
第四节 楼层平面放线记录 …………………………………………… 47
　　一、楼层平面放线记录填表说明 ………………………………… 48
　　二、楼层平面放线记录填写示例 ………………………………… 48
第五节 楼层标高抄测记录 …………………………………………… 49
　　一、楼层标高抄测记录填写要求 ………………………………… 49
　　二、楼层标高抄测记录填写说明 ………………………………… 49
　　三、楼层标高抄测记录填写示例 ………………………………… 50
第六节 建筑物垂直度、标高测量记录 ……………………………… 51
　　一、建筑物垂直度、标高测量记录填写要求 …………………… 51
　　二、建筑物垂直度、标高测量记录填写说明 …………………… 51
　　三、建筑物垂直度、标高测量记录填写示例 …………………… 53

第五章 工程施工技术资料管理 …………………………………… 54

第一节 工程技术文件报审表 ………………………………………… 54
　　一、填写要求 ……………………………………………………… 54
　　二、工程技术文件审查的主要内容 ……………………………… 54
　　三、工程技术文件报审表 ………………………………………… 55
第二节 施工组织设计(方案)报审表 ……………………………… 55
　　一、施工组织设计(方案)报审表的填表要求 ………………… 55
　　二、填表说明 ……………………………………………………… 56
　　三、施工组织设计(方案)报审表填写示例 …………………… 56
第三节 技术交底记录 ………………………………………………… 58
　　一、技术交底编制原则 …………………………………………… 58

    二、技术交底内容 ······ 58
    三、技术交底填写要求 ······ 59
    四、技术交底记录表填写示例 ······ 59
  第四节 图纸会审记录 ······ 60
    一、填写要求 ······ 60
    二、填写说明 ······ 60
    三、图纸会审记录表填写示例 ······ 60
  第五节 设计变更通知单 ······ 61
    一、填写要求 ······ 62
    二、填写说明 ······ 62
    三、设计变更通知单填写示例 ······ 62
  第六节 工程洽商记录 ······ 63
    一、填写要求 ······ 63
    二、填写说明 ······ 64
    三、工程洽商记录表填写示例 ······ 64

第六章 施工物资资料管理 ······ 65

  第一节 物资出厂合格证 ······ 65
    一、预制混凝土构件出厂合格证 ······ 65
    二、钢构件出厂合格证 ······ 66
    三、预拌混凝土出厂合格证 ······ 67
    四、半成品钢筋出厂合格证 ······ 68
  第二节 预拌混凝土运输单 ······ 69
    一、预拌混凝土运输单填写说明 ······ 70
    二、预拌混凝土运输单填写示例 ······ 70
  第三节 钢材试验报告 ······ 71
    一、钢材试验报告填写说明 ······ 71
    二、钢材试验报告填写示例 ······ 72
  第四节 水泥试验报告 ······ 73
    一、水泥试验报告填写说明 ······ 73
    二、水泥试验报告填写示例 ······ 74
  第五节 砂试验报告 ······ 75
    一、砂试验报告填写说明 ······ 75
    二、砂试验报告填写示例 ······ 75
  第六节 外加剂试验报告 ······ 76
    一、外加剂试验报告填写说明 ······ 76
    二、外加剂试验报告填写示例 ······ 76
  第七节 掺合料试验报告 ······ 77
    一、掺合料试验报告填写说明 ······ 77
    二、掺合料试验报告填写示例 ······ 77
  第八节 防水涂料试验报告 ······ 78
    一、防水涂料试验报告填写说明 ······ 78
    二、防水涂料试验报告填写示例 ······ 78

第九节　防水卷材试验报告 ··· 79
　　　　一、防水卷材试验报告填写说明 ··· 79
　　　　二、防水卷材试验报告填写示例 ··· 79
　　第十节　砖（砌块）试验报告 ··· 80
　　　　一、砖（砌块）试验报告填写说明 ··· 80
　　　　二、砖（砌块）试验报告填写示例 ··· 80
　　第十一节　轻集料试验报告 ·· 81
　　　　一、轻集料试验报告填写说明 ·· 81
　　　　二、轻集料试验报告填写示例 ·· 81
　　第十二节　材料、构配件进场试验报告 ·· 82
　　　　一、材料、构配件进场试验报告填写说明 ·· 82
　　　　二、材料、构配件进场试验报告填写示例 ·· 83
　　第十三节　设备开箱检验试验报告 ··· 83
　　　　一、设备开箱检验试验报告填写说明 ··· 83
　　　　二、设备开箱检验试验报告填写示例 ··· 84

第七章　施工记录资料管理 ·· 85

　　第一节　隐蔽工程验收记录 ·· 85
　　　　一、隐蔽工程验收记录填写说明 ·· 85
　　　　二、隐蔽工程验收记录填写示例 ·· 86
　　第二节　交接检查记录 ··· 86
　　　　一、交接检查记录填写说明 ·· 86
　　　　二、交接检查记录填写示例 ·· 87
　　第三节　沉降观测记录 ··· 88
　　　　一、沉降观测记录填写说明 ·· 88
　　　　二、沉降观测记录填写示例 ·· 88
　　第四节　地基验槽记录 ··· 89
　　　　一、地基验槽记录填写说明 ·· 89
　　　　二、地基验槽记录填写示例 ·· 90
　　第五节　混凝土开盘鉴定表 ·· 90
　　　　一、混凝土开盘鉴定表填写说明 ·· 90
　　　　二、混凝土开盘鉴定表填写示例 ·· 91
　　第六节　混凝土拆模申请表 ·· 92
　　　　一、混凝土拆模申请表填写说明 ·· 92
　　　　二、混凝土拆模申请表填写示例 ·· 92
　　第七节　混凝土预拌测温记录 ·· 93
　　　　一、混凝土预拌测温记录填写说明 ··· 93
　　　　二、混凝土预拌测温记录填写示例 ··· 94
　　第八节　大体积混凝土养护测温记录 ··· 94
　　　　一、大体积混凝土养护测温记录填写说明 ······································· 94
　　　　二、大体积混凝土养护测温记录填写示例 ······································· 94
　　第九节　地下工程防水效果检查记录 ··· 96
　　　　一、地下工程防水效果检查记录填写说明 ······································· 96

二、地下工程防水效果检查记录填写示例 ·· 96
第十节　地下工程试水检查记录 ··· 97
　　一、地下工程试水检查记录填写说明 ·· 97
　　二、地下工程试水检查记录填写示例 ·· 97

第八章　施工试验记录资料管理 ·· 99

第一节　土工击实试验报告 ··· 99
　　一、土工击实试验报告填写说明 ·· 99
　　二、土工击实试验报告填写示例 ·· 99
第二节　回填土试验报告 ·· 100
　　一、回填土试验报告填写说明 ··· 100
　　二、回填土试验报告整理要求 ··· 100
　　三、回填土试验报告填写示例 ··· 101
第三节　钢筋连接试验报告 ·· 102
　　一、钢筋连接试验报告填写说明 ··· 102
　　二、钢筋连接试验报告填写示例 ··· 102
第四节　砂浆配合比申请单与通知单 ·· 103
　　一、砂浆配合比申请单 ··· 103
　　二、砂浆配合比通知单 ··· 104
第五节　砂浆抗压强度试验报告 ·· 105
　　一、砂浆抗压强度试验报告填写说明 ··· 105
　　二、砂浆抗压强度试验报告填写示例 ··· 105
第六节　砂浆试块强度统计、评定记录 ·· 107
　　一、砂浆试块强度统计、评定记录填写说明 ······································· 107
　　二、砂浆试块强度统计、评定记录填写示例 ······································· 108
第七节　混凝土配合比申请单与通知单 ·· 108
　　一、混凝土配合比申请单与通知单填写说明 ······································· 108
　　二、混凝土配合比申请单与通知单填写示例 ······································· 109
第八节　混凝土试块强度统计、评定记录 ·· 110
　　一、混凝土试块强度统计、评定记录填写说明 ····································· 110
　　二、混凝土试块强度统计、评定记录填写示例 ····································· 110
第九节　混凝土抗渗试验报告 ·· 111
　　一、混凝土抗渗试验报告填写说明 ··· 111
　　二、混凝土抗渗试验报告填写示例 ··· 112
第十节　饰面砖黏结强度试验报告 ·· 112
　　一、饰面砖黏结强度试验报告填写要求 ··· 112
　　二、饰面砖黏结强度试验报告填写示例 ··· 113

第九章　工程施工质量验收记录资料管理 ·· 114

第一节　检验批质量验收记录 ·· 114
　　一、检验批质量验收记录填写说明与依据 ··· 114
　　二、检验批质量验收记录填写示例 ··· 117

第二节 分项工程质量验收记录 …………………………………………… 119
　　一、分项工程质量验收记录填写说明与依据 ………………………… 119
　　二、分项工程质量验收记录表 ………………………………………… 120
第三节 分部工程质量验收记录 …………………………………………… 121
　　一、分部工程质量验收记录填写说明与依据 ………………………… 121
　　二、分部工程质量验收记录填写示例 ………………………………… 123
第四节 单位工程质量竣工验收记录 ……………………………………… 123
　　一、单位工程质量竣工验收记录填写说明与依据 …………………… 123
　　二、单位工程质量竣工验收记录填写示例 …………………………… 125
第五节 单位工程质量控制资料核查记录 ………………………………… 126
　　一、单位工程质量控制资料核查记录填写说明与依据 ……………… 126
　　二、单位工程质量控制资料核查记录填写示例 ……………………… 126
第六节 单位（子单位）工程安全和功能检验资料核查及主要功能抽查记录 … 127
　　一、填写说明与依据 …………………………………………………… 127
　　二、填写示例 …………………………………………………………… 128
第七节 单位工程观感质量检查记录 ……………………………………… 130
　　一、单位工程观感质量检查记录填写说明与依据 …………………… 130
　　二、单位工程观感质量检查记录填写示例 …………………………… 131

第十章 建筑工程竣工组卷资料管理 …………………………………… 132

第一节 竣工图 ……………………………………………………………… 132
　　一、主要内容 …………………………………………………………… 132
　　二、编制特点 …………………………………………………………… 132
　　三、测绘要求 …………………………………………………………… 132
　　四、竣工图章 …………………………………………………………… 136
　　五、竣工图纸折叠方法 ………………………………………………… 136
第二节 工程资料编制与组卷 ……………………………………………… 139
　　一、载体形式 …………………………………………………………… 139
　　二、质量要求 …………………………………………………………… 140
　　三、组卷要求 …………………………………………………………… 140
　　四、卷内文件排序 ……………………………………………………… 142
　　五、封面与目录 ………………………………………………………… 145
　　六、案卷规格与装订 …………………………………………………… 147
第三节 工程资料验收与移交 ……………………………………………… 148
　　一、工程资料验收 ……………………………………………………… 148
　　二、工程资料移交 ……………………………………………………… 149
　　三、建筑安装施工技术资料移交书与施工技术资料移交明细表 …… 149
第四节 工程竣工验收资料 ………………………………………………… 151
　　一、工程竣工验收必备条件 …………………………………………… 151
　　二、竣工验收基础资料 ………………………………………………… 151
　　三、竣工验收工程流程 ………………………………………………… 152
第五节 工程竣工备案管理 ………………………………………………… 153
　　一、合格工程竣工验收备案工作程序 ………………………………… 158

二、备案制项目竣工资料归档要求 …………………………………………… 158
　　三、影响建设工程竣工验收备案管理效率的主要因素 ………………………… 162
　第六节　建筑工程电子文件与电子档案管理 ……………………………………… 162
　　一、电子文件形成 ………………………………………………………………… 162
　　二、电子文件归档 ………………………………………………………………… 164
　　三、电子档案移交和接收 ………………………………………………………… 167
　　四、电子档案保管 ………………………………………………………………… 167
　　五、电子档案利用 ………………………………………………………………… 170
　　六、其他 …………………………………………………………………………… 170

第十一章　工程监理资料管理 …………………………………………… 174

　第一节　监理月报 ………………………………………………………………… 174
　　一、监理月报的封面及内容 ……………………………………………………… 174
　　二、监理月报的编制 ……………………………………………………………… 176
　　三、监理月报实例 ………………………………………………………………… 179
　第二节　监理会议纪要 …………………………………………………………… 183
　　一、监理会议的类型 ……………………………………………………………… 183
　　二、监理例会会议 ………………………………………………………………… 183
　　三、会议纪要的编写 ……………………………………………………………… 186
　　四、监理会议纪要编制的常用表格 ……………………………………………… 188
　　五、工地例会纪要实例 …………………………………………………………… 189
　第三节　工程进度控制资料 ……………………………………………………… 190
　　一、工程开工报审表 ……………………………………………………………… 190
　　二、施工进度计划报验申请表 …………………………………………………… 192
　　三、工程临时延期申请表 ………………………………………………………… 193
　　四、工程临时延期审批表 ………………………………………………………… 196
　第四节　工程质量控制资料 ……………………………………………………… 197
　　一、旁站监理记录 ………………………………………………………………… 197
　　二、建筑材料报审表 ……………………………………………………………… 199
　　三、分项/分部工程施工报验表 …………………………………………………… 200
　　四、隐蔽工程报验申请表 ………………………………………………………… 200
　　五、不合格项处置记录表 ………………………………………………………… 201
　　六、工程质量问题和质量事故处理 ……………………………………………… 203
　第五节　工程造价控制资料 ……………………………………………………… 203
　　一、工程款支付申请表 …………………………………………………………… 203
　　二、工程款支付证书 ……………………………………………………………… 204
　　三、费用索赔申请表 ……………………………………………………………… 205
　　四、费用索赔审批表 ……………………………………………………………… 208

附录　隐蔽工程验收记录常用表格填写示例 ………………………………… 210

　　一、土方开挖工程隐蔽工程验收记录 …………………………………………… 210
　　二、土方回填工程隐蔽工程验收记录 …………………………………………… 210

三、混凝土工程隐蔽工程验收记录 ………………………………………… 211
四、钢筋工程隐蔽工程验收记录 …………………………………………… 212
五、砖砌体工程隐蔽工程验收记录 ………………………………………… 212
六、填充墙砌体工程隐蔽工程验收记录 …………………………………… 213
七、防水工程隐蔽工程验收记录 …………………………………………… 214
八、抹灰隐蔽工程验收记录 ………………………………………………… 214
九、门窗工程隐蔽工程验收记录 …………………………………………… 215
十、电气工程隐蔽工程验收记录 …………………………………………… 215
十一、给水与排水工程隐蔽工程验收记录 ………………………………… 216

部分参考文献 …………………………………………………………………… 218

第一章

资料管理概述

第一节 工程资料的分类与编号

一、工程资料的分类

工程建设一般将工程资料分为五个部分,包括工程准备阶段文件、监理资料、施工资料、竣工图和工程竣工文件,如图 1-1 所示。

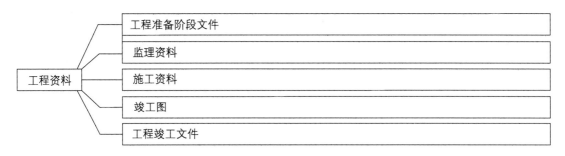

图 1-1 工程资料的分类

工程资料的类别见表 1-1。

表 1-1 工程资料的类别

工程资料类别		工程资料名称	工程资料来源	工程资料保管			
				施工单位	监理单位	建设单位	城建档案单位
A 类		工程准备阶段文件					
A1 类	决策立项文件	项目建议书	建设单位			★	★
		项目建议书的批复文件	建设行政管理部门			★	★
		可行性研究报告	建设单位			★	★
		可行性研究报告的批复文件	建设行政管理部门			★	★
		关于立项的会议纪要、领导批示	建设单位			★	★
		专家对有关项目的建议文件	建设单位			★	★
		项目评估研究资料	建设单位			★	★

续表

工程资料类别		工程资料名称	工程资料来源	工程资料保管			
				施工单位	监理单位	建设单位	城建档案单位
A类			工程准备阶段文件				
A2类	建设用地文件	选址申请及选址规划意见通知书	建设单位规划部门			★	★
		建设用地批准文件	土地行政管理部门			★	★
		拆迁安置意见、协议、方案等	建设单位		★	★	★
		建设用地规划许可证及其附件	规划行政管理部门			★	★
		国有土地使用证	土地行政管理部门			★	★
		划拨建用地文件	土地行政管理部门			★	★
A3类	勘察设计文件	岩土工程勘察报告	勘察单位	★	★	★	★
		建设用地钉桩通知书(单)	规划行政管理部门	★	★	★	★
		地形测量与拨地测量成果报告	测绘单位			★	★
		审定设计方案通知书及审查意见	规划行政管理部门			★	★
		审定设计方案通知书要求征求有关部门的审查意见和要求取得的有关协议	有关部门			★	★
		初步设计图及设计说明	设计单位			★	
		消防设计审核意见	消防救援机构	☆	☆	★	★
		施工图设计文件审查通知书及审查报告	施工图审查机构	☆	☆	★	
		施工图设计及其说明	设计单位	☆	☆	★	
A4类	招投标及合同文件	勘察招投标文件	建设单位、勘察单位			★	
		勘察合同♣	建设单位、勘察单位			★	★
		设计招投标文件	建设单位、设计单位			★	
		设计合同♣	建设单位、设计单位			★	★
		监理招投标文件	建设单位、监理单位		★	★	
		委托监理合同♣	建设单位、监理单位		★	★	★
		施工招投标文件	建设单位、施工单位	★	☆	★	
		施工合同	建设单位、施工单位	★	☆	★	★
A5类	开工文件	建设项目列入年度计划的申报文件	建设单位			★	★
		建设项目列入年度计划的批复文件或年度计划项目表	建设行政管理部门			★	★
		规划审批申报表及报送的文件和图纸	建设单位、设计单位				★
		建设工程规划许可证及其附件	规划部门			★	★
		建设工程规划许可证及其附件	建设行政管理部门	★	★	★	★
		工程质量安全监督注册登记	质量监督单位	☆	☆	★	★
		工程开工前的原貌影像资料	建设单位	★	★	★	★
		施工现场移交单	建设单位	☆	☆	☆	

续表

工程资料类别		工程资料名称	工程资料来源	工程资料保管			
				施工单位	监理单位	建设单位	城建档案单位
A 类			工程准备阶段文件				
A6 类	商务文件	工程投资估算资料	建设单位			★	
		工程设计概算资料	建设单位			★	
		工程施工图预算资料	建设单位			★	
A 类其他文件							
B 类			监理资料				
B1 类	监理管理资料	监理规划	监理单位		★	★	★
		监理实施细则	监理单位	☆	★	★	★
		监理月报	监理单位		★	★	
		监理会议纪要	监理单位	☆	★	★	
		监理工作日志	监理单位		★		
		监理工作总结	监理单位		★	★	★
		工作联系单	监理单位、施工单位	☆	☆		
		监理工程师通知	监理单位	☆	☆		
		监理工程师通知回复单♣	施工单位	☆	☆		
		工程暂停令	监理单位	☆	☆	☆	★
		工程复工报审表	施工单位	★	★	★	★
B2 类	进度控制资料	工程开工报审表♣	施工单位	★	★	★	
		施工进度计划申报表	施工单位	☆	☆		
B3 类	质量控制资料	质量事故报告及处理资料	施工单位	★	★	★	★
		旁站监理记录♣	监理单位	★	★	★	★
		见证取样和送检见证人员备案表	监理单位或建设单位	★	★	★	
		见证记录♣	监理单位	★	★	★	
		工程技术文件报审表	施工单位	☆	☆		
B4 类	造价管理资料	工程款支付申请表♣	施工单位	★	★	★	
		工程支付证书	监理单位	☆	☆	★	
		工程变更费用报审表♣	施工单位	☆	☆	★	
		费用索赔申请表	施工单位	☆	☆	★	
		费用索赔审批表	监理单位	☆	☆	★	
B5 类	合同管理资料	委托监理合同♣	监理单位		★	★	★
		工程延期申请表	施工单位	★	★	★	★
		工程延期审批表	监理单位	★	★	★	★
		分包单位资质报审表♣	施工单位	★	★	★	
B6 类	竣工验收资料	单位(子单位)工程竣工预验收记录♣	施工单位	★	★	★	
		单位(子单位)工程质量竣工验收记录♠	施工单位	★	★	★	★
		单位(子单位)工程质量竣工控制资料核查记录♣	施工单位	★	★	★	★
		单位(子单位)工程安全和功能检验资料核查及主要功能抽查记录♣	施工单位	★	★	★	★
		单位(子单位)工程观感质量检查记录♣	施工单位	★	★	★	★
		工程质量评估报告	监理单位	★	★	★	★
		建立费用决算资料	监理单位			★	
		监理资料移交书	监理单位		★	★	

续表

工程资料类别		工程资料名称	工程资料来源	工程资料保管			
				施工单位	监理单位	建设单位	城建档案单位
B类			监理资料				
B类其他资料							
C类			施工资料				
C1类	施工管理资料	施工概况表	施工单位	★	★	★	★
		施工现场质量管理检查记录♣	施工单位	★			
		企业资质证书及相关专业人员岗位证书	施工单位	☆	☆		
		分包单位资质报审表♣	施工单位	★	★	★	
		建设单位质量事故调查、勘察记录	调查单位	★	★	★	★
		施工检测计划	施工单位	☆	☆		
		见证记录♣	监理单位	★	★	★	
		见证试验检验测绘总表	施工单位	★			
		施工日志	施工单位	★			
		监理工程师通知回复单♣	施工单位	☆	☆		
C2类	施工技术资料	工程技术文件报审表♣	施工单位	☆	☆		
		施工组织设计及施工方案	施工单位	☆	☆		
		危险性较大部分分项工程施工方案专家论证表	施工单位	☆	☆		
		技术交底记录	施工单位	☆			
		图纸会审记录♥	施工单位	★	★	★	★
		设计变更通知书♥	设计单位	★	★	★	★
		工程洽商记录（技术核定单）	施工单位	★	★	★	★
C3类	进度造价资料	工程开工报审表♣	施工单位	★	★	★	★
		工程复工报审表♣	施工单位	★	★	★	★
		施工进度计划报审表	施工单位	☆	☆		
		施工进度计划	施工单位	☆	☆		
		人、机、料动态表	施工单位	☆	☆		
		工程延期申请表	施工单位	★	★	★	★
		工程款支付申请表	施工单位	☆	☆	★	
		工程变更费用报审表	施工单位	☆	☆	★	
		费用索赔申请表♣	施工单位	☆	☆	★	
C4类	施工物资资料	出厂质量证明文件及检验报告					
		砂、石、砖、水泥、钢筋、隔热保温材料、防腐材料、轻集料出厂质量保证文件	施工单位	★	★	★	★
		其他物质出厂合格证、质量保证书、检测报告和报告单或商检证	施工单位	★	☆	☆	
		材料、设备的相关检测报告、型式检测报告、3C强制认证合格证或3C标志	采购单位	★	☆	☆	
		主要设备、器具的安装使用说明书	采购单位	★	☆	☆	
		进口的主要材料设备的商检证明材料	采购单位	★	☆	★	★

续表

工程资料类别		工程资料名称	工程资料来源	工程资料保管			
				施工单位	监理单位	建设单位	城建档案单位
C类		施工资料					
C4类	施工物资资料	涉及消防、安全、卫生、环保、节能的材料和设备的检测报告或法定机构出具的有效证明文件	采购单位	★	★	★	
		进厂检验通用表格					
		材料、构配件进场检验记录♣	施工单位	☆	☆		
		设备开箱检验记录♣	施工单位	☆	☆		
		设备及管道附件试验记录♣	施工单位	★	☆	★	
		进场复试报告					
		钢材试验报告	检测单位	★	★	★	★
		水泥试验报告	检测单位	★	★	★	★
		砂试验报告	检测单位	★	★	☆	★
		碎(卵)石试验报告	检测单位	★	★		★
		外加剂试验报告	检测单位	★		★	
		防水涂料试验报告	检测单位	★	☆	★	
		防水卷材试验报告	检测单位	★	☆	★	
		砖(砌块)试验报告	检测单位	★	★	★	★
		预应力筋复试报告	检测单位	★	★	★	★
		预应力锚具、夹具和连接器复试报告	检测单位	★	★	★	★
		装饰装修用门窗复试报告	检测单位	★	☆	★	
		装饰装修用人造木板复试报告	检测单位	★	☆	★	
		装饰装修用花岗石复试报告	检测单位	★	☆	★	
		装饰装修用安全玻璃复试报告	检测单位	★	☆	★	
		装饰装修用外墙砖复试报告	检测单位	★	☆	★	
		钢结构用钢材复试报告	检测单位	★	★	★	★
		钢结构用防火涂料复试报告	检测单位	★	★	★	★
		钢结构用焊接材料复试报告	检测单位	★	★	★	★
		钢结构用高强度大六角头螺栓连接副复试报告	检测单位	★	★	★	★
		钢结构用扭剪型高强螺栓连接副复试报告	检测单位	★	★	★	★
		幕墙用铝塑板、石材、玻璃、结构胶复试报告	检测单位	★	★	★	★
		散热器、供暖系统保温材料、通风与空调工程绝热材料、风机盘管机组、低压配电系统电缆的见证取样复试报告	检测单位	★	☆	★	
		节能工程材料复试报告	检测单位	★	★	★	

续表

工程资料类别	工程资料名称	工程资料来源	工程资料保管			
			施工单位	监理单位	建设单位	城建档案单位
C 类	施工资料					
	通用表格					
	隐蔽工程验收记录	施工单位	★	★	★	★
	施工检查记录	施工单位	☆			
	交接检查记录	施工单位	☆			
	专用表格					
	工程定位材料记录♣	施工单位	★	★	★	★
	基槽验线记录	施工单位	★	★	★	★
	楼层平面放线记录	施工单位	☆	☆		
	楼层标高抄测记录	施工单位	☆	☆		
	建筑物垂直度、标高观测记录♣	施工单位	★	☆		
	沉降观测记录	施工单位	★	☆	★	★
	基坑支护水平位移监测记录	施工单位	☆	☆		
	桩基、支护测量放线记录	施工单位	☆	☆		
C5 类	地基验槽记录♥	施工单位	★	★	★	★
	地基钎探记录	施工单位	☆	☆	★	★
	混凝土浇灌申请书	施工单位	☆	☆		
	预拌混凝土运输单	施工单位	☆			
	混凝土开盘鉴定	施工单位	☆	☆		
	混凝土拆模申请单	施工单位	☆	☆		
	混凝土预拌测温记录	施工单位	☆			
	混凝土养护测温记录	施工单位	☆			
	大体积混凝土养护测温记录	施工单位	☆			
	大型构件吊装记录	施工单位	☆	☆	★	★
	焊接材料烘焙记录	施工单位	☆			
	地下工程防水效果检查记录♣	施工单位	☆	☆	★	
	防水工程试水检查记录♣	施工单位	☆	☆	★	
	通风(烟)道、垃圾道检查记录♣	施工单位	☆	☆	★	
	预应力筋张拉记录	施工单位	☆	☆	★	★
	有黏结预应力结构灌浆记录	施工单位	★	☆	★	★
	钢结构施工记录	施工单位	★	☆	★	
	网架(索膜)施工记录	施工单位	★	☆	★	★
	木结构施工记录	施工单位	★	☆	★	
	幕墙注胶检查记录	施工单位	★	☆	★	
	自动扶梯、自动人行道的相邻区域检查记录	施工单位	★	☆	★	
	电梯电气装置安装检测记录	施工单位	★	☆	★	
	自动扶梯、自动人行道电气装置检查记录	施工单位	★	☆	★	
	自动扶梯、自动人行道整机安装质量检查记录	施工单位	★	☆	★	

续表

工程资料类别		工程资料名称	工程资料来源	工程资料保管			
				施工单位	监理单位	建设单位	城建档案单位
C类		施工资料					
		通用表格					
		设备单机试运转记录♣	施工单位	★	☆	★	★
		系统试运转调试记录♣	施工单位	★	☆	★	★
		接地电阻测试记录♣	施工单位	★	☆	★	★
		绝缘电阻测试记录♣	施工单位	★	☆	★	★
		专用表格					
		建筑与构造工程					
C6类	施工试验记录及检测报告	锚杆试验报告	检测单位	★	☆	★	★
		地基承载力检验报告	检测单位	★	☆	★	★
		桩基检测报告	检测单位	★	☆	★	★
		土工击实试验报告	检测单位	★	☆	★	★
		回填土试验报告(应附图)	检测单位	★	☆	★	★
		钢筋机械连接试验报告	检测单位	★	☆	★	★
		钢筋焊接连接试验报告	检测单位	★	☆	★	★
		砂浆配合比申请单、通知单	施工单位	☆	☆		
		砂浆抗压强度试验报告	检测单位	★	☆	★	★
		砌筑砂浆试块强度统计、评定记录	施工单位			★	★
		混凝土配合比申请单、通知单	施工单位	☆	☆		
		混凝土抗压强度试验报告	检测单位	★	☆	★	★
		混凝土试块强度统计、评定记录	施工单位	★		★	★
		混凝土抗渗试验报告	检测单位	★	☆	★	★
		砂、石、水泥放射性指标报告	施工单位	★	☆	★	★
		混凝土碱总量计算书	施工单位	★	☆	★	★
		外墙饰面砖样板黏结强度试验报告	检测单位	★	☆	★	★
		后置埋件抗拔试验报告	检测单位	★	☆	★	★
		超声波探伤报告、探伤记录	检测单位	★	☆	★	★
		钢构件射线探伤报告	检测单位	★	☆	★	★
		磁粉探伤报告	检测单位	★	☆	★	★
		高强度螺栓抗滑移系数检测报告	检测单位	★	☆	★	★
		钢结构焊接工艺评定	检测单位	☆	☆		
		网架节点承载力试验报告	检测单位	★	☆	★	★
		钢结构防腐、防火涂料厚度检测报告	检测单位	★	☆	★	★
		木结构胶缝试验报告	检测单位	★	☆	★	
		木结构构件力学性能试验报告	检测单位	★	☆	★	★
		幕墙双组分硅酮(聚硅氧烷)结构密封胶混匀性及拉断试验报告	检测单位	★	☆	★	★
		幕墙的抗风压性能、空气渗透性能、雨水渗透性能及平面内变形性能检测报告	检测单位	★	☆	★	★

续表

工程资料类别		工程资料名称	工程资料来源	工程资料保管			
				施工单位	监理单位	建设单位	城建档案单位
C 类		施工资料					
C6 类	施工试验记录及检测报告	外门窗的抗风压性能、雨水渗透性能检测报告	检测单位	★	☆	★	★
		墙体节能工程保温板材与基层黏结强度现场拉拔试验	检测单位	★	☆	★	★
		外墙保温浆料同条件养护试件试验报告	检测单位	★	☆	★	★
		结构实体混凝土强度检验记录♣	施工单位	★	☆	★	
		结构实体钢筋保护层厚度检验记录♣	施工单位	★	☆	★	★
		围护结构现场实体检验	基层单位	★	☆	★	
		室内环境检测报告	基层单位	★	☆	★	
		节能性能检测报告检测单位	基层单位	★	☆	★	★
		给排水及供暖工程					
		灌(满)水试验记录♣	施工单位	☆	☆	★	
		强度严密性试验记录♣	施工单位	★	☆	★	★
		通水试验记录♣	施工单位	☆	☆	★	
		冲(吹)洗试验记录♣	施工单位	★	☆	★	
		通球试验记录	施工单位	☆	☆	★	
		补偿器安装记录	施工单位	☆	☆		
		消火栓试射记录	施工单位	★	☆	★	
		安全附件安装检查记录	施工单位	★	☆		
		锅炉烘炉试验记录	施工单位	★	☆		
		锅炉煮炉试验记录	施工单位	★	☆		
		锅炉试运行记录	施工单位	★	☆	★	
		安全阀定压合格证书	基层单位	★	☆	★	
		自动喷水灭火系统联动试验记录	施工单位	★	☆	★	★
		建筑电气工程					
		电气接地装置平面示意图表	施工单位	★	☆	★	★
		电气器具通电安全检查记录	施工单位	☆	☆	★	
		电气设备空载试运行记录♣	施工单位	★	☆	★	★
		建筑物照明通电试运行记录	施工单位	★	☆	★	★
		大型照明灯具承载试验记录♣	施工单位	★	☆	★	
		漏电开关模拟试验记录	施工单位	★	☆	★	
		大容量电气线路结点测温记录	施工单位	★	☆	★	
		低压配电电源质量测试记录	施工单位	★	☆	★	
		建筑物照明系统照度测试记录	施工单位	☆	☆	★	
		智能建筑工程					
		综合布线测试记录♣	施工单位	★	☆	★	★
		光纤损耗测试记录♣	施工单位	★	☆	★	★

续表

工程资料类别		工程资料名称	工程资料来源	工程资料保管			
				施工单位	监理单位	建设单位	城建档案单位
C类			施工资料				
C6类	施工试验记录及检测报告	视频系统末端测试记录♣	施工单位	★	☆	★	★
		子系统检测记录♣	施工单位	★	☆	★	★
		系统试运行记录♣	施工单位	★	☆	★	★
			通风与空调工程				
		风管漏光检测记录♣	施工单位	☆	☆	★	
		风管漏风检测记录♣	施工单位	★	☆	★	
		现场组装除尘器、空调机漏风检测记录	施工单位	☆	☆		
		各房间室内风量测量记录	施工单位	★	☆	★	
		管网风量平衡记录	施工单位	★	☆		
		空调系统试运转调试记录	施工单位	★	☆	★	★
		空调水系统试运转调试记录	施工单位	★	☆	★	★
		制冷系统气密性试验记录	施工单位	★	☆	★	
		净化空调系统检测记录	施工单位	★	☆	★	
		防排烟系统联合试运行记录	施工单位	★	☆	★	★
			电梯工程				
		轿厢平层准确度测量记录	施工单位	☆	☆	★	
		电梯层门安全装置检测记录	施工单位	★	☆	★	
		电梯电气安全装置检测记录	施工单位	★	☆	★	
		电梯整机功能检测记录	施工单位	★	☆	★	
		电梯主要功能检测记录	施工单位	★	☆	★	
		电梯负荷运行试验记录	施工单位	★	☆	★	★
		电梯负荷运行试验曲线图表	施工单位	★	☆	★	
		电梯噪声测试记录	施工单位	☆	☆	☆	
		自动扶梯、自动人行道安全装置检测记录	施工单位	★	☆	★	
		自动扶梯、自动人行道整机性能、运行试验记录	施工单位	★	☆	★	★
C7类	施工质量验收记录	检验批质量验收记录	施工单位	☆	☆	★	
		分项工程质量验收记录♣	施工单位	★	★	★	
		分部(子分部)工程质量验收记录♣	施工单位	★	★	★	★
		建筑节能分部工程质量验收记录♥	施工单位	★	★	★	★
		自动喷水系统验收缺陷项目划分记录♥	施工单位	★	☆	☆	
		程控电话交换系统分项工程质量验收记录	施工单位	★	☆	★	
		会议电视系统分项工程验收记录	施工单位	★	☆	★	
		卫星数字电视系统分项工程质量验收记录	施工单位	★	☆	★	
		有线电视系统分项工程质量验收记录	施工单位	★	☆	★	

续表

工程资料类别		工程资料名称	工程资料来源	工程资料保管			
				施工单位	监理单位	建设单位	城建档案单位
C类			施工资料				
C7类	施工质量验收记录	公共广播与紧急广播系统	施工单位	★	☆	★	
		分项工程质量验收记录	施工单位	★	☆	★	
		计算机网络系统分项工程质量验收记录	施工单位	★	☆	★	
		应用软件系统分项工程质量验收记录	施工单位	★	☆	★	
		网络安全系统分项工程验收记录	施工单位	★	☆	★	
		空调通风系统分项工程质量验收记录	施工单位	★	☆	★	
		变配电系统分项工程质量验收记录	施工单位	★	☆	★	
		公共照明系统分项工程验收记录	施工单位	★	☆	★	
		给排水系统分项工程质量验收记录	施工单位	★	☆	★	
		热源和热交换系统分项工程质量验收记录	施工单位	★	☆	★	
		冷冻和冷却水系统分项工程质量验收记录	施工单位	★	☆	★	
		电梯和自动扶梯系统分项工程质量验收记录	施工单位	★	☆	★	
		数据通信接口分项工程质量验收记录	施工单位	★	☆	★	
		中央管理工作站及操作分站分项工程质量验收记录	施工单位	★	☆	★	
		系统实时性、可维护性、可靠性分项工程质量验收记录	施工单位	★	☆	★	
		现场设备安装及检测分项工程质量验收记录	施工单位	★	☆	★	
		火灾自动报警及消防联动系统分项工程质量验收记录	施工单位	★	☆	★	
		综合防范功能分项工程验收记录	施工单位	★	☆	★	
		视频安防监控系统分项工程质量验收记录	施工单位	★	☆	★	
		入侵报警系统分项工程验收记录	施工单位	★	☆	★	
		出入口控制(门禁)系统分项工程质量验收记录	施工单位	★	☆	★	
		巡更管理系统分项工程验收记录	施工单位	★	☆	★	
		停车场(库)管理系统分项工程质量验收记录	施工单位	★	☆	★	
		安全防范综合管理系统分项工程质量验收记录	施工单位	★	☆	★	

续表

工程资料类别		工程资料名称		工程资料来源	工程资料保管			
					施工单位	监理单位	建设单位	城建档案单位
C类		施工资料						
C7类	施工质量验收记录	综合布线系统安装分项工程质量验收记录		施工单位	★	☆	★	
		综合布线系统性能检测分项工程质量验收记录		施工单位	★	☆	★	
		系统集成网络连接分项工程质量验收记录		施工单位	★	☆	★	
		系统数据集成分项工程质量验收记录		施工单位	★	☆	★	
		系统集成整体协调分项工程质量验收记录		施工单位	★	☆	★	
		系统集成综合管理及冗余功能分项工程质量验收记录		施工单位	★	☆	★	
		系统集成可维护性和安全性分项工程质量验收记录		施工单位	★	☆	★	
		电源系统分项工程质量验收记录		施工单位	★	☆	★	
C8类	竣工验收资料	工程竣工报告		施工单位	★	★	★	★
		单位(子单位)工程竣工预验收报验表♣		施工单位	★	★	★	
		单位(子单位)工程质量竣工验收记录♥		施工单位	★	★	★	★
		单位(子单位)工程质量控制资料核查记录♣		施工单位	★	★	★	★
		单位(子单位)工程安全和功能检验资料核查及主要功能抽查记录♣		施工单位	★	★	★	★
		单位(子单位)工程观感质量检查记录♥		施工单位	★	★	★	★
		施工决算资料		施工单位	☆	☆		
		施工资料移交书		施工单位	★		★	
		房屋建筑工程质量保修书		施工单位	★	★	★	
C类其他资料								
D类		竣工图						
D类	竣工图	建筑与结构竣工图	建筑竣工图	编制单位	★		★	★
			结构竣工图	编制单位	★		★	★
			钢结构竣工图	编制单位	★		★	★
		建筑装饰与装修竣工图	幕墙竣工图	编制单位	★		★	★
			室内装修竣工图	编制单位	★		★	★
		建筑给水、排水与供暖竣工图		编制单位	★		★	★
		建筑电气竣工图		编制单位	★		★	★
		智能建筑竣工图		编制单位	★		★	★
		通风与空调竣工图		编制单位	★		★	★
		室外工程竣工图	室外给水、排水、供热、供电、照明管线等竣工图	编制单位	★		★	★
			室外道路、园林绿化、花坛、喷泉等竣工图	编制单位	★		★	★

续表

工程资料类别		工程资料名称	工程资料来源	工程资料保管			
				施工单位	监理单位	建设单位	城建档案单位
D类		竣工图					
D类其他资料							
E类		工程竣工文件					
E1类	竣工验收文件	单位（子单位）工程质量竣工验收记录♥	施工单位	★	★	★	★
		勘察单位工程质量检查报告	勘察单位	☆	☆	★	★
		设计单位工程质量检查报告	设计单位	☆	☆	★	★
		工程竣工验收报告	建设单位	★	★	★	★
		规划、消防、环保等部门出具的认可文件或准许使用文件，房屋建筑工程质量保修书	政府主管部门	★	★	★	★
		住宅质量保证书、住宅使用说明书	施工单位			★	
		建设工程竣工验收备案表	建设单位	★	★	★	★
E2类	竣工决算文件	施工决算资料♣	施工单位	☆	☆	★	
		监理费用决算资料♣	监理单位		☆	★	
E3类	竣工文档文件	工程竣工档案预验收意见	城市档案管理部门			★	★
		施工资料移交书♣	施工单位	★		★	
		监理资料移交书♣	监理单位		★	★	
		城市建设档案移交书	建设单位			★	
E4类	竣工总结报告	工程竣工总结	建设单位			★	★
		竣工新貌影像资料	建设单位	★		★	★
E类其他资料							

注：1. 表中工程资料名称与资料保存单位所对应的栏中"★"表示"归档保存""☆"表示"过程保存"，是否归档保存可自行确定。

2. 表中注明"♣"的资料，宜由施工单位和监理单位或建设单位共同形成；表中注明"♥"的资料，宜由建设单位、设计单位、监理单位、施工单位等多方共同形成。

3. 勘察单位保存资料的内容应包括工程地质勘察报告、勘察招投标文件、勘察合同、勘察单位工程质量检查报告以及勘察单位签署的有关质量验收记录等。

4. 设计单位保存资料的内容应包括审定设计方案通知书及审查意见、审定设计方案通知书要求征求有关部门的审查意见和要求取得的有关协议、初步设计图及设计说明、施工图及设计说明、消防设计审核意见、施工图设计文件审查通知书及审查报告、设计招投标文件、设计合同、图纸会审记录、设计变更通知单、设计单位签署意见的工程洽商记录（包括技术核定单）、设计单位工程质量检查报告以及设计单位签署的有关质量验收记录。

二、工程资料的编号

要做好工程资料管理，除应知道其管理职责和分类等外，还应了解工程资料的编号原则。工程资料编号主要包括分部（子分部）工程划分及代号规定、施工资料编号的组成、施工资料的类别编号填写原则、顺序号填写原则和监理资料编号，如图1-2和表1-2所示。

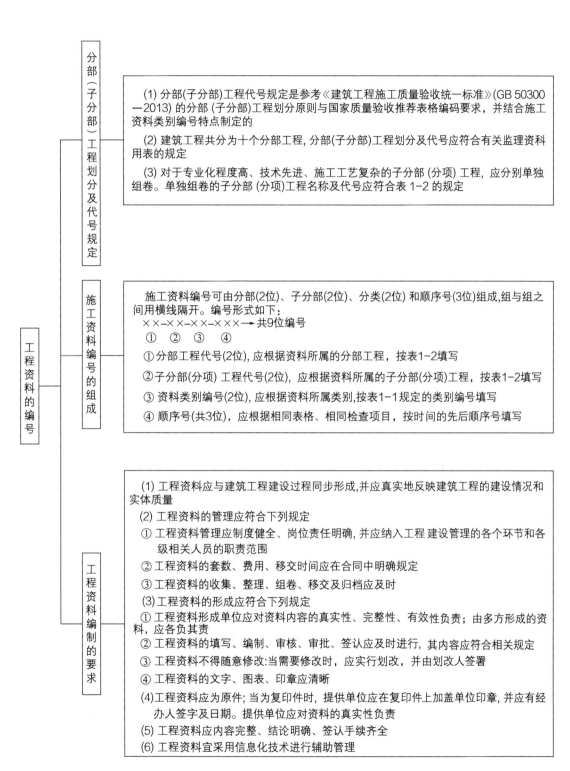

图 1-2 工程资料的编号

表 1-2 单独组卷子部分（分项）工程名称及代号参考表

部分工程名称	部分工程代号	单独组卷子部分(分项)工程	单独组卷子部分(分项)工程代号
地基与基础	01	有支护土方	02
		地基及基础处理	03
		桩基	04
		钢结构	09
主体基础	02	钢结构	04
		木结构	05
		网架和索膜结构	06
建筑装饰装修	03	幕墙	07
屋面	04	—	—
建筑给水排水及供暖	05	供热锅炉及辅助设备	10
		自动喷水灭火系统	11
		气体灭火系统	12
		泡沫灭火系统	13
		固定水炮灭火系统	14
通风与空调	06	—	—
建筑电气	07	变配电室	02
智能建筑	08	通信网络系统	01
		办公自动化系统	02
		建筑设备监控系统	03
		火灾报警及消防联动系统	04
		安全消防系统	05
		综合布线系统	06
		环境	09
		住宅（小区）智能化系统	10
建筑节能	09	—	—
电梯	10	电力驱动的曳引式或强制式电梯安装	01
		液压电梯安装	02
		自动扶梯、自动人行道安装	03

第二节 施工资料管理的程序与建筑工程资料编写基本要求

一、施工资料管理的程序

1. 施工技术资料管理程序

施工技术资料管理程序如图 1-3 所示。

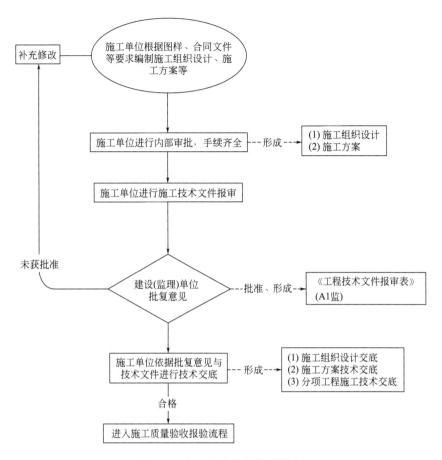

图 1-3　施工技术资料管理程序

2. 施工物资资料管理程序

施工物资资料管理程序如图 1-4 所示。

3. 施工质量验收记录管理程序

施工质量验收记录管理程序如图 1-5 所示。

4. 分项质量验收程序

分项质量验收程序如图 1-6 所示。

5. 子分部工程质量验收程序

子分部工程质量验收程序如图 1-7 所示。

6. 分部工程质量验收程序

分部工程质量验收程序如图 1-8 所示。

二、建筑工程资料编写基本要求

建筑工程资料编写的基本要求如下。

（1）建设、勘察、设计、施工、监理等单位应将工程文件的形成和积累纳入工程建设管理的各个环节和有关人员的职责范围。

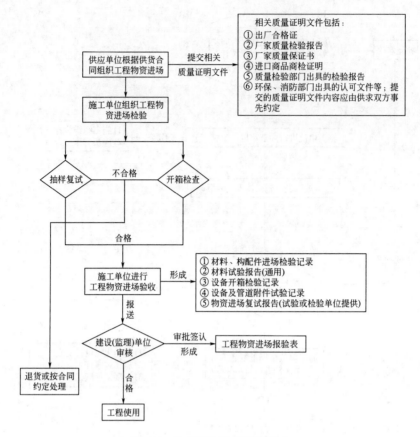

图 1-4　施工物资资料管理程序

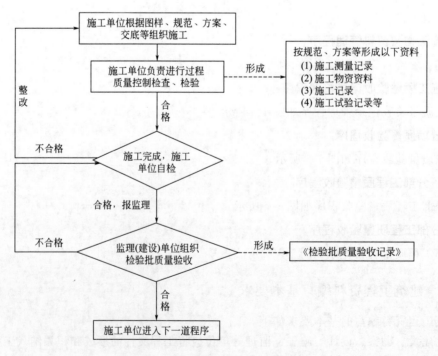

图 1-5　施工质量验收记录管理程序

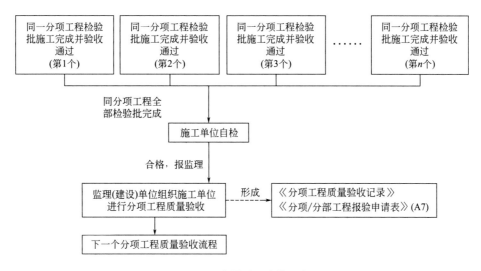

图 1-6 分项质量验收程序

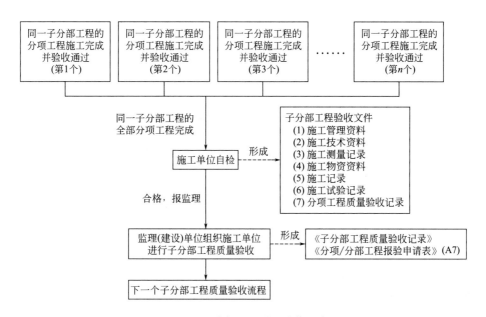

图 1-7 子分部工程质量验收程序

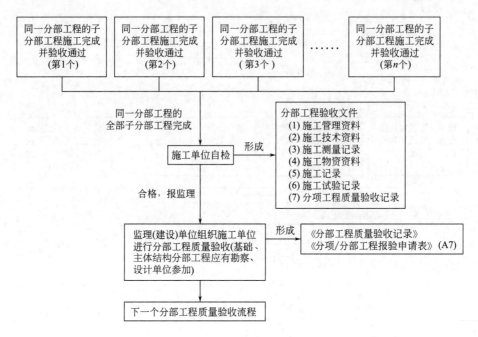

图1-8　分部工程质量验收程序

（2）在工程文件与档案的整理立卷、验收移交工作中，建设单位应履行的职责如图1-9所示。

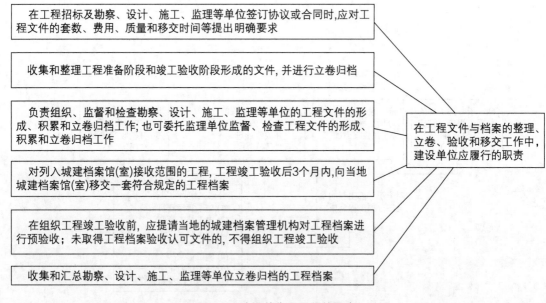

图1-9　建设单位应履行的职责

（3）勘察设计、施工、监理等单位应将本单位形成的工程文件立卷后向建设单位移交。

（4）建设工程项目实行总承包的，总包单位应负责收集、汇总各分包单位形成的工程档案，并及时向建设单位移交；各分包单位应将本单位形成的工程文件整理、立卷后及时移交总包单位。建设工程项目由几个单位承包的，各承包单位负责收集、整理立卷其承包项目的工程文件，并应及时向建设单位移交。

（5）城建档案管理应针对工程文件的立卷归档工作进行监督、检查、指导。在工程竣工验收前，应对工程档案进行预验收，验收合格后，须出具工程档案认可文件。

建筑工程技术资料的编制一般分为施工前期技术资料、施工阶段的技术资料、工程竣工后提交城建档案管理部门的归档资料和建设工程竣工备案资料四个部分。

第三节 建筑工程技术资料的内容

一、施工前期的技术资料

施工前期技术资料包括施工组织设计的编制、施工组织设计的审批及报审、开工报告、开工报告的审批和开工通知，如图1-10所示。

二、施工阶段的技术资料

施工阶段的技术资料是指开工通知发出后的施工过程中所发生的技术数据、反映质量情况的文字记录和质量保证的文件。

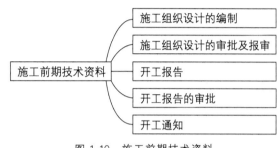

图1-10 施工前期技术资料

施工阶段的技术资料统称为工程施工资料，其包括如下内容。

（1）施工管理资料。包括工程概况表、施工进度计划分析、项目大事记、施工日志、不合格项处理记录、工程事故报告、建设工程质量事故调（勘）查笔录、建设工程质量事故报告书及施工总结。

（2）施工测量记录。包括工程定位测量记录、基槽验线记录、楼层放线记录及沉降观测记录。

（3）施工技术资料。包括工程技术文件报审表、技术管理资料、技术交底资料、施工组织设计、施工方案、设计变更文件、图纸审查记录、技术交底记录、设计变更和洽商记录。

（4）施工物资资料。包括工程物资进场报验表、产品质量证明文件、钢筋出厂合格证、预拌混凝土出厂合格证、预拌混凝土构件出厂合格证、钢构件出厂合格证、材料设备进场检验记录、产品复试记录（报告）、各种材料试验报告，钢材力学性能试验报告及金相试验报告。

（5）施工记录。包括隐蔽工程验收记录、预检工程检查记录、施工通用记录、中间检查交接记录、土建专用施工记录、地基处理记录、地基钎探记录、桩基施工记录、混凝土搅拌测温记录、混凝土养护测温记录、砂浆配合比申请单及通知单、混凝土配合比申请单及通知单、混凝土开盘鉴定记录、预应力筋张拉记录、电梯专用施工记录等。

（6）施工试验记录。包括施工试验记录（通用）、设备试运转记录、设备单机试运转记录、钢筋连接试验报告、回填土密实度试验报告、砌筑砂浆抗压强度试验报告、混凝土抗压强度试验报告、混凝土抗渗试验报告、钢构件射线探伤报告、砌体砂浆试块强度统计及评定记录、混凝土试块强度统计及评定记录、防水工程试水检查记录、电气部分测试记录（接地电阻、绝缘电阻）、电气器具通电安全检查记录、电气照明及动力试运行记录、管道试验记录（管道灌水、管道强度严密性、管道通水、管道吹洗、室内排水管道通球等试验记录），以及通风空调、电梯功能检查等施工试验记录。

（7）施工验收资料。包括施工现场质量管理检查记录、单位（子单位）工程质量竣工验收记录、单位（子单位）工程质量控制资料核查记录、单位（子单位）工程安全和功能检查资料核查及主要功能抽查记录、单位（子单位）工程观感质量检查记录、各分部及分项质量验收记录、各分项检验批质量验收记录。

三、工程竣工后提交城建档案管理部门的归档资料

工程竣工后，提交城建档案管理部门的归档资料包括：施工承包合同、建设工程规划许可证及附件、建设工程施工许可证、工程项目施工管理机构及负责人名单、图样会审记录、控制网设置资料、工程定位测量资料、基槽开挖线测量记录、验槽记录和地基处理记录、桩基施工记录、设计会议会审记录、设计变更记录、施工材料和预制构件质量证明文件（包括复试试验报告）、施工试验记录、隐蔽工程验收记录、施工记录，以及电气、给水排水、消防、供暖、通风、空调、燃气、建筑智能化、电梯工程提交城建档案管理部门的归档资料。具体可参照《建设工程文件归档规范》（GB/T 50328—2014）中的附录A"建筑工程文件归档范围"（上述归档资料，各城市可根据本地情况适当拓宽和缩减）。

四、建设工程竣工备案资料

建设工程竣工备案资料如图1-11所示。

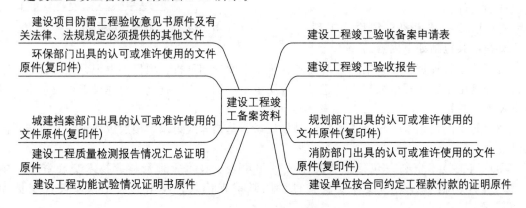

图1-11　建设工程竣工备案资料

第四节　工程资料管理的术语

一、工程资料管理常用术语

（1）建设工程项目：经批准按一个总体设计进行施工，经济上实行独立核算，行政上具有独立组织形式的基本建设单位。一个建设工程项目可以有多个单项工程，也可以只有一个单项工程。建设工程项目一般包括建筑工程、市政基础设施工程和地下管线工程，如图1-12所示。

（2）单位工程：具有独立的设计文件，竣工后可以独立发挥生产能力或工程效益的工程，并构成建设工程项目的组成部分。

（3）分部工程：单位工程中可以独立组织施工的工程。

图 1-12　建设工程项目

（4）建筑工程：为新建、改建或扩建房屋建筑物和附属构筑物设施所进行的规划、勘察、设计、施工、竣工等各项技术工作和完成的工程实体。

（5）市政基础设施工程：为新建、改建或扩建城市基础建设项目和附属建、构筑物设施所进行的规划、勘察、设计和施工、安装、维护和竣工等各项技术工作和完成的工程实体。

（6）管线工程：新建、改建、扩建的各种地上架空线路、地下管道和线路，以及相关的地下工程。

（7）建设工程文件：在工程建设过程中形成的全部文件，包括工程准备阶段文件、监理文件、施工文件、竣工图和竣工验收文件，也可以简称为工程文件。

（8）工程准备阶段文件：工程开工以前，在立项、审批、征地、勘察、设计、招标等工程准备阶段形成的文件。

（9）监理文件：监理单位在工程设计、施工等监理过程中形成的文件。

（10）施工文件：施工单位在工程施工过程中形成的文件，如图 1-13 所示。

图 1-13　工程施工过程

（11）竣工图：工程竣工后，真实反映建设工程项目施工结果的图样。

（12）竣工验收文件：建设工程项目竣工验收活动中形成的文件。

（13）建设工程档案：在工程建设活动中直接形成的具有保存价值的文字、图表、声像等各种形式的历史记录，经整理后形成，也可简称工程档案。建设工程档案一般包括纸质档案、电子档案和声像档案。

（14）案卷：由互有联系的若干文件组成的档案保管单位，如图 1-14 所示。

图 1-14 档案保管单位

（15）立卷：按照一定的原则和方法，将有保存价值的文件分门别类整理成案卷，也称组卷，如图 1-15 所示。

图 1-15 组卷

（16）归档：建设单位完成其工作任务后，将工程建设过程中形成的文件整理立卷后，按规定移交档案管理机构，如图 1-16 所示。

需要注意的是，对一个建设工程而言，归档有两方面含义：一是建设、勘察、设计、施工、监理等单位将本单位在工程建设过程中形成的文件向本单位档案管理机构移交；二是勘察、设计、施工、监理等单位将本单位在工程建设过程中形成的文件向建设单位档案管理机构移交。

图 1-16 档案管理机构

（17）建设工程声像档案：在工程规划、建设、管理过程中直接形成的，具有保存价值的照片、录像、录音等以声像为主、文字为辅的历史记录。

（18）建设工程电子档案：具有参考和利用价值并作为档案保存的建设电子文件及相应的支持软件、参数和其他相关数据。

二、工程资料管理其他术语

（1）建筑工程质量：对建筑工程满足相关标准规定或合同约定的要求，包括其在安全、使用功能、耐久性能及环境保护等方面所有外在和隐含能力的特性总和。

（2）验收：在施工单位自行质量检查评定的基础上，参与建筑工程建设活动的有关单位共同对检验批、分项、分部、单位工程的质量进行抽样复验，根据相关标准以书面形式对工程质量是否合格做出确认。

（3）进场验收：对进入施工现场的材料、构配件、设备等按相关标准规定要求进行检验，对产品是否合格做出确认。

（4）检验批：按相同的生产条件或规定的方式汇总起来供检验用的，由一定数量样本组成的检验体。

（5）检验：对项目的性能进行量测、检查、试验等，并将结果与标准规定要求进行比较，以确定每项性能是否合格。

（6）见证取样检测：在监理单位或建设单位的监督下，由施工单位有关人员现场取样，并送至具备相应资质的检测单位所进行的检测。

（7）交接检验：经施工的承接方与完成方双方检查，并对可否继续施工做出确认的活动。

（8）主控项目：建筑工程中对安全、卫生、环境保护和公众利益起决定性作用的检验项目。

（9）一般项目：除主控项目以外的检验项目。

（10）抽样检验：按照规定的抽样方案，从进场的材料、构配件、设备或建筑工程检验项目中，按检验批随机抽取一定数量的样本所进行的检验。

（11）抽样方案：根据检验项目的特性所确定的抽样数量和方法。

（12）计数检验：在抽样的样本中，记录每一个体有某种属性或计算每一个体缺陷数目的检查方法。

(13) 计量检验：在抽样检验的样本中，对每一个体测量其某个定量特性的检查方法。

(14) 观感质量：通过观察和必要的测量所反映的工程外在质量。

(15) 返修：对工程不符合标准规定的部位采取的整修等措施。

(16) 返工：对不合格的工程部位采取的重新制作、重新施工等措施。

第二章

资料员基础知识

第一节 资料员的基本要求与职责

一、资料员的基本要求

资料员是施工企业八大员（施工员、质量员、安全员、资料员、材料员、机械员、标准员、劳务员）之一。一个建设工程的质量具体反映在建筑物的实体质量上，即所谓硬件；另外还反映在该项工程技术资料的质量上，即所谓软件。这些资料的形成，主要依靠资料员的收集、整理、编制成册，因此，资料员在施工过程中担负着十分重要的责任。

要当好资料员，除了自身具有认真、负责的工作态度外，还必须了解建设工程项目的工程概况，熟悉本工程的施工图（包括建筑、结构、电气、给排水等），施工基础知识，施工技术规范，施工质量验收规范，建筑材料的技术性能、质量要求和使用方法，以及有关政策、法规和地方性法规、条文等，还要了解掌握施工管理的全过程，了解掌握分部、分项的施工过程和验收节点，了解掌握每项资料在什么时候产生。

由于资料工作联系广泛，因此，必须处理好各方面的关系，才能做好资料工作。一般资料工作应处理好的关系如图 2-1 所示。

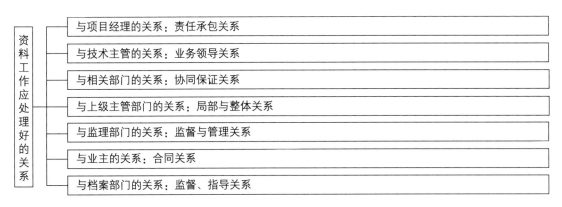

图 2-1 资料工作应处理好的关系

二、资料员的工作职责

资料员的工作职责如下。

（1）熟练掌握档案资料工作的有关业务知识，如图 2-2 所示。

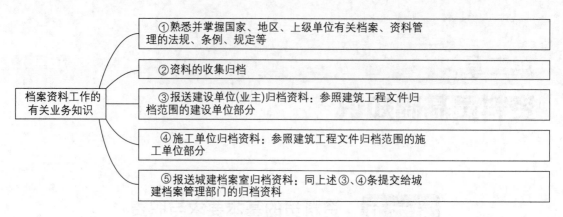

图 2-2　档案资料工作的有关业务知识

（2）资料收集过程中应遵守的三项原则，如图 2-3 所示。

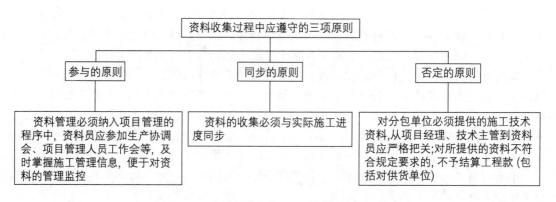

图 2-3　资料收集过程中应遵守的三项原则

（3）资料的保管，如图 2-4 所示。

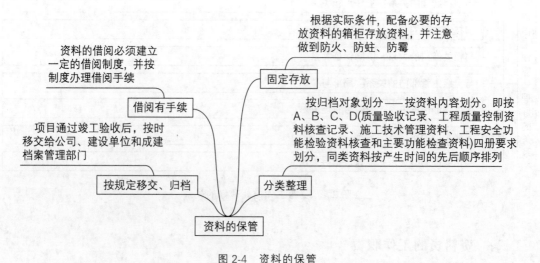

图 2-4　资料的保管

（4）资料员的岗位职责，如图 2-5 所示。

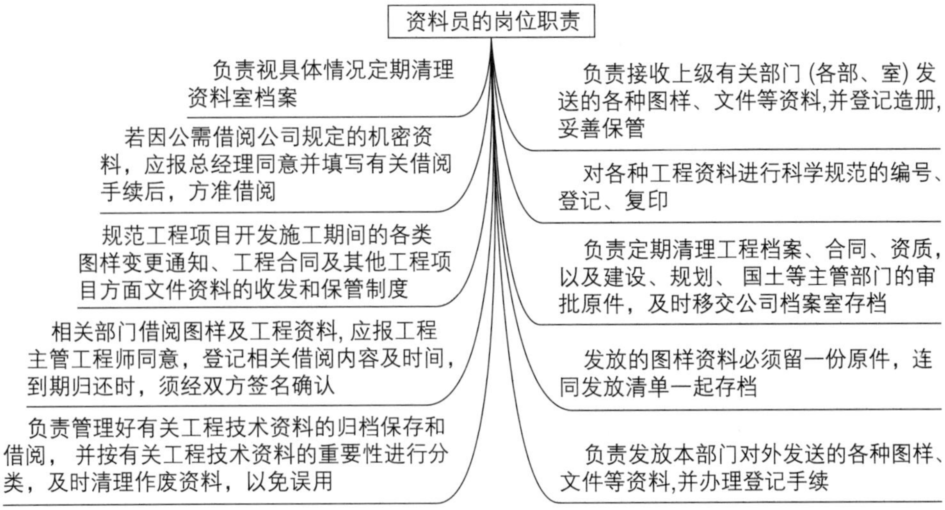

图 2-5 资料员的岗位职责

第二节 资料员的工作内容

资料员的工作内容按不同阶段划分，可分为施工前期阶段、施工阶段和竣工验收阶段，如图 2-6 所示。

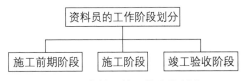

图 2-6 资料员的工作阶段划分

一、施工前期阶段的工作内容

施工前期阶段的工作内容，如图 2-7 所示。

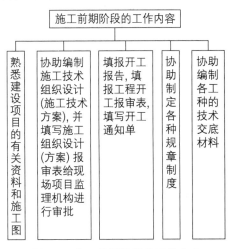

图 2-7 施工前期阶段的工作内容

二、施工阶段的工作内容

施工阶段的工作内容，如图 2-8 所示。

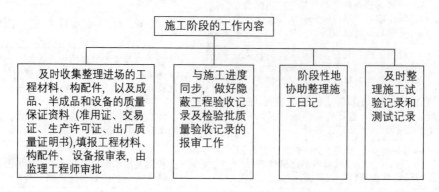

图 2-8　施工阶段的工作内容

三、竣工验收阶段的工作内容

1. 工程竣工资料的组卷

工程竣工资料的组卷如图 2-9 所示。

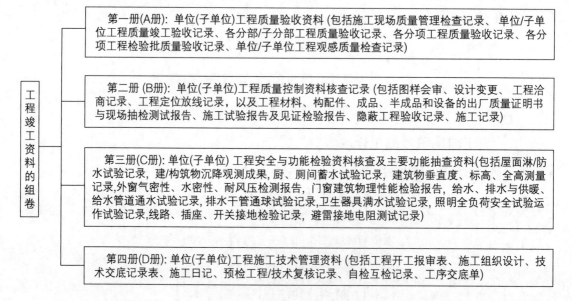

图 2-9　工程竣工资料的组卷

2. 归档资料（提交城建档案馆/室）

归档资料的内容如图 2-10 所示。

资料员的工作内容按照所负责的相关工作主要有负责工程项目资料、图样等档案的收集、管理，参加分部、分项工程的验收工作，负责计划、统计的管理工作，负责工程项目的内业管理工作，完成工程部经理交办的其他任务。具体内容如下。

```
                ┌─ 施工技术准备文件（包括图样会审记录、控制网设置资料、工程定位测量资料、基槽开挖线测
                │   量资料）
                ├─ 地基处理记录（包括地基钎探记录和钎探平面布置点、验槽记录和地基处理记录、桩基施工记
                │   录、试桩记录）
                ├─ 工程图样变更记录（包括设计会议会审记录、设计变更记录、工程洽商记录）
归档资料         ├─ 施工材料预制构件质量证明文件及复试试验报告
（提交城         ├─ 施工试验记录（包括土壤试验记录、砂浆混凝土抗压强度试验报告、商品混凝土出厂合格证和
建档案馆/         │   复试报告、钢筋接头焊接报告）
室）             ├─ 隐蔽工程检查记录（包括基础与主体结构钢筋工程、钢结构工程、防水工程、高程测量记录）
                ├─ 施工记录（包括工程定位测量记录、沉降观测记录、现场施工预应力记录、工程竣工测量、新
                │   型建筑材料、施工新技术）
                ├─ 工程质量事故处理记录
                └─ 工程质量检验记录（包括基础和主体验收记录、幕墙工程验收记录、分部/子分部工程质量验收
                    记录)及施工试验记录(包括电气接地电阻测试记录，绝缘电阻测试记录，楼宇自控、监视、安装、
                    视听电话等系统调试记录，变配电设备安装、检查、通电、满负荷测试记录,给水排水、消防、供
                    暖、通风、空调燃气等管道强度、气密性、通水、灌水、试压、通球等试验记录,电梯接地电阻、
                    绝缘电阻测试记录及调试记录）
```

图 2-10　归档资料

（1）负责工程项目资料、图样等档案的收集、管理，如图 2-11 所示。

负责对每日收到的管理文件、技术文件进行分类、登录、归档。负责项目文件资料的登记、受控、分办、催办、签收、用印、传递、立卷、归档和销毁等工作。负责做好各类资料的积累、整理、处理、保管和归档立卷等工作。坚持保密的原则，来往文件资料收发应及时登记台账，视文件资料的内容和性质，准确及时递交项目经理批阅,并及时送有关部门办理,确保设计变更和洽商的完整性，要求各方严格执行接收手续，所接收到的设计变更和洽商记录，须经各方签字确认，并加盖公章，设计变更（包括图样会审纪要）原件应存档。所收存的技术资料须为原件，无法取得原件的，应详细背书，并加盖公章，做好信息的收集和汇编工作，确保管理目标的全面实现

```
┌──────────────────────────────────────────────────────┐
│   收集整理施工过程中所有技术变更、洽商记录、会议纪要等资料并归档  │
└──────────────────────────────────────────────────────┘
        ┌──────────────────────────────────────┐
        │   负责工程项目资料、图样等档案的收集、管理   │
        └──────────────────────────────────────┘
    ┌──────────────────────────────────────────────┐
    │  负责工程项目所有图样的接收、清点、登记、发放、归档、管理工作  │
    └──────────────────────────────────────────────┘
```

在收到工程图样并进行登记以后，按规定向有关单位和人员签发，由收件方签字确认。负责收存全部工程项目图样。且每一项目应收存不少于两套正式图样，其中至少一套图样有设计单位图样专用章。竣工图采用散装方式折叠，按资料目录的顺序对建筑平面图、立面图、剖面图、建筑详图、结构施工图等建筑工程图样进行分类管理

图 2-11　负责工程项目资料、图样等档案的收集、管理

（2）参加分部、分项工程的验收工作，如图 2-12 所示。
（3）负责计划、统计的管理工作，如图 2-13 所示。
（4）负责工程项目的内业管理工作，如图 2-14 所示。
（5）完成工程部经理交办的其他任务。

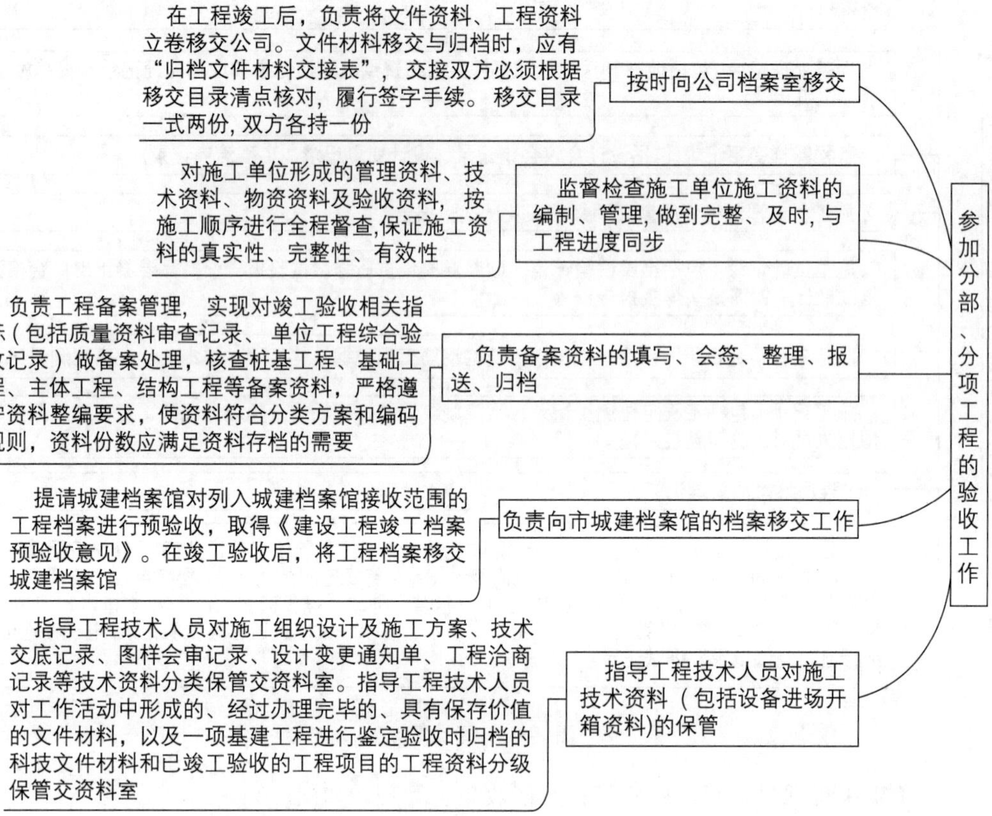

在工程竣工后，负责将文件资料、工程资料立卷移交公司。文件材料移交与归档时，应有"归档文件材料交接表"，交接双方必须根据移交目录清点核对，履行签字手续。移交目录一式两份，双方各持一份 → 按时向公司档案室移交

对施工单位形成的管理资料、技术资料、物资资料及验收资料，按施工顺序进行全程督查，保证施工资料的真实性、完整性、有效性 → 监督检查施工单位施工资料的编制、管理，做到完整、及时，与工程进度同步

负责工程备案管理，实现对竣工验收相关指标（包括质量资料审查记录、单位工程综合验收记录）做备案处理，核查桩基工程、基础工程、主体工程、结构工程等备案资料，严格遵守资料整编要求，使资料符合分类方案和编码规则，资料份数应满足资料存档的需要 → 负责备案资料的填写、会签、整理、报送、归档

提请城建档案馆对列入城建档案馆接收范围的工程档案进行预验收，取得《建设工程竣工档案预验收意见》。在竣工验收后，将工程档案移交城建档案馆 → 负责向市城建档案馆的档案移交工作

指导工程技术人员对施工组织设计及施工方案、技术交底记录、图样会审记录、设计变更通知单、工程洽商记录等技术资料分类保管交资料室。指导工程技术人员对工作活动中形成的、经过办理完毕的、具有保存价值的文件材料，以及一项基建工程进行鉴定验收时归档的科技文件材料和已竣工验收的工程项目的工程资料分级保管交资料室 → 指导工程技术人员对施工技术资料（包括设备进场开箱资料)的保管

⇒ 参加分部、分项工程的验收工作

图 2-12　参加分部、分项工程的验收工作

向各专业工程师了解工程进度、随时关注工程进展情况，为销售策划提供确实、可靠的工程信息 → 负责向销售策划提供工程主要形象进度信息

负责对签订完成的合同进行收编归档，并开列编制目录，做好借阅登记。不得擅自抽取、复制、涂改，不得遗失，不得在案卷上随意画线、抽拆 → 负责与项目有关的各类合同的档案管理

在平时统计资料的基础上，编制整个项目当月进度统计报表和其他信息统计资料。编报的统计报表要按现场实际完成情况严格审查核对，不得多报、早报、重报、漏报 → 负责对施工部位、产值完成情况的汇总、申报，按月编制施工统计报表

⇒ 负责计划、统计的管理工作

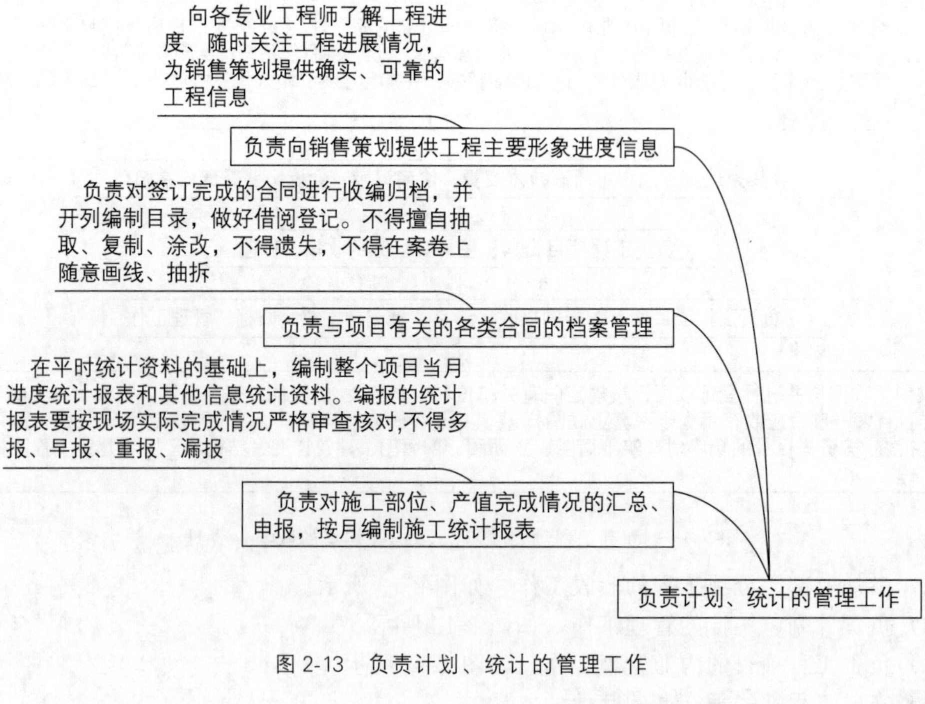

图 2-13　负责计划、统计的管理工作

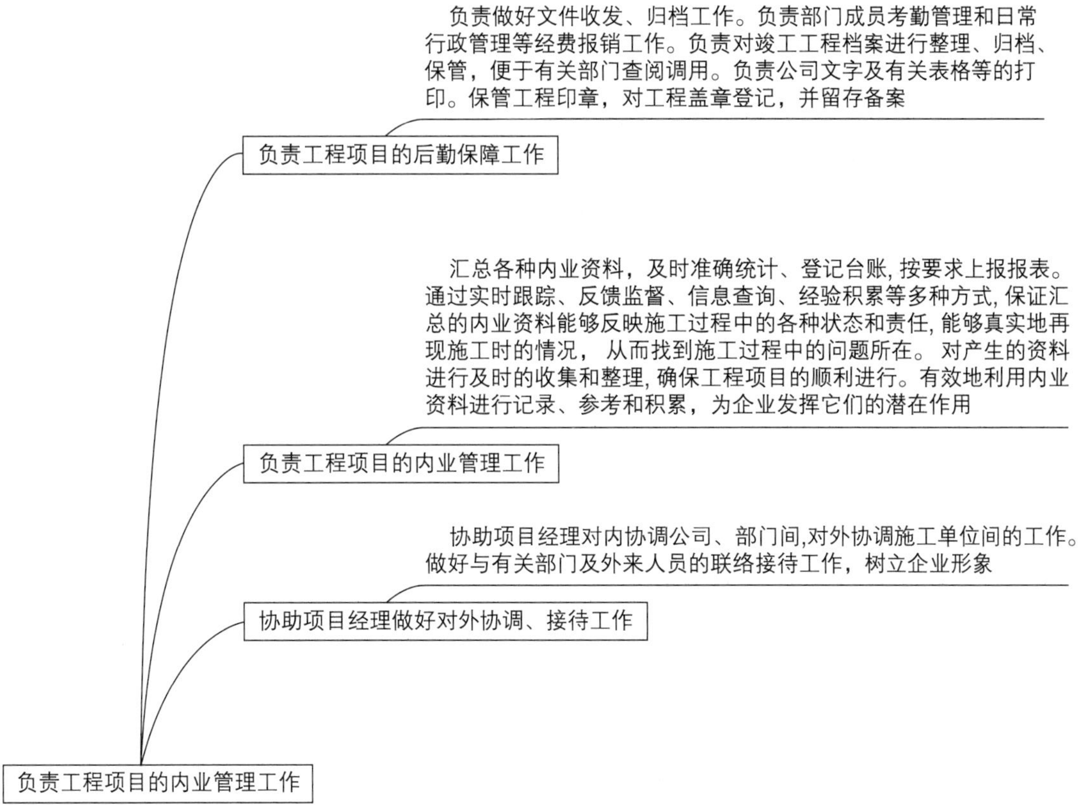

负责做好文件收发、归档工作。负责部门成员考勤管理和日常行政管理等经费报销工作。负责对竣工工程档案进行整理、归档、保管，便于有关部门查阅调用。负责公司文字及有关表格等的打印。保管工程印章，对工程盖章登记，并留存备案

负责工程项目的后勤保障工作

汇总各种内业资料，及时准确统计、登记台账，按要求上报报表。通过实时跟踪、反馈监督、信息查询、经验积累等多种方式，保证汇总的内业资料能够反映施工过程中的各种状态和责任，能够真实地再现施工时的情况，从而找到施工过程中的问题所在。对产生的资料进行及时的收集和整理，确保工程项目的顺利进行。有效地利用内业资料进行记录、参考和积累，为企业发挥它们的潜在作用

负责工程项目的内业管理工作

协助项目经理对内协调公司、部门间,对外协调施工单位间的工作。做好与有关部门及外来人员的联络接待工作，树立企业形象

协助项目经理做好对外协调、接待工作

负责工程项目的内业管理工作

图 2-14　负责工程项目的内业管理工作

第三节　整理工程技术资料

工程建设从项目的提出、讨论、筹备、勘探、设计、施工到竣工验收，直至投产等过程中形成的文件资料、图表、图样、计算稿、声像材料等，都属于竣工资料收集、整理、归档的范围。工程技术保证资料的整理和归档是建设工程必不可少的部分和工作，其内容多，涉及面广，因此十分重要。

一、工程技术保证资料的重要性

工程技术保证资料的重要性，如图 2-15 所示。

二、整理工程技术资料的原则

遵守及时、真实、准确、完整原则，如图 2-16 所示。

三、竣工图样和资料的整理及编制要求

竣工图样和资料的整理及编制要求，如图 2-17 所示。

工程技术保证资料的重要性

(1) 工程技术保证资料是对建筑实物质量的真实写照，无论是建筑原材料、构配件质量，还是分项工程质量评定资料，都必须客观地反映实际施工状况

(2) 建筑工程质量管理具有动态相关性，工程技术保证资料是预先控制的重要依据。可以根据数据来协调工作，准确地实现质量目标

(3) 工程技术保证资料是核定工程质量等级的重要依据，根据验评标准要求，工程技术保证资料必须基本齐全，否则，将被视为不合格工程，不能交付使用

(4) 工程技术保证资料是建筑物改、扩建或增层必不可少的技术依据

图 2-15　工程技术保证资料的重要性

须遵守的原则

及时：
"及时"是做好工程技术保证资料的前提。工程技术保证资料是对建筑实物质量情况的真实反映，因此要求资料必须按照建筑物施工的进度及时整理。同时"及时"还反映在施工企业公司内部质量的管理上。"自检、互检和交接检"的质量管理体制要求工程技术保证资料的整理必须及时，这是施工时严格控制的"质量环"。质量控制、进度控制和投资控制要求工程技术保证资料的整理必须及时，为控制提供可靠的依据。社会监理机构和政府监督机关也要求施工企业及时整理好工程技术保证资料，以备核查或核定工程质量等级。因此，工程技术保证资料的整理应杜绝拖沓滞后、闭门造车现象和应付突击的心理

真实：
"真实"是工程资料的灵魂。资料的整理应该实事求是、客观准确，不能偷工减料、隐瞒真相，更不能歪曲事实。所有资料的整理应该与施工同步，材料在使用前必须有合格证和必要的试验报告，见证取样不能偷梁换柱、移花接木，试验应有见证取样记录。分项工程质量评定必须到现场实测检查，不得胡编乱造

准确：
"准确"是做好工程技术保证资料的核心。工程技术保证资料的准确性取决于以下两个方面
①混凝土强度评定应明确"验收批"的概念，应区分不同的分部或施工段，正确运用统计和非统计评定方法；同时，在具体计算时，混凝土强度的平均值取一位有效位数，标准差取两位有效位数
②分项工程质量评定的填写应规范化，应保证项目内容填写详细具体，不能以"符合要求""满足规范"来概而论之。基本项目每个子项的等级应按优良百分率确定，并且要用文字说明，不可随心所欲地以符号代替。分项工程质量等级应根据基本项目和允许偏差项目的百分率确定

完整：
"完整"是工程技术资料的基础，资料不完整的工程将不能交工，不能进行竣工验收，别人不能全面系统地了解本单位工程的有关情况。要保证资料的完整性应做好几个方面的工作：
①设专人及时收集有关工程的资料；②根据工程量、检验批或批号收集有关工程资料；③总包单位向分包单位收集相关资料

图 2-16　须遵守的原则

竣工图样和资料的整理、编制要求
- 资料要签字齐全、字迹清晰、纸质优良、保持整洁
- 分类、分项明确，封面、目录、清单资料齐全，排列有序，逐页编码
- 凡是利用原图编制竣工图的，图面必须达到八成新以上，无油污、无磨损，图字清晰，并在标题栏右上角空白处加盖竣工图章后方可作为竣工图。竣工图的编制人、技术负责人应逐张签字
- 结构、形式、工艺发生重大变化的，施工单位应按照实际情况绘制竣工图；结构、形式、工艺变化不大的，施工单位可将变更部分修改在原施工图上，另加盖竣工图章后作为竣工图
- 整理竣工图等资料时，必须按工程项目、专业类别和图号进行组卷，折叠成规定的幅面，露出标题栏，以方便查阅
- 图样、隐蔽工程记录等重要资料，必须用碳素墨水笔绘制和书写，禁止复写和使用复印件
- 文字材料使用A4纸，左边留出2.5cm宽的装订线，用棉线装订。当同一个业主同时属于几类不同类型的业主时，可以根据具体情况进行分析

图 2-17　竣工图样和资料的整理及编制要求

第三章

工程施工管理资料管理

第一节 工程概况表

一、工程概况表填写说明

工程概况表填写说明，如图 3-1 所示。

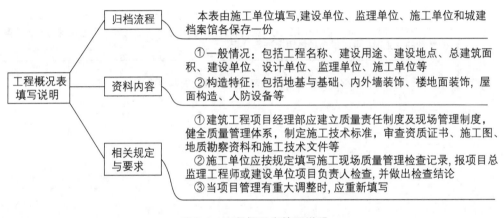

图 3-1 工程概况表填写说明

二、工程概况表填写示例

工程概况表填写示例见表 3-1。

表 3-1 工程概况表填写示例

	规划许可证号	××××××××	施工许可证号	××××××××
一般情况	工程名称	商业用房、住宅、公厕及开闭所(×××1~8号楼及地下室)	建设单位	××××××房地产开发有限公司
	建设用途	住宅、商业、办公	设计单位	×××建筑设计院有限公司
	建设地点	×××	监理单位	×××建设工程有限公司
	总建筑面积	100140.46m²	施工单位	×××建设工程有限公司
	开工日期	2016年10月31日	竣工日期	2018年06月29日
	结构类型	框架剪力墙结构	基础类型	筏板基础
	层数	地下1层/地上17层	建筑檐高	51.40m
	地上面积	6158.67m²	地下室面积	36226.12m²
	人防等级	\	抗震等级	地下三级、主楼三级

续表

特征	地基与基础	地基持力层为稍密卵石层，Ⅱa类场地土，筏板式基础，板厚度为300mm，纯地下室采用柱下独立基础和墙下条形基础，混凝土强度等级为C30，抗渗等级为P6
	柱、内外墙	柱强度等级：五层以下为C40，以上为C30；最大截面尺寸为550mm×550mm；外墙厚度为300mm，内墙厚度为200mm，强度等级五层以下为C40，以上为C30
	梁、板、楼盖	现浇钢筋混凝土梁、板、楼盖的强度等级为C30
	外墙装饰	外墙装饰以面砖为主，局部采用铝板幕墙
	内墙装饰	内墙装饰以乳胶漆为主
	楼地面装饰	以水泥砂浆楼地面为主，公区部分为地砖楼地面
	屋面构造	保温层、找平层、改性沥青卷材防水层
	防火设备	一级防火等级，各防火分区以钢制防火门隔开
机电系统名称		建筑给排水及采暖、建筑电气、智能建筑、通风与空调、电梯
其他		

注：本表由施工单位填写，城建档案馆、建设单位和施工单位各保存一份。

第二节 施工现场质量管理检查记录

一、填写说明

施工现场质量管理检查记录的填写说明，如图3-2所示。

施工现场质量管理检查记录表

施工现场质量管理检查记录的填写说明

- 归档流程：本表由施工单位填写，施工单位、监理单位各保存一份

- 相关要求
  ①建筑工程项目经理部应建立质量责任制度及现场管理制度，健全质量管理体系，制定施工技术标准，审查资质证书、施工图、地质勘察资料和施工技术文件等
  ②施工单位应按规定填写"施工现场质量管理检查记录"，报项目总监理工程师（或建设单位项目负责人）检查，并做出检查结论
  ③当项目管理有重大调整时，应重新填写

- 注意事项
  ①单位名称应填写全称，与合同或协议书中的名称一致
  ②检查结论应表达明确，不应采用模糊用语

图3-2 施工现场质量管理检查记录的填写说明

二、施工现场质量管理检查记录填写示例

（1）施工现场质量管理检查记录示例一，见表3-2。

表3-2　施工现场质量管理检查记录填写示例（一）

施工现场质量管理检查记录		编号		×××
工程名称	××教学楼	施工许可证(开工证)		×××
开工日期		××××年××月××日		
建设单位	××省××中学	项目负责人		×××
设计单位	××建筑设计研究院	项目负责人		×××
监理单位	××监理公司	总监理工程师		×××
施工单位	××建筑工程公司	项目经理	×××	项目技术负责人	×××

序号	项目	内容
1	现场质量管理制度	质量例会制度、月评比及奖罚制度、三检及交接检制度、质量与经济挂钩制度
2	质量责任制	岗位责任制、设计交底会制度、技术交底制、挂牌制度
3	主要专业工种操作上岗证书	测量工、钢筋工、电焊工、三机工和架子工等
4	分包方资质与分包单位的管理制度	资质在承包业务范围内；总包有管理分包的各项制度
5	施工图审查情况	审查报告及审查批准书　京设×××
6	地质勘察资料	地质勘察报告
7	施工组织设计、施工方案及审批	施工组织设计、编制、审查、批准齐全
8	施工技术标准	模板、钢筋、混凝土灌注等20多种
9	工程质量检验制度	原材料及施工检验制度、抽测项目的检测计划
10	搅拌站及计量设置	管理制度和计量设施精确度及控制措施
11	现场材料、设备存放与管理	钢材、砂、石、水泥及玻璃、饰面砖等的管理办法
12		

检查结论：

现场质量管理制度基本符合要求。

总监理工程师：×××
（建设单位项目负责人）　　　　　　　　　　××××年××月××日

（2）施工现场质量管理检查记录示例二，见表3-3。

表3-3　施工现场质量管理检查记录填写示例（二）

施工现场质量管理检查记录		编号		×××
工程名称		××工程		
开工日期	××××年××月××日	施工许可证(开工证)		×××
建设单位	×××房地产开发公司	项目负责人		×××
设计单位	×××建筑设计研究院	项目负责人		×××
监理单位	×××监理公司	总监理工程师		×××
施工单位	××建筑工程公司	项目经理	×××	项目技术负责人	×××

序号	项目	内容
1	现场质量管理制度	质量例会制度、月评比及奖罚制度、三检及交接检制度
2	质量责任制	岗位责任制、设计交底制、技术交底制
3	主要专业工种操作上岗证书	技术、电焊工、辅助工等
4	分包方资质与分包单位的管理制度	资质应在承包业务范围内；总包应有管理分包的各项制度
5	施工图审查情况	审查报告
6	地质勘察资料	地质勘探报告

续表

施工现场质量管理检查记录		编号	×××
序号	项目	内容	
7	施工组织设计、施工方案及审批	专业施工方案编制、审核、批准齐全	
8	施工技术标准	《混凝土结构工程施工质量验收规范》(GB 50204—2015)、工艺标准等规范、图集	
9	工程质量检验制度	材料进场检验制度,抽检、分项工程质量检验制度	
10	搅拌站及计量设置	各种测量仪表精确度	
11	现场材料、设备存放与管理	按材料、设备的性能要求制定管理措施,设置相应库房与存放场地	
12			

检查结论:
　　施工现场质量管理制度完善,符合要求,工程质量有保障。

总监理工程师:×××
(建设单位项目负责人)　　　　　　　　　　　　××××年××月××日

（3）施工现场质量管理检查记录填写示例三，见表3-4。

表3-4　施工现场质量管理检查记录填写示例（三）

施工现场质量管理检查记录		编号		×××	
工程名称		××工程			
开工日期	××××年××月××日	施工许可证(开工证)		×××	
建设单位	×××房地产开发公司	项目负责人		×××	
设计单位	×××设计研究院	项目负责人		×××	
监理单位	×××监理公司	总监理工程师		×××	
施工单位	××建筑工程公司	项目经理	×××	项目技术负责人	×××
序号	项目	内容			
1	现场质量管理制度	齐全			
2	质量责任制	齐全			
3	主要专业工种操作上岗证书	齐全、有效			
4	分包方资质与分包单位的管理制度	齐全、有效			
5	施工图审查情况	合格			
6	地质勘察资料	齐全、有效			
7	施工组织设计、施工方案及审批	已审批			
8	施工技术标准	施工规范			
9	工程质量检验制度	齐全			
10	搅拌站及计量设置	合格			
11	现场材料、设备存放与管理	符合要求			
12					

检查结论:
　　经检查,总包单位及其分包单位资质齐全,现场各项管理制度齐全,各项技术文件符合要求。

总监理工程师:×××
(建设单位项目负责人)　　　　　　　　　　　　××××年××月××日

第三节 建设工程质量事故调（勘）查记录

一、建设工程质量事故调（勘）查记录填写说明

建设工程质量事故调（勘）查记录填写说明，如图3-3所示。

建设工程质量事故调(勘)查记录

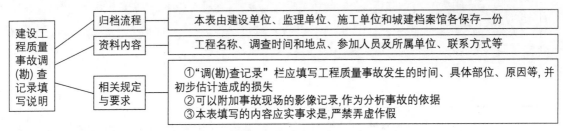

图3-3 建设工程质量事故调（勘）查记录填写说明

二、建设工程质量事故调（勘）查记录填写示例

（1）建设工程质量事故调（勘）查记录填写示例一，见表3-5。

表3-5 建设工程质量事故调（勘）查记录填写示例（一）

建设工程质量事故调(勘)查记录		编号		×××
工程名称	××工程	日期		××××年××月××日
调(勘)查时间	××××年××月××日××时××分至××时××分			
调(勘)查地点	×××地			
参加人员	单位	姓名	职务	电话
被调查人	×××建筑工程公司	×××	混凝土工	×××
陪同调(勘)查人员	×××建筑工程公司	×××	质检员	×××
	×××监理公司	×××	监理工程师	×××
调(勘)查笔录	××××年××月××日在浇筑地上三层梁、柱混凝土时，由于混凝土工没有按照混凝土振捣操作规程操作，致使三层①—Ⓐ轴两根框架柱混凝土发生露筋，混凝土蜂窝麻面质量缺陷，预计造成费用损失2万元。			
现场证物照片	☑有 □无 共×张 共×页			
事故证据资料	☑有 □无 共×张 共×页			
被调查人签字	×××	调(勘)查人		×××

（2）建设工程质量事故调（勘）查记录填写示例二，见表3-6。

表3-6 建设工程质量事故调（勘）查记录填写示例（二）

建设工程质量事故调(勘)查记录		编号		×××
工程名称	××工程	日期		××××年×月×日
调(勘)查时间	××××年××月××日××时××分至××时××分			
调(勘)查地点	××区××（工程项目所在地）			
参加人员	单位	姓名	职务	电话
被调查人	×××建筑工程公司	×××	项目经理	×××

续表

建设工程质量事故调(勘)查记录		编号	×××
陪同调(勘)查人员	×××	×××	施工员	×××
	×××	×××	质检员	×××
调(勘)查记录	××××年××月××日在进行六层柱混凝土施工时,由于振捣工没有按照混凝土振捣操作规程操作,致使六层①—Ⓐ轴交接处一根柱混凝土露筋,并出现孔洞等质量缺陷。			
现场证物照片		☑有 □无 共×张 共×页		
事故证据资料		☑有 □无 共×张 共×页		
被调查人签字	×××	调(勘)查人		×××

第四节 建设工程质量事故报告书

一、建设工程质量事故报告书填写说明

建设工程质量事故报告书的填写说明,如图3-4所示。

工程质量事故处理程序

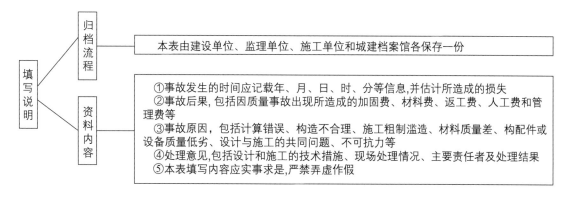

图3-4 建筑工程质量事故报告书填写说明

二、建设工程质量事故报告书填写示例

建设工程质量事故报告书填写示例,见表3-7。

表3-7 建设工程质量事故报告书填写示例

工程名称	×××-×工程××#建筑物	编号	×××
建设地点	××省××市××区××路××号	建设单位	×××××部队
设计单位	××建筑设计研究院	建筑面积	7560m²
施工单位	××建筑安装公司	工程造价	723.20万元
结构类型	钢筋混凝土框架结构	事故发生时间	××年××月××日

续表

工程名称	×××-×工程××#建筑物	编号	×××
上报时间	××××年××××月××日	经济损失	2000.00元

事故经过、后果与原因分析：

　　××××年××月××日在六层柱混凝土施工时，由于振捣工没有按照混凝土振捣操作规程操作致使六层①—Ⓐ轴交接处一根600mm×600mm柱的混凝土发生露筋、孔洞等质量缺陷。

事故发生后采取的措施：

　　经研究决定对该柱进行返工处理，重新进行混凝土浇筑。

事故责任单位、责任人及处理意见

　　事故责任单位：混凝土施工班组

责任人：振捣工

　　处理意见：

① 对直接责任人进行质量意识教育，切实加强混凝土振捣操作规程培训学习及贯彻执行持证上岗，并处以适当经济处罚；

② 对责任人所在班组提出批评，并切实加强过程控制。

负责人	×××	报告人	×××	日期	××××年××月××日

　　注：本表由报告人填写，各有关单位均保存一份。

第四章

施工测量记录资料管理

第一节 施工测量放线记录

施工单位应将施工测量方案、红线桩的校核结果、水准点的引测结果填入施工测量放线报验表，并附工程定位测量记录报项目监理部。编制施工测量放线资料时应注意其编制要求。

一、施工测量放线资料的编制要求

1. 检查测量放线控制成果及保护措施

专业监理工程师应按下列要求对承包单位报送的测量放线控制成果及保护措施进行检查，符合要求时，专业监理工程师应对承包单位报送的施工测量成果报验申请表予以签认。

（1）检查承包单位专职测量人员的岗位证书及测量设备检定证书。

（2）复核控制桩的校核成果、控制桩的保护措施，以及高程控制网、平面控制网和临时水准点的测量成果。

2. 施工测量报验

（1）开工前的交桩复测及承包单位建立的控制网、水准系统的测量。

（2）施工过程中的施工测量放线。

3. 开工前的审查程序

开工前的交桩复测及承包单位建立的控制网、水准点系统测量的审查程序，如图 4-1 所示。

4. 施工过程中的施工测量放线审查程序

（1）承包单位在测量放线完毕后，应进行自检，合格后填写施工测量放线报验申请表，并附上放线的依据材料及放线成果表，报送项目监理机构。

（2）专业监理工程师对施工测量放线报验申请表及附件进行审核，并应实地检验放线精度是否符合规范及标准要求，经审核查验后，签认施工测量放线报验申请表，并在其基槽和各层放线测量及复测记录上签字盖章。

二、施工测量放线报验申请表填表说明

施工测量放线报验申请表填表说明，如图 4-2 所示。

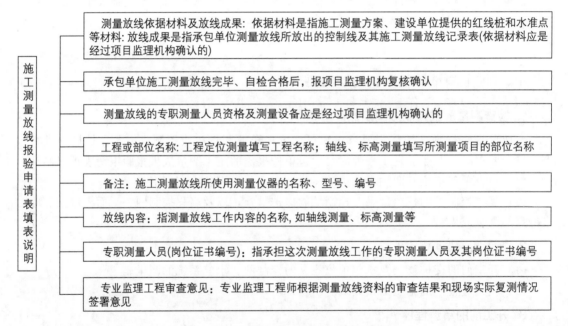

图 4-1 开工前的审查程序

图 4-2 施工测量放线报验申请表填表说明

三、施工测量放线报验申请表填写示例

施工测量放线报验申请表填写示例，见表 4-1。

表 4-1 施工测量放线报验申请表填写示例

工程名称	××××工程

致 ××××监理有限责任公司 （监理单位）

我单位已完成了 ×××××（工程或部位）的放线工作，经自检合格，清单如下，请予查验。

附件：测量放线依据材料及放线成果

续表

工程名称	××××工程			
序号	工程或部位名称	放线内容	专职测量员(岗位证书编号)	备注
1	九层 $L\sim Q/1\sim 20$ 轴	柱轴线控制线、墙柱轴线段边线，门窗洞门位置线等	×× (××××××××)	30m 钢尺、DS_3 级水准仪
2	九层 $L\sim Q/1\sim 20$ 轴	柱轴线控制线、柱边线等	×× (××××××××)	

承包单位(章)××建筑工程公司
项目经理　　××
日期　　××

审查意见：
□ 查验合格
□ 纠正差错后再报

项目监理机构(章)××监理公司××项目监理部
总/专业监理工程师　　××
日期　　××

注：本表一式三份，经项目监理机构审核后，建设单位、监理单位、承包单位各存一份。

第二节　工程定位测量记录

工程定位测量是施工方依据测绘部门提供的放线成果、红线桩及场地控制网或建筑物控制网，测定建筑物位置，主控轴线建筑物±0.000绝对高程等，并标明现场标准水准点和坐标点位置。

一、工程定位测量记录填写说明

1. 工程定位测量记录填写说明

工程定位测量记录填写说明，如图 4-3 所示。

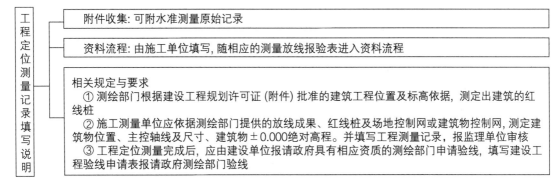

图 4-3　工程定位测量记录填写说明

2. 工程定位测量记录表格填写要点

工程定位测量记录表格填写要点，如图 4-4 所示。

```
                    ┌─ 工程名称：与施工图纸图签中的名称一致
                    ├─ 委托单位：建设单位或总承包单位全称
                    ├─ 图纸编号：应体现规划总图、首层建筑图、基底结构图等的图号
                    ├─ 施测日期、复测日期：按实际日期填写
                    ├─ 注事事项：重点工程平面坐标依据、高程依据，应体现有资质的测绘单位和测绘成果编号
表格填写要点 ────────┼─ 允许误差：视建筑物等级，结合现行工程测量规范、规程及设计要求,分别体现拟建工程建筑物平面位置、高程引测的允许技术指标
                    ├─ 使用仪器：应分别注明测定平面仪器的型号、出厂编号，以及测定高程仪器的型号、出厂编号
                    ├─ 仪器校验日期：应分别注明平面仪器型号及对应检定日期，高程仪器型号及对应检定日期
                    ├─ 定位抄测示意图：
                    │   ①应将建筑物平面位置线、重要控制轴线、尺寸及指北针方向、±0.000标高的绝对高程、现场标准水准点、坐标点、红线桩、周边原有建筑物和道路等采用适当比例绘制在此栏内
                    │   ②坐标、高程依据要求标注引出位置，并画出坐标和高程与建筑物的关系
                    │   ③特殊情况下，可不按比例，只画示意图，但要标出主要轴线尺寸。同时须注明绝对高程
                    └─ 复测结果：应根据监理单位要求由施工(测量)单位采用计算机打印；应核对测量内业资料是否齐全，再在核对各项实测偏差是否在工程测量规范允许的误差范围内；大型工业厂房应有原始测量记录
```

图 4-4 工程定位测量记录填写要点

二、工程定位测量记录填写注意事项及示例

扫码看视频
工程定位测量记录

1. 工程定位测量记录填写注意事项

工程定位测量记录填写注意事项，如图 4-5 所示。

```
工程定位     ┌─ "委托单位"填写建设单位或总承包单位全称
测量记录 ────┤
注意事项     └─ "平面坐标依据、高程依据"由测绘单位或建设单位提供，应以规划部门钉桩坐标为准，
                在填写时应注明点位编号，且与交桩资料中的点位编号一致
```

图 4-5 工程定位测量记录填写注意事项

2. 工程定位测量记录填写示例

工程定位测量记录填写见表 4-2。

表 4-2 工程定位测量记录填写示例

工程定位测量记录		编号	
工程名称	××加工园区标准厂房建设项目	委托单位	××
图纸编号	2#厂房结施-02	施测日期	××年××月××日
平面坐标依据	总平面图	复测日期	××年××月××日
高程依据	总平面图	使用仪器	尼康 DZ.51-DTM501 型全站仪
允许误差	固定误差不大于 10mm，比例误差系数不大于 $5×10^{-6}$	仪器校验日期	××年××月××日

续表

工程定位测量记录		编号	

定位抄测示意图：

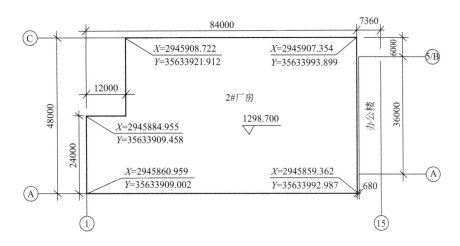

测量说明：根据建设单位提供的测量控制点 A1 点 $X=2945703.263$、$Y=35634174.944$、$H=1295.597$，及 NB3 点 $X=2945800.439$、$Y=35634142.757$、$H=1294.442$ 作为本工程的测量控制点，图上坐标均为建筑外墙轴线交叉点坐标。

复测结果：

复测结果符合规范及施工测量方案要求。

签字栏	建设（监理）单位	施工（测量）单位	×××××	测量人员岗位证书号	×××××
		专业技术负责人	测量负责人	复测人	施测人
	××××工程建设监理有限公司	×××	×××	×××	×××

注：本表由建设单位、监理单位、施工单位、城建档案馆各保存一份。

第三节 基槽验线记录

基槽验线是施工测量单位根据主控轴线和基底平面图，检验建筑物基底外轮廓线、集水坑、电梯井坑、垫层标高（高程）、基槽断面的尺寸和坡度等。

一、填写基槽验线记录的要求

填写基槽验线记录的要求如图 4-6 所示。

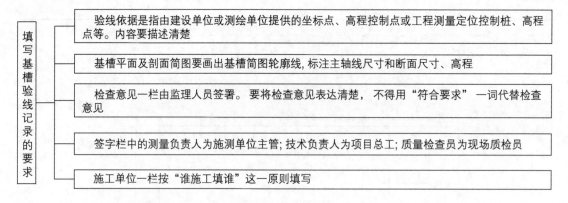

图 4-6　填写基槽验线记录的要求

二、基槽验线记录填写说明

基槽验线记录填写说明，如图 4-7 所示。

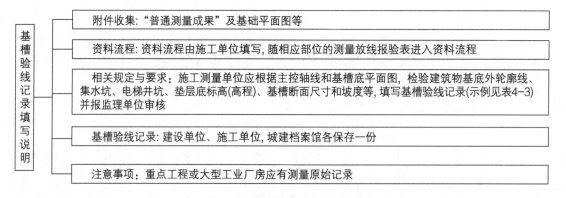

图 4-7　基槽验线记录填写说明

三、基槽验线记录填写示例

基槽验线记录填写示例，见表 4-3。

表 4-3　基槽验线记录填写示例

工程名称	×××××××××	验收日期	××××年××月××日

验收依据及内容：

1. 依据：(1) 定位控制桩 A、B、C、D、1、2、3、4
   (2) 基础平面图：结施 G-03
   (3) 建筑工程施工测量规程
   (4) 施工组织设计

2. 内容：(1) 基底外轮廓线及外轮廓断面
   (2) 垫层标高

续表

工程名称	××××××××	验收日期	××××年××月××日

基槽平面及剖面图：

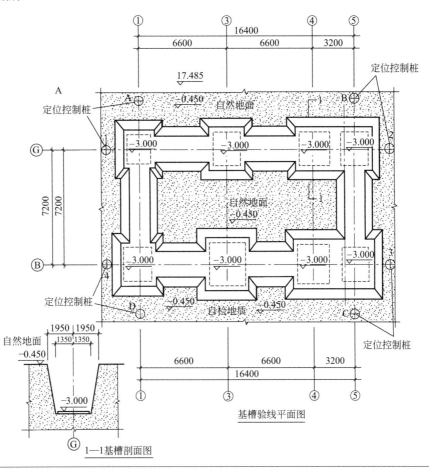

检查意见

经核对：控制桩、设计施工图尺寸无误。

经查验：(1)基础外轮廓线和基础外边尺寸，误差均在±3mm以内；

（2）垫层面标高－3.000m，误差均在±5mm以内。

符合建筑工程施工测量规程的精度要求。

签字栏	建设(监理)单位	施工单位	×××建工集团第四建筑工程有限责任公司	
		技术负责人	专业质检员	施测人
	××××工程建设监理有限公司	×××	×××	×××

注：本表由建设单位、监理单位、施工单位、城建档案馆各保存一份。

第四节 楼层平面放线记录

楼层平面放线内容包括轴线竖向投测控制线、各层墙柱轴线与边线、门窗洞口位置线和垂直度偏差等。

一、楼层平面放线记录填表说明

楼层平面放线记录填表说明,如图4-8所示。

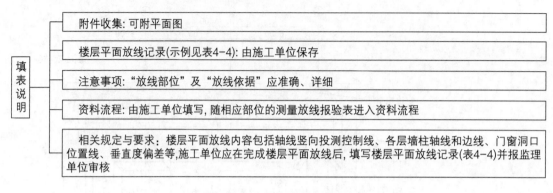

图4-8 楼层平面放线记录填表说明

填写要点如图4-9所示。

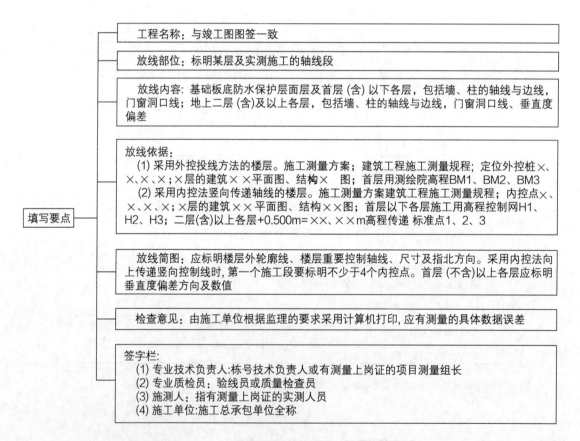

图4-9 填写要点

二、楼层平面放线记录填写示例

楼层平面放线记录填写示例,见表4-4。

表 4-4　楼层平面放线记录填写示例　　　　　　　　　　　　　　编号××

工程名称	××工程	日期	××
放线部位	四层①～⑨	放线内容	墙柱轴线和边线、门窗洞口线

放线依据：

1. 定位控制桩 1、2、3、4；
2. 首层 0.500m 外标高＝562.400；
3. 三层平面图××。

放线简图：

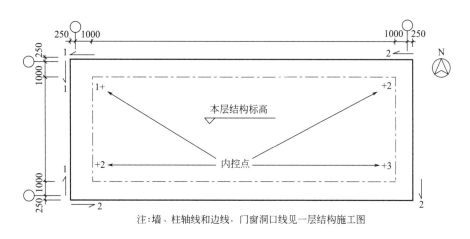

注：墙、柱轴线和边线，门窗洞口线见一层结构施工图

检查意见：

1. 各轴线细部尺寸最大偏差为 3mm；
2. 本层结构标高为 9.600m，误差在±3mm 以内。

本层放线内容已经完成，轴线及标高误差在规范允许范围内，符合要求，可以进行下道工序施工。

签字栏	建设(监理)单位	施工单位	××建筑工程公司	
		专业技术负责人	专业质检员	施测人
	××工程建设监理有限公司	××	××	××

第五节　楼层标高抄测记录

楼层标高抄测内容包括楼层＋0.5m（或＋1.0m）水平控制线、皮数杆等。施工单位应在完成楼层标高抄测后，填写楼层标高抄测记录报监理单位审核。

一、楼层标高抄测记录填写要求

楼层标高抄测记录填写要求，如图 4-10 所示。

二、楼层标高抄测记录填写说明

楼层标高抄测记录填写说明，如图 4-11 所示。

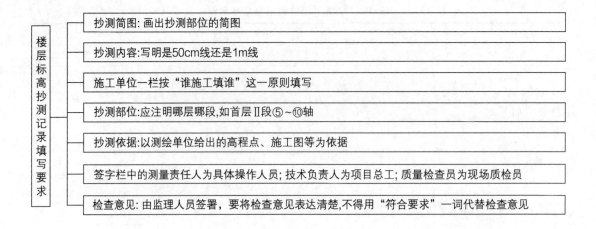

图 4-10　楼层标高抄测记录填写要求

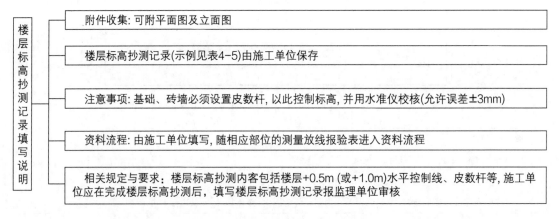

图 4-11　楼层标高抄测记录填写说明

三、楼层标高抄测记录填写示例

楼层标高抄测记录填写示例，见表 4-5。

表 4-5　楼层标高抄测记录填写示例　　　　　编号×××

工程名称	××厂生活设施工程	日期	××年××月××日
抄测部位	五层 Ⓐ～Ⓒ/①～④轴实体墙柱	抄测内容	墙柱+0.500m,建=××

抄测依据：

1. 首层+0.500m 高程传递点 A、B 为 48.500m；

2. 五层建筑平面图×××、结构平面图×××；

3. 施工测量方案；

4. 建筑工程施工测量规程。

续表

| 工程名称 | ××厂生活设施工程 | 日期 | ××年××月××日 |

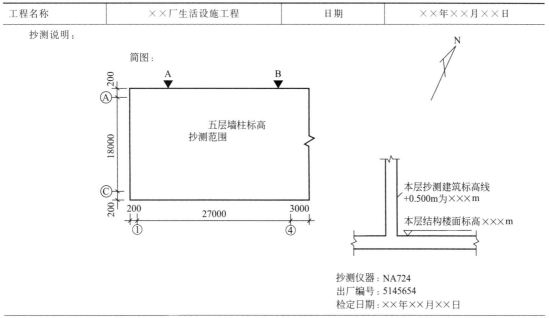

检查意见：

1. 经核对，楼层设计标高与抄测标高数值无误；
2. 经查验，从首层 A、B 标高点传递到五层两点 A′、B′ 误差在 3mm 以内；
3. 本层实体墙柱抄测标高建 +0.500m 误差在 ±3mm 以内；
4. 符合设计施工图标高及建筑工程施工测量规程精度要求。

签字栏	建筑(监理)单位	专业技术负责人	专业质检员	施测人
	××工程建设监理有限公司	×××	×××	×××
			专业工程师	×××

注：本表由施工单位填写并保存。

第六节 建筑物垂直度、标高测量记录

施工单位应在施工期间、结构工程完工、单位工程竣工后分别对建筑物的垂直度和全高进行实测并记录，填写建筑物垂直度、标高测量记录，报监理单位审核。超过允许偏差且影响结构性能的部位，要有技术处理方案和具体补救措施。

一、建筑物垂直度、标高测量记录填写要求

建筑物垂直度、标高测量记录填写要求，如图 4-12 所示。

二、建筑物垂直度、标高测量记录填写说明

建筑物垂直度、标高测量记录填写说明，如图 4-13 所示。
建筑物垂直度、标高测量记录填写要点，如图 4-14 所示。

扫码看视频
建筑物垂直度、标高测量记录

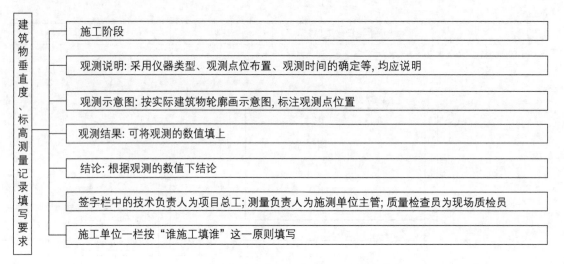

图 4-12　建筑物垂直度、标高测量记录填写要求

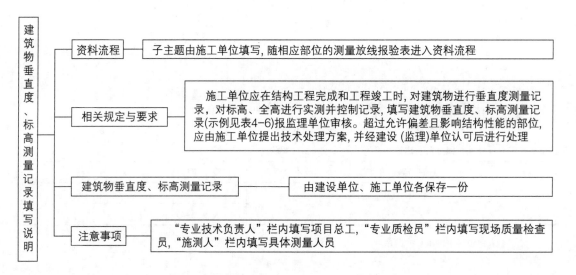

图 4-13　建筑物垂直度、标高测量记录填写说明

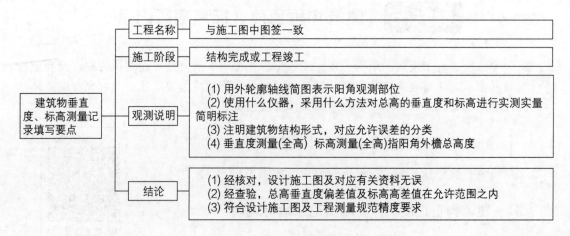

图 4-14　建筑物垂直度、标高测量记录填写要点

三、建筑物垂直度、标高测量记录填写示例

建筑物垂直度、标高测量记录填写示例见表 4-6。

表 4-6 建筑物垂直度、标高测量记录填写示例   编号 02-00-C3-×××

工程名称	×××住宅楼工程 6 号楼			
施工阶段	主体结构(封顶)完		观测日期	××××年××月××日

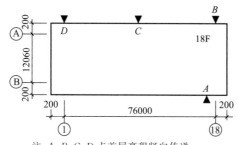

观测说明(附观测示意图):

注:A、B、C、D 点首层高程竖向传递基准点均为建筑+0.500m。

(1)本工程为现浇混凝土框架剪力墙结构
(2)用 2″经纬仪加弯管目镜加钢尺配合量距楼外墙外(阳)大角垂直度偏差
(3)用 DZS3-1 水准仪配合 50m 检定钢尺加三项改正测楼标高偏差
(4)地上各层标高抄测依据点均从首层对应高程基准点传递上来,垂直度偏差均从地上各层角点对首层同角点而言
(5)本工程由于不均匀沉降造成结构各层墙柱原标高线偏差较大

垂直度测量(全高)		标高测量(全高)	
观测部位	实测偏差/mm	观测部位	实测偏差/mm
①/Ⓐ十八层外大角	Ⓐ方向向外 8	传递到十八层屋顶女儿墙上标高点 54.500m	±10 以内
①/Ⓐ十八层外大角	①方向向外 7	传递到十八层结构外墙上标高点 51.500m	±10 以内
①/Ⓐ十七层外大角	Ⓐ方向向外 6	传递到十七层结构外墙上标高点 48.500m	±10 以内
①/Ⓐ十七层外大角	①方向向外 7		
①/Ⓐ十六层外大角	Ⓐ方向向外 8	传递到十六层结构外墙上标高点 45.500m	±10 以内
①Ⓐ/ 十六层外大角	①方向向外 6		
①/Ⓐ十五层外大角	Ⓐ方向向外 5	传递到十五层结构外墙上标高点 42.500m	±10 以内
①/Ⓐ十五层外大角	①方向向外 8		
①/Ⓐ十四层外大角	Ⓐ方向向外 6	传递到十四层结构外墙上标高点 39.500m	±10 以内
①/Ⓐ十四层外大角	①方向向外 5		

结论:
1. 按施工图施工,未改变规划平面楼层及标高的设计要求;
2. 外墙外(阳)大角竖向偏差未超过规划要求;
3. 楼总高度及各层楼高满足高程控制的精度要求(相对首层高程传递基准点);
4. 符合设计施工图及《工程测量规范》(GB 50026—2007)的精度要求。

签字栏	建筑(监理)单位	施工单位	×××建筑集团有限公司	
		专业技术负责人	专业质检员	施测人
	×××工程监理有限公司	×××	×××	×××

注:本表由建设单位、施工单位各保存一份。

第五章
工程施工技术资料管理

第一节　工程技术文件报审表

施工单位填报的工程技术文件报审表应一式两份，并应由监理单位、施工单位各保存一份。

一、填写要求

工程技术文件报审表的填写要求，如图 5-1 所示。

```
┌─────────────────────────────────────────────────────┐
│ 当涉及主体和承重结构改动或增加荷载时，必须将有关设计 │
│ 文件报原结构设计单位或具备相应资质的设计单位核查确认， │──┐
│ 并取得认可文件，方可正式施工                         │  │
└─────────────────────────────────────────────────────┘  │
┌─────────────────────────────────────────────────────┐  │  ┌──────────┐
│ 根据合同约定或监理单位要求，施工单位应在正式施工前， │  │  │工程技术文件│
│ 将需要监理单位审批的施工组织设计、施工方案等技术文件 │──┼──│报审表填写  │
│ 填写完成，并报监理单位审批                           │  │  │要求        │
└─────────────────────────────────────────────────────┘  │  └──────────┘
┌─────────────────────────────────────────────────────┐  │
│ 工程技术文件报审应有时限规定，施工和监理单位均应按照 │  │
│ 施工合同和约定的时限要求完成各自的报送和审批工作     │──┘
└─────────────────────────────────────────────────────┘
```

图 5-1　工程技术文件报审表填写要求

二、工程技术文件审查的主要内容

工程技术文件审查的主要内容，如图 5-2 所示。

```
                    ┌──────────────────────────────────────────────────┐
                    │ (1) 承包单位的审批手续是否齐全                    │
                    │ (2) 施工总平面布置是否合理                        │
                    │ (3) 施工布置是否合理，施工方法是否可行，质量保证  │
                    │     措施是否可靠并具有针对性                      │
┌──────────┐        │ (4) 工期安排是否满足建设工程施工合同要求          │
│工程技术文件│────────│ (5) 进度计划是否能够保证施工的连续性和均衡性，所需 │
│审查的主要  │        │     人力、材料、设备的配置与进度计划是否协调      │
│内容        │        │ (6) 承包单位的质量管理体系是否健全                │
└──────────┘        │ (7) 安全、环保、消防和文明施工措施是否符合有关规定│
                    │ (8) 季节性施工方案和专项施工方案的可行性、合理性  │
                    │     和先进性                                      │
                    │ (9) 总监理工程师认为应审核的其他内容              │
                    └──────────────────────────────────────────────────┘
```

图 5-2　工程技术文件审查的主要内容

三、工程技术文件报审表

工程技术文件报审表见表 5-1。

表 5-1　工程技术文件报审表

工程名称		施工编号	
		监理编号	
		日期	

致＿＿＿＿＿＿＿＿（监理单位）
　　我方已编制完成了＿＿＿＿＿＿＿＿技术文件，并经相关技术负责人审查批准，请予以审定。
　　附：技术文件＿＿＿页＿＿＿册
　　施工总承包单位＿＿＿＿＿＿＿　　　　项目经理/责任人
　　专业承包单位　＿＿＿＿＿＿＿　　　　项目经理/责任人

专业监理工程师审查意见：

　　　　　　　　　　　　　　　　　　　专业监理工程师＿＿＿＿＿＿＿
　　　　　　　　　　　　　　　　　　　日期＿＿＿＿＿＿＿

总专业监理工程师审批意见：

　　　　　　　　　　　　　　　　　　　监理单位＿＿＿＿＿＿＿
　　　　　　　　　　　　　　　　　　　总监理工程师＿＿＿＿＿＿＿
　　　　　　　　　　　　　　　　　　　日期＿＿＿＿＿＿＿

第二节　施工组织设计（方案）报审表

一、施工组织设计（方案）报审表的填表要求

施工组织设计（方案）报审表的填表要求，如图 5-3 所示。

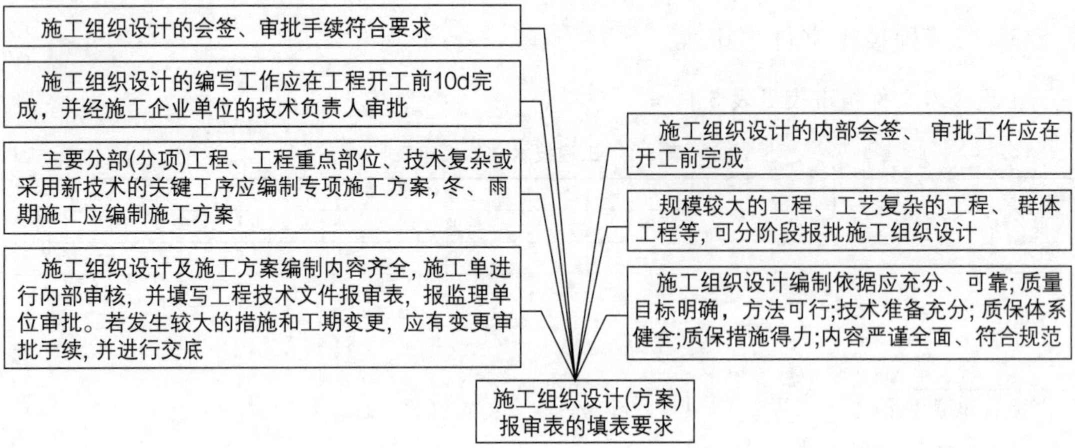

施工组织设计(方案)报审表的填表要求：

- 施工组织设计的会签、审批手续符合要求
- 施工组织设计的编写工作应在工程开工前10d完成，并经施工企业单位的技术负责人审批
- 主要分部(分项)工程、工程重点部位、技术复杂或采用新技术的关键工序应编制专项施工方案，冬、雨期施工应编制施工方案
- 施工组织设计及施工方案编制内容齐全，施工单进行内部审核，并填写工程技术文件报审表，报监理单位审批。若发生较大的措施和工期变更，应有变更审批手续，并进行交底
- 施工组织设计的内部会签、审批工作应在开工前完成
- 规模较大的工程、工艺复杂的工程、群体工程等，可分阶段报批施工组织设计
- 施工组织设计编制依据应充分、可靠；质量目标明确，方法可行；技术准备充分；质保体系健全；质保措施得力；内容严谨全面、符合规范

图5-3 施工组织设计（方案）报审表的填表要求

二、填表说明

施工组织设计（方案）报审表的填表说明，如图5-4所示。

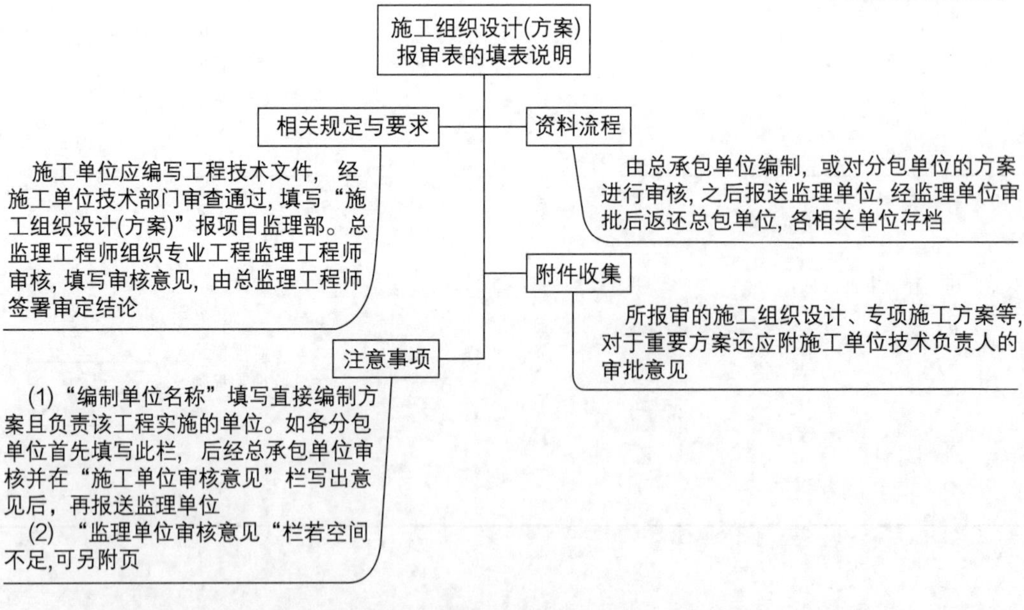

扫码看视频

施工组织设计(方案)报审表

施工组织设计(方案)报审表的填表说明：

相关规定与要求：施工单位应编写工程技术文件，经施工单位技术部门审查通过，填写"施工组织设计(方案)"报项目监理部。总监理工程师组织专业工程监理工程师审核，填写审核意见，由总监理工程师签署审定结论

资料流程：由总承包单位编制，或对分包单位的方案进行审核，之后报送监理单位，经监理单位审批后返还总包单位，各相关单位存档

附件收集：所报审的施工组织设计、专项施工方案等，对于重要方案还应附施工单位技术负责人的审批意见

注意事项：
(1) "编制单位名称"填写直接编制方案且负责该工程实施的单位。如各分包单位首先填写此栏，后经总承包单位审核并在"施工单位审核意见"栏写出意见后，再报送监理单位
(2) "监理单位审核意见"栏若空间不足，可另附页

图5-4 施工组织设计（方案）报审表的填表说明

三、施工组织设计（方案）报审表填写示例

施工组织设计（方案）报审表填写示例，见表5-2。

表5-2 施工组织设计（方案）报审表填写示例

工程名称		编号	
施工单位		监理单位	

续表

工程名称			编号	

致××监理公司____（监理单位）

  我方已根据施工合同的有关规定完成了____×××____工程施工组织设计（方案）的编制，并经我单位上级技术负责人审查批准，请予以审查。

  附：施工组织设计（方案）

承包单位（章）____×××____

项目经理____×××____

日期____×××____

专业监理工程师审查意见：

  施工组织设计（方案）合理、可行，且审批手续齐全，拟同意承包单位按该施工组织设计（方案）组织施工，请总监理工程师审核。

  若不符合要求，专业监理工程师审查意见应简要指出不符合要求之处，并提出修改补充意见后签署"暂不同意（部分或全部应指明）承包单位按该施工组织设计（方案）组织施工，待修改完善后再报，请总监理工程师审核"。

专业监理工程师____×××____

日期____×××____

总专业监理工程师审批意见：

  同意专业监理工程师审查意见，同意承包单位按该施工组织设计（方案）组织施工。

  如不同意专业监理工程师的审查意见，应简要指明与专业监理工程师审查意见中的不同之处，签署修改意见，并签认最终结论"不同意承包单位按该施工组织设计（方案）组织施工（修改后再报）"。

监理单位____×××____

总监理工程师____×××____

日期____×××____

第三节 技术交底记录

技术交底记录是按照工程具体的设计部位和施工项目来进行编写的,是继施工组织设计、施工方案后的第三层次的技术文件,使参与建设项目施工的技术人员与工人熟悉和了解所承担的工程项目的特点、设计意图、技术要求、施工工艺及应注意的问题。技术交底记录应按其编制原则及填写要求填写。

一、技术交底编制原则

技术交底编制原则,如图 5-5 所示。

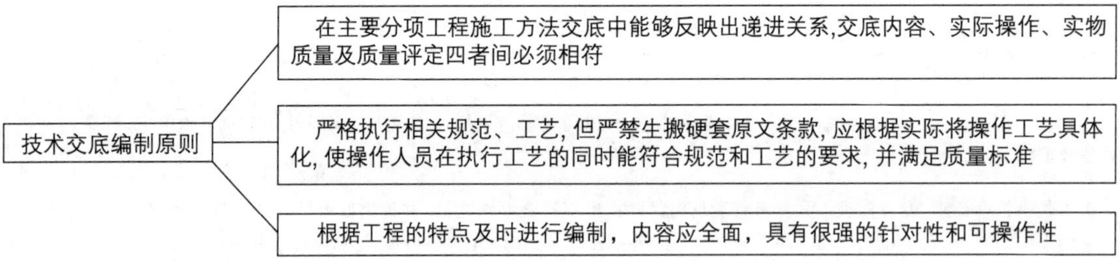

技术交底编制原则
- 在主要分项工程施工方法交底中能够反映出递进关系,交底内容、实际操作、实物质量及质量评定四者间必须相符
- 严格执行相关规范、工艺,但严禁生搬硬套原文条款,应根据实际将操作工艺具体化,使操作人员在执行工艺的同时能符合规范和工艺的要求,并满足质量标准
- 根据工程的特点及时进行编制,内容应全面,具有很强的针对性和可操作性

图 5-5 技术交底编制原则

二、技术交底内容

技术交底的内容,如图 5-6 所示。

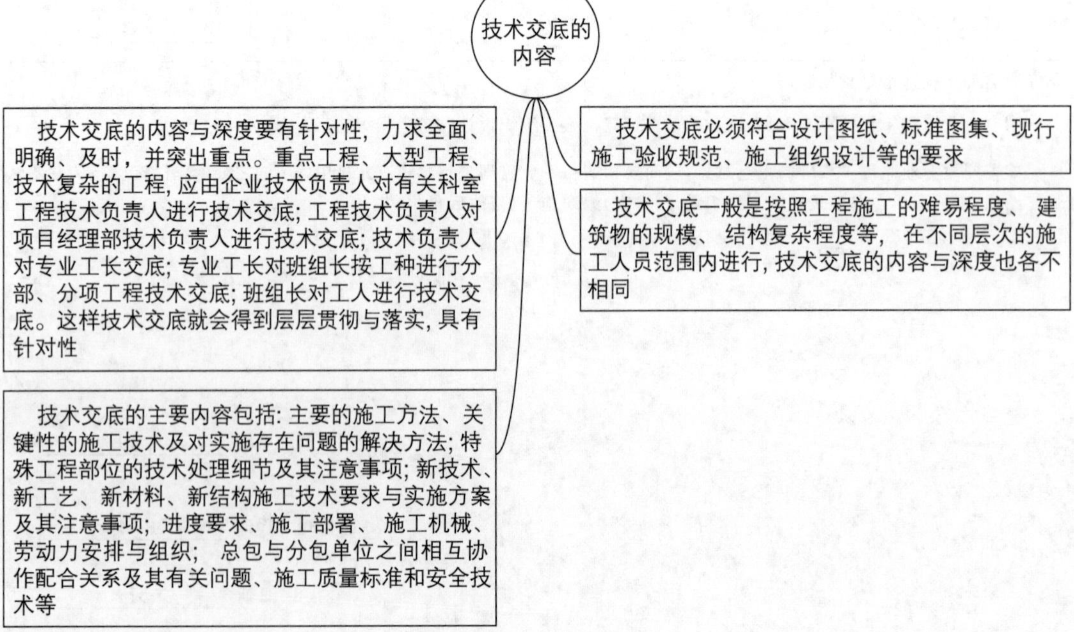

技术交底的内容
- 技术交底的内容与深度要有针对性,力求全面、明确、及时,并突出重点。重点工程、大型工程、技术复杂的工程,应由企业技术负责人对有关科室工程技术负责人进行技术交底;工程技术负责人对项目经理部技术负责人进行技术交底;技术负责人对专业工长交底;专业工长对班组长按工种进行分部、分项工程技术交底;班组长对工人进行技术交底。这样技术交底就会得到层层贯彻与落实,具有针对性
- 技术交底必须符合设计图纸、标准图集、现行施工验收规范、施工组织设计等的要求
- 技术交底一般是按照工程施工的难易程度、建筑物的规模、结构复杂程度等,在不同层次的施工人员范围内进行,技术交底的内容与深度也各不相同
- 技术交底的主要内容包括:主要的施工方法、关键性的施工技术及对实施存在问题的解决方法;特殊工程部位的技术处理细节及其注意事项;新技术、新工艺、新材料、新结构施工技术要求与实施方案及其注意事项;进度要求、施工部署、施工机械、劳动力安排与组织;总包与分包单位之间相互协作配合关系及其有关问题、施工质量标准和安全技术等

图 5-6 技术交底的内容

三、技术交底填写要求

技术交底的填写要求,如图 5-7 所示。

扫码看视频
技术交底记录

- "工程名称"与施工图纸图签一致
- 技术交底只有当签字齐全后,方可生效
- 应在"交底提要"中写清技术交底具体日期
- 依据标准表格进行填写,要求编制、报批及时,文字规范,条理清晰,填写齐全
- 技术交底文件编号依据质量记录管理工作程序要求进行编写,依据文件和资料控制工作程序进行管理
- 技术交底的主要内容包括:主要的施工方法、关键性的施工技术及对实施存在问题的解决方法;特殊工程部位的技术处理细节及其注意事项;新技术、新工艺、新材料、新结构施工技术要求与实施方案及其注意事项;进度要求、施工部署、施工机械、劳动力安排与填写交底内容时,必须具有很强的可操作性和针对性,使施工人员持技术交底便可进行施工
文字尽量通俗易懂,图文并茂。严禁出现"详见×××规程、×××标准"的话,而要将规范、规程中的条款转换为通俗语言。比如,纵向受拉钢筋的最小搭接长度,不同混凝土强度等级、不同钢筋类型的搭接倍数不同。在交底中就不能笼统写"C20混凝土、HPB300级钢,纵向受拉钢筋的最小搭接长度为35d",而应写其具体数值
组织总包与分包单位之间相互协作配合关系,解决施工质量标准和安全技术等有关问题

⎬ 技术交底的填写要求

图 5-7 技术交底的填写要求

四、技术交底记录表填写示例

技术交底记录表填写示例,见表 5-3。

表 5-3 技术交底记录表填写示例

工程名称	××××建设工程花木大道景观绿化工程	施工单位	××××花卉股份有限公司
交底部位	装饰	工序名称	外墙抹灰
交底提要:外墙抹灰节点要求、施工工艺、验收标准			
交底内容: (1)外墙抹灰前,先把外墙架眼用干硬性 C20 混凝土堵平,防止外墙随架眼渗漏。 (2)甩浆:甩浆前先浇水润湿墙面,清除基层表面灰尘、油污及其他的表面残留物,用 MST 界面剂水泥过筛细砂制作浆液,配合比为 MST 界面剂:水泥:砂=1:1:1.5,用喷浆机喷成蘑菇状,喷浆布点均匀,不应过厚和过薄,凝固以后浇水养护 48h,待墙面的水泥浆达到一定强度后再抹灰。 (3)放线:从±0.00 处和墙顶各拉水平通线,再以水平线放出各阴阳角垂直线和墙面垂直线,以垂直线贴饼、冲底、打底,打底抹灰最薄处不得少于 7mm,垂直允许偏差 10mm(必须保证各大角垂直度不超标)。 (4)放好线后,鼓模的混凝土应及时剔平,抹灰超厚部分用 1:2 水泥砂浆补平。 (5)抹灰前一天浇水润湿墙面两遍,抹灰前再浇一遍。 (6)抹灰做法:7mm 厚 1:3 水泥砂浆打底扫毛;7mm 厚 1:2.5 水泥砂浆罩面抹平。 (7)抹灰层与基层之间及各抹灰层之间必须黏结牢固,抹灰层应无脱层、空鼓、裂缝,打底灰必须控制好平整度。 (8)抹灰表面应洁净,接槎平整,施工缝应留在窗口上下处,减少外墙施工缝。 (9)抹灰砂浆应随搅拌随使用,不得超过 4h,落地灰应及时清理使用,做到工完料净场地清。			
项目(专业)技术负责人	×××	交底人	×××

第四节　图纸会审记录

图纸会审记录是图纸会审过程中各方达成一致的意见和决定，是设计文件的一部分或补充，与正式设计文件具有同等效力。

一、填写要求

图纸会审记录填写要求，如图 5-8 所示。

```
图纸会审记录填写要求
├─ 图纸会审记录应由建设单位、设计单位、监理单位和施工单位的项目负责人签认，形成正式图纸会审记录。不得擅自在会审记录上涂改或变更其内容
├─ 监理单位、施工单位应将各自提出的图纸问题及意见，按专业整理、汇总后报建设单位，由建设单位提交设计单位做交底准备
├─ 对图纸会审提出的问题，凡涉及设计变更的，均应由设计单位按规定程序发出设计变更单(图)，重要设计变更应由原施工图审查机构审核后方可实施
├─ 填写要点：序号以审查问题的先后为序填写，图号按序号的顺序标明图纸编号；会审记录栏为主要填写内容，提出方将存在的问题记录在问题一栏，答复意见记录在答复意见一栏，对于需变更或设计深度满足不了施工要求的，设计单位应出具书面设计文件重新处理
├─ 图纸会审应由建设单位组织设计单位，监理单位和施工单位技术负责人及有关人员参加。设计单位对各专业问题进行交底，施工单位负责将设计交底内容按专业汇总、整理，形成图纸会审记录
├─ 图纸会审的主要内容：设计是否符合国家现行规范标准和施工技术装备条件；特殊措施在技术上是否有困难、能否保证施工安全；特殊材料的品种、规格、数量等是否满足需要；建筑、结构、水暖、电气、设备等之间有无矛盾；图纸尺寸、坐标、标高及管线、道路交叉连接是否正确；图纸及说明是否齐全、清楚、明确；施工图审查机构的意见是否已反馈并通过其认可
└─ 图纸会审记录是正式文件，不得在记录上涂改变更
```

图 5-8　图纸会审记录填写要求

二、填写说明

图纸会审记录填写说明，如图 5-9 所示。

三、图纸会审记录表填写示例

图纸会审记录表填写示例，见表 5-4。

扫码看视频

图纸会审记录

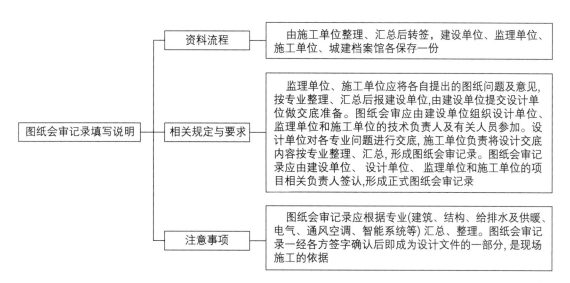

图 5-9 图纸会审记录填写说明

表 5-4 图纸会审记录表填写示例

工程名称		××工程	编号	××××
			日期	××××
设计单位		×××	专业名称	建筑结构
地点		×××	页数	共 页,第 页
序号	图号	图纸问题	答复意见	
1	结-1	结构说明 3 中,混凝土材料:地下室底板外墙使用抗渗混凝土,未给出抗渗等级	抗渗等级为 P8	
2	结-3,结-5	地下一层顶板③～⑤/⑥～⑨轴分布筋未标注	分布筋双向双排,均为 $\phi 8@200$	
3	结-10	Z14 中标高为 25.20～28.00m 与剖面图不符	Z14 标高应改为 21.50～28.00m	
4	建-1,结-3,结-12	地下室外墙防水层使用 SBSⅡ型防水卷材,是否需加砌砖墙作为防水保护层	砌 120mm 厚砖墙作为保护层	
签字栏	建设单位 ×××	监理单位 ×××	设计单位 ×××	施工单位 ×××

第五节 设计变更通知单

设计变更通知单是由于各种原因需要对设计文件的部分内容进行修改而办理的变更设计文件。

一、填写要求

设计变更通知单的填写要求，如图 5-10 所示。

设计变更通知单填写要求

- 设计变更是由设计单位提出，对原设计图纸的某个部位局部修改或全部修改的一种记录
- 若在后期施工中，出现对前期某一变更或其中某条款重新修改的情况，则必须在前期被修改的条款上注明"作废"字样
- 分包单位的有关设计变更和洽商记录，应通过工程总包单位后办理
- 设计变更通知单由建设（监理）单位和施工单位的有关负责人及设计专业负责人签认后生效
- 同一区域相同工程如需使用同一个设计变更时，可用复印件或抄件，须注明原件存放处
- 设计单位应及时下达设计变更通知单，必要时应附图，并逐条注明需要修改图纸的图号。当设计变更内容用文字无法叙述清楚时，应附图说明。设计变更、工程洽商是工程竣工图编制工作的重要依据，其内容的准确性和修改图号的明确性会影响竣工图绘制质量，因此应分专业办理，且应注明修改图纸的图号
- 设计变更是工程施工和结算的依据，等同于施工图，建设单位、监理单位、设计单位、施工单位各保存一份
- 设计变更由项目部技术部门管理，与图纸一并发放

图 5-10　设计变更通知单填写要求

二、填写说明

设计变更通知单的填写说明，如图 5-11 所示。

扫码看视频
设计变更通知单

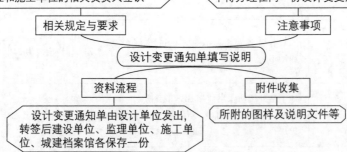

图 5-11　设计变更通知单填写说明

三、设计变更通知单填写示例

设计变更通知单填写示例，见表 5-5。

表 5-5　设计变更通知单填写示例

工程名称	×××××	编号	××××
		日期	××××
设计单位名称	×××××	专业名称	建筑与结构工程

续表

工程名称	×××××	编号	××××
		日期	××××
变更摘要	××××	页数	共 页,第 页

序号	图号	变更内容
1	结施-1	应甲方要求做出以下变更 (1)原设计中地 14 改为地 15 (2)一层阳台窗窗台高度为 90cm,其阳台窗宽度不变,高度减小 (3)原设计中楼梯栏杆 06J403-1 中 A4 型改为不锈钢楼梯栏杆 (4)原设计中阳台固定窗改为塑钢中空推拉窗,尺寸不变,详见图集×××××
签字栏	建设单位 ×××	设计单位　　　　监理单位　　　　施工单位 　×××　　　　　　×××　　　　　×××

第六节 工程洽商记录

工程洽商记录是建筑工程施工过程中,一种协调业主和施工单位、监理单位和设计单位的记录,它是工程施工、验收、改扩建及维修的重要资料,也是做竣工图的重要依据。

一、填写要求

工程洽商记录填写要求,如图 5-12 所示。

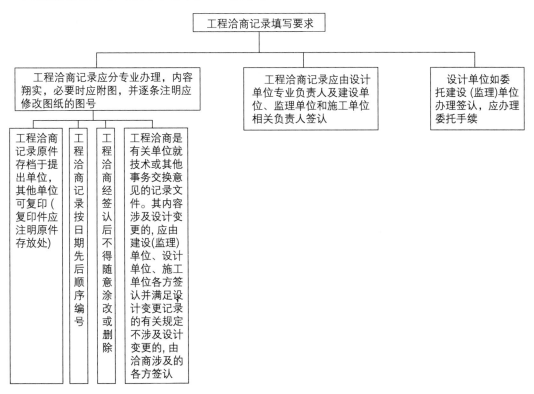

图 5-12　工程洽商记录填写要求

二、填写说明

工程洽商记录填写说明,如图 5-13 所示。

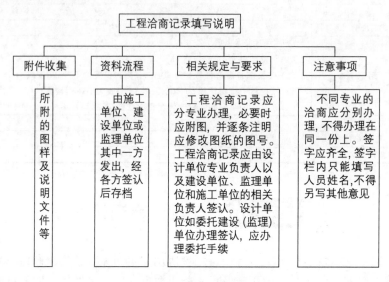

图 5-13 工程洽商记录填写说明

三、工程洽商记录表填写示例

工程洽商记录表填写示例,见表 5-6。

表 5-6 工程洽商记录表填写示例

工程洽商记录		资料编号	××××××
工程名称	×××客运总站1#客运站房	日期	×××年××月××日
提出单位名称	×××建设有限公司	专业名称	建筑装饰装修
内容摘要	关于建筑装饰装修图中增加幕墙部分的内容		
洽商内容 因业主要求,将原图纸设计中的1-G轴段交1-4~1-8、1-16~1-23轴段空架处,变更为玻璃幕墙进行封闭。详细做法见二次厂家设计图纸			
签字栏	建设单位 ×××××	监理单位 ××××××	设计单位 ××××××	施工单位 ××××××

第六章
施工物资资料管理

第一节 物资出厂合格证

一、预制混凝土构件出厂合格证

1. 预制混凝土构件出厂合格证填写说明

预制混凝土构件出厂合格证填写说明，如图 6-1 所示。

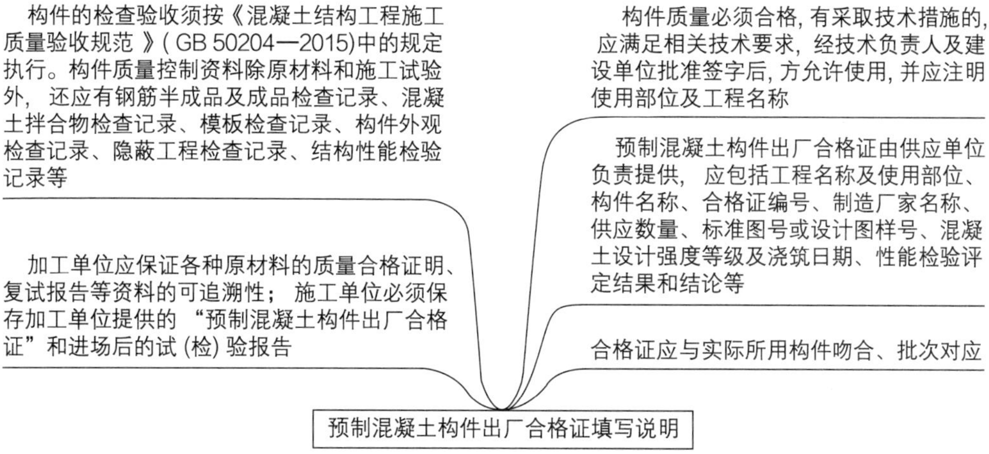

构件的检查验收须按《混凝土结构工程施工质量验收规范》（GB 50204—2015）中的规定执行。构件质量控制资料除原材料和施工试验外，还应有钢筋半成品及成品检查记录、混凝土拌合物检查记录、模板检查记录、构件外观检查记录、隐蔽工程检查记录、结构性能检验记录等

构件质量必须合格，有采取技术措施的，应满足相关技术要求，经技术负责人及建设单位批准签字后，方允许使用，并应注明使用部位及工程名称

预制混凝土构件出厂合格证由供应单位负责提供，应包括工程名称及使用部位、构件名称、合格证编号、制造厂家名称、供应数量、标准图号或设计图样号、混凝土设计强度等级及浇筑日期、性能检验评定结果和结论等

加工单位应保证各种原材料的质量合格证明、复试报告等资料的可追溯性；施工单位必须保存加工单位提供的"预制混凝土构件出厂合格证"和进场后的试（检）验报告

合格证应与实际所用构件吻合、批次对应

预制混凝土构件出厂合格证填写说明

图 6-1 预制混凝土构件出厂合格证填写说明

2. 预制混凝土构件出厂合格证填写示例

预制混凝土构件出厂合格证填写示例，如表 6-1 所示。

表 6-1 预制混凝土构件出厂合格证填写示例

工程名称及使用部位	××工程五层、③~⑧/ⓒ~ⓚ轴	合格证编号		××××-×××
构件名称	过梁	型号规格	GL-2	供应数量	85 块
制造厂家	×××建材公司	企业等级证		一级
标准图号或设计图纸号	设计图纸结-5	混凝土强度等级		C30
混凝土浇筑日期	××年×月×日	至	构件出厂日期	××年×月×日

续表

工程名称及使用部位	××工程五层，③~⑧/ⓒ~ⓚ轴		合格证编号	××××-×××
性能检验评定结果	混凝土抗压强度		主筋	
	达到设计强度/%	试验编号	力学性能	工艺性能
	165	××-×××	钢筋屈服点、抗拉强度、伸长率均符合要求	见钢筋原材进场试验报告
	外观			
	质量状况		规格尺寸/mm	
	合格		1800×200×80	
	结构性能			
	承载力/kPa	挠度/mm	抗裂检验/kPa	裂缝宽度/mm
	1.70	1.34	1.40	0.12 不大于 0.15[W_{max}]
备注：生产厂家提供的合格证真实有效。			结论：构件各项性能均符合规范规定，质量合格。	
供应单位技术负责人		填表人	供应单位名称（盖章）	
×××		×××		
填表日期		××年×月×日		

二、钢构件出厂合格证

1. 钢构件出厂合格证填写说明

钢构件出厂合格证填写说明，如图 6-2 所示。

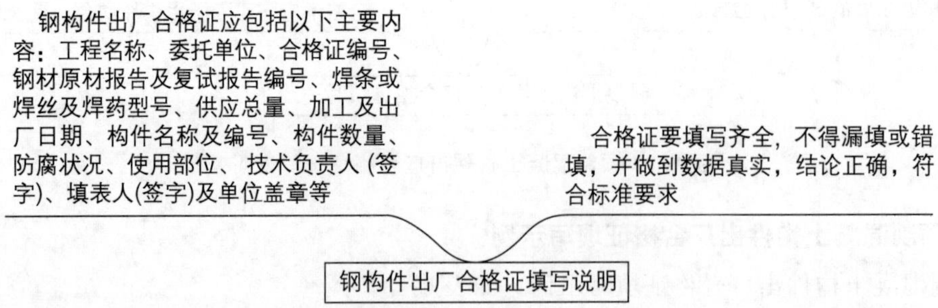

钢构件出厂合格证应包括以下主要内容：工程名称、委托单位、合格证编号、钢材原材报告及复试报告编号、焊条或焊丝及焊药型号、供应总量、加工及出厂日期、构件名称及编号、构件数量、防腐状况、使用部位、技术负责人(签字)、填表人(签字)及单位盖章等 — 钢构件出厂合格证填写说明

合格证要填写齐全，不得漏填或错填，并做到数据真实，结论正确，符合标准要求

图 6-2 钢构件出厂合格证填写说明

2. 钢构件出厂合格证填写示例

钢构件出厂合格证填写示例，见表 6-2。

表 6-2 钢构件出厂合格证填写示例

工程名称	××××包装车间钢结构工程	合格证编号	001
委托单位	××××钢结构有限公司	供应总量/t	2.3
钢材材质	Q235	主构件 复试报告编号	ATWS5.17-EH14
焊条或焊丝型号/mm	Φ1.2	焊药型号	气保焊丝

续表

工程名称	××××包装车间钢结构工程		合格证编号	001
加工日期	××××年××月××日		出厂日期	××××年××月××日
序号	构件名称	构件编号	构件规格	构件单重/kg	构件数量	防腐状况	使用部位
1	主结构	GL7.5.-4B1A			10	合格	
2	主结构	GL7.5.-4B1B			16	合格	
3	主结构	GL7.5.-4Z			22	合格	
4	主结构	GL7.5.-4B2A			25	合格	
5	主结构	GL7.5.-4B2B			10	合格	
6	主结构	GZ			30	合格	
备注							
	生产单位（公章）	技术负责人 ×××		质检员 ××××		填表日期 ××××年××月××日	

三、预拌混凝土出厂合格证

1. 预拌混凝土出厂合格证填写说明

预拌混凝土出厂合格证填写说明，如图 6-3 所示。

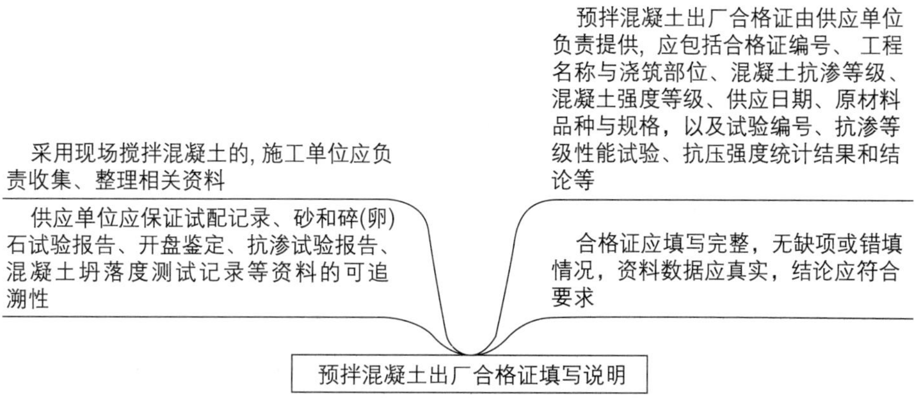

预拌混凝土出厂合格证填写说明：
- 采用现场搅拌混凝土的，施工单位应负责收集、整理相关资料
- 供应单位应保证试配记录、砂和碎（卵）石试验报告、开盘鉴定、抗渗试验报告、混凝土坍落度测试记录等资料的可追溯性
- 预拌混凝土出厂合格证由供应单位负责提供，应包括合格证编号、工程名称与浇筑部位、混凝土抗渗等级、混凝土强度等级、供应日期、原材料品种与规格，以及试验编号、抗渗等级性能试验、抗压强度统计结果和结论等
- 合格证应填写完整，无缺项或错填情况，资料数据应真实，结论应符合要求

图 6-3 预拌混凝土出厂合格证填写说明

2. 预拌混凝土出厂合格证填写示例

预拌混凝土出厂合格证填写示例，见表 6-3。

表 6-3 预拌混凝土出厂合格证填写示例

使用单位	××项目部		合格证编号		××××-×××	
工程名称与浇筑部位	××大厦 首层游泳池					
强度等级	C30	抗渗等级	P8	供应数量/m³		150
供应日期	××年×月×日		至	××年×月×日		
配合比编号	××××-×××					
原材料名称	水泥	砂	石	掺合料		外加剂

续表

使用单位	××项目部		合格证编号		××××-×××	
品种及规格	P·O42.5R	河砂	碎石	Ⅱ级粉煤灰	HNB-1	
试验编号	××-×××	××-×××	××-×××	××-×××	××-×××	
每组抗压强度值/MPa	试验编号	强度值	试验编号	强度值	备注:	
	××-×××	34.2				
	××-×××	35.6				
	××-×××	34.0				
抗渗试验	试验编号	指标	试验编号	指标		
	××-×××	P大于8				
抗压强度统计结果					结论:	
组数	平均值/MPa		最小值/MPa		符合规范要求	
3	34.6		34			
供应单位技术负责人			填表人		供应单位名称（盖章）	
×××			×××			
填表日期			××年×月×日			

四、半成品钢筋出厂合格证

1. 半成品钢筋出厂合格证填写说明

（1）填写要点内容，如图6-4所示。

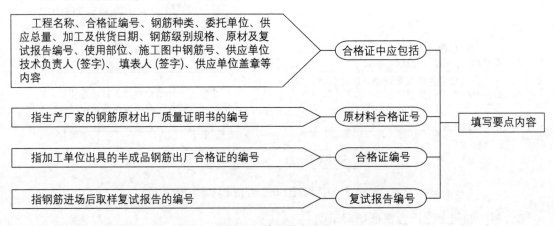

图6-4 填写要点内容

（2）相关要求如下。

① 钢筋采用场外委托加工时，相关资料应分级管理，加工单位应保存钢筋的原材出厂质量证明、复试报告、接头连接试验报告等资料，并保证资料的可追溯性。

② 委托加工的钢筋质量应由加工单位负责，施工单位仅需保留出厂合格证并对进场钢筋做外观检查。但用于承重结构的钢筋和钢筋连接接头，若通过进场外观检查对其质量产生怀疑或监理、设计单位有特殊要求时，可进行力学性能和工艺性能的抽样复试。监理或设计单位提出复试要求的，应事先约定进场取样复试的原则与要求。

2. 半成品钢筋出厂合格证填写示例

半成品钢筋出厂合格证填写示例,见表 6-4。

表 6-4 半成品钢筋出厂合格证填写示例

工程名称		××大厦		合格证编号		京 2009—761	
委托单位		××建筑工程公司		钢筋种类		热轧带肋	
供应总量/kg		1200		加工日期	××年×月×日	供货日期	××年×月×日
序号	级别规格	供应数量	进货日期	生产厂家	原材报告编号	复试报告编号	使用部位
1	HRB335φ12	200	××年×月×日	××建材公司	021	2011—1520	第一层梁柱
2	HRB335φ18	340	××年×月×日	××建材公司	022	2011—1521	第一层梁柱
3	HRB335φ20	500	××年×月×日	××建材公司	023	2011—1522	第一层梁柱
4	HRB335φ25	160	××年×月×日	××建材公司	024	2011—1523	第一层梁柱
备注:							
供应单位技术负责人 ×××			填表人 ×××			供应单位名称(盖章)	
填表日期:××年×月×日							

第二节 预拌混凝土运输单

预拌混凝土供应单位应随车向施工单位提供预拌混凝土运输单。责任部门为混凝土供应单位。提交时限为随混凝土运输车提供。

供应单位填写的内容,如图 6-5 所示。

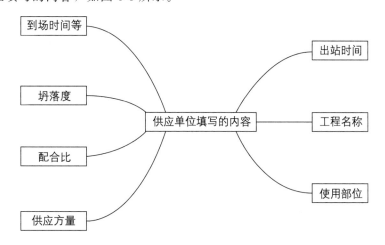

图 6-5 供应单位填写的内容

施工单位试验和材料人员填写的内容,如图6-6所示。

图6-6 施工单位试验和材料人员填写的内容

一、预拌混凝土运输单填写说明

预拌混凝土运输单填写说明,如图6-7所示。

扫码看视频

预拌混凝土运输单

图6-7 预拌混凝土运输单填写说明

二、预拌混凝土运输单填写示例

预拌混凝土运输单正本及副本填写示例分别见表6-5和表6-6。

表6-5 预拌混凝土运输单(正本)填写示例

预拌混凝土运输单(正本)		编号		
合同编号	×××	任务单号	×××	
供应单位	××混凝土公司	生产日期	××年××月××日	
工程名称及施工部位	××工程 地上六层 6~12Ⓑ~Ⓖ轴墙体			
委托单位	×××	混凝土强度等级	C30	抗渗等级	/
混凝土输送方式	泵送	其他技术要求	/	
本车供应方量/m³	30	要求坍落度/mm	140~160	实测坍落度/mm	150
配合比编号	××-0012	配合比比例	$G:W:S:G=1.00:0.49:2.42:3.17$	
运距/km	20	车号	7	车次	16	司机	×××
出站时间	13:38	到场时间	14:28	现场出罐温度/℃	20
开始浇筑时间	14:36	完成浇筑时间	14:59	现场坍落度/mm	150
签字栏	现场验收人		混凝土供应单位质量员		混凝土供应单位签发人
	×××		×××		×××

表 6-6　预拌混凝土运输单（副本）填写示例

预拌混凝土运输单(副本)		编号	
合同编号	×××	任务单号	×××
供应单位	××混凝土公司	生产日期	××××年××月××日
工程名称及施工部位	××工程　地上六层　6～12Ⓑ～Ⓖ轴墙体		
委托单位	×××	混凝土强度等级	C30	抗渗等级	/
混凝土输送方式	泵送	其他技术要求	/
本车供应方量/m³	30	要求坍落度/mm	140～160	实测坍落度/mm	150
配合比编号	××-0012	配合比比例	$G:W:S:G=1.00:0.49:2.42:3.17$
运距/km	20	车号	7	车次	16	司机	×××
出站时间	13：38	到场时间	14：28	现场出罐温度/℃	20
开始浇筑时间	14：36	完成浇筑时间	14：59	现场坍落度/mm	150
签字栏	现场验收人		混凝土供应单位质量员		混凝土供应单位签发人	
	×××		×××		×××	

注：本表由供应单位保存。

第三节　钢材试验报告

一、钢材试验报告填写说明

1. 检查要点

（1）钢材质量证明文件如下。

① 公章及复印件要求：质量证明书应具有钢材生产单位和材料供应单位公章。复印件应加盖原件存放单位红章，具有经办人签字和经办日期。

② 出厂质量证明书（出厂合格证）应填写齐全，不得漏填或随意涂改，内容包括：生产许可证号、供方名称或厂标、需方名称；重量、证明书号、产品名称、炉（罐）批号、牌号、级别、规格、化学成分检验（碳、锰、硅、硫、磷、钒等）、力学性能数据（屈服点、抗拉强度、伸长率、冷弯性能等）、发货日期、出厂日期等。

（2）钢材试验报告填写说明，如图 6-8 所示。

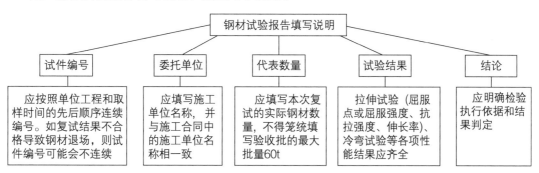

图 6-8　钢材试验报告填写说明

2. 抽样检验批量的规定

钢材进场后抽样检验的批量应符合下列规定。

（1）钢筋混凝土用热轧带肋钢筋、热轧光圆钢筋、余热处理钢筋、低碳钢热轧圆盘条以同一牌号、同一规格不大于60t为一批。

（2）钢结构工程用碳素结构钢、低合金高强度结构钢以同一牌号、同一等级、同一品种、同一尺寸、同一交货状态的钢材不大于60t为一批。

（3）预应力混凝土用钢丝及预应力混凝土用钢绞线以同一牌号、同一规格、同一生产工艺不大于60t为一批。

（4）钢绞线、钢丝束无黏结预应力筋以同一钢号、同一规格、同一生产工艺生产的钢绞线、钢丝束不大于30t为一批。

（5）预应力筋用锚具、夹具和连接器以同一类产品、同一批原材料、用同一种工艺一次投料生产不超过1000套组为一验收批。外观检查抽取10%，且不少于10套。对其中有硬度要求的零件，硬度检验抽取5%，且不少于5套。静载锚固能力检验抽取3套试件的锚具、夹具或连接器。

（6）冷轧带肋钢筋以同一牌号、同一规格、同一外形、同一生产工艺和交货状态的钢筋为一验收批，每批不大于60t。取样数量：弯曲试验每批2个，拉伸试验每盘1个。

（7）预应力混凝土用金属螺旋管每批抽检9件圆管试样（12件扁管试样）。

（8）其他建筑用钢材按现行国家标准或行业标准的规定进行组批。

二、钢材试验报告填写示例

钢材试验报告填写示例，见表6-7。

表6-7 钢材试验报告填写示例

热轧圆盘条试验报告				编号		×××	
				试验编号		×××—794	
				委托编号		×××—1176	
工程名称		××工程		试件编号		001	
委托单位		××建筑工程公司		试验委托人		×××	
钢材种类	热轧圆盘条	规格或牌号		ϕ6Q235B	生产厂	×××	
代表数量	31.08t	来样日期	××××年××月××日		试验日期	××××年××月××日	
公称直径（厚度）		6.5mm			公称面积	33.18mm^2	
试验结果	力学性能					弯曲性能	
	屈服强度/MPa	抗拉强度/MPa	伸长率/%	$\sigma_{b实}/\sigma_{s实}$	$\sigma_{s实}/\sigma_{b标}$	弯心直径/mm	角度/(°)	结果
	290	435	28	1.50	1.23	3.25	180	合格
	290	435	27	1.50	1.23	3.25	180	合格
	化学分析						其他：
	分析编号	化学成分（质量分数）/%					
		C	Si	Mn	P	S	Ceq	

续表

试验结论：
依据《低碳钢热轧圆盘条》（GB/T 701—2008）评定，拉伸、冷弯试验结果符合 Q235 热轧圆盘条钢筋标准。

批准	×××	审核	×××	试验	×××
试验单位	×××实验室					
报告日期	××××年××月××日					

第四节　水泥试验报告

一、水泥试验报告填写说明

水泥试验报告的填写要点如下。

1. 水泥出厂合格证、检验报告

（1）水泥必须有水泥生产单位提供的出厂合格质量证明文件。质量证明文件应在水泥出厂 7d 内提供，检验项目包括除 28d 强度以外的各项试验结果。28d 强度结果应在水泥发出日起 32d 内补报。产品合格证应以 28d 抗压、抗折强度为准。

（2）水泥进场后，项目物资、质量部门应及时组织进行外观和包装检查，核对进场数量，由项目材料员在质量证明文件上注明进场日期、进场数量（t）和使用部位（计划）。

（3）公章及复印件要求：出厂质量证明文件应具有生产单位和材料供应单位公章。复印件应加盖原件存放单位红章，具有经办人签字和经办日期。

（4）水泥出厂合格质量证明文件内容应齐全，包括厂别、品种、强度等级、出厂日期、出厂编号和厂家的试验数据等，不得漏填或随意涂改。

（5）供应单位除提供产品合格证明外，还应提供物理性能检验报告及建筑材料放射性指标检验报告（结构及室内装修用水泥），其质量应符合国家现行标准。检验项目不全或对检验结果有疑问的，应委托有资质的检测单位进行复试。

（6）用于钢筋混凝土结构、预应力混凝土结构中的水泥，检测报告中应有有害物（氯化物、碱含量）的检测内容。钢筋混凝土结构、预应力混凝土结构中严禁使用含氯化物的水泥。

2. 水泥试验报告

（1）水泥必须按规定的批量送检，做到先复试后使用，严禁先使用后复试。

组批原则：同一水泥厂生产同期出厂的同品种、同强度等级、同一出厂编号的水泥为一验收批，袋装不超过 200t 的为一批，散装不超过 500t 的为一批，每批抽样不少于 1 次。

检验方法：检查产品合格证、出厂检验报告和进场复验报告。

（2）需要复试的水泥包括：用于承重结构的水泥、使用部位有强度等级要求的水泥、出厂时间超过 3 个月的水泥（快硬硅酸盐水泥为 1 个月）、对水泥质量有怀疑的或进口的水泥。

（3）水泥进场复验项目包括强度、安定性和凝结时间。

（4）有见证取样和送检：混凝土和砌筑砂浆用水泥应实行有见证取样和送检，见证试验比例为 100%，且应送有资质的试验（检测）单位进行检测。见证试验报告应加盖"有见证试验"专用章。

（5）试件编号：应按照单位工程和取样时间的先后顺序连续编号。如在双倍复试结果不合格水泥退场的情况下，试件编号可能会不连续。

（6）委托单位：应填写施工单位名称，并与施工合同中的施工单位名称一致。

（7）代表数量：应填写本次复试水泥的实际数量，不得笼统填写验收批的最大批量200t（或500t）。

（8）如果水泥有质量问题，则可根据试验报告的数据降级使用，但须经项目技术负责人和监理工程师批准后方可使用，且应注明使用的工程项目及部位。

二、水泥试验报告填写示例

水泥试验报告填写示例，见表6-8。

表6-8 水泥试验报告填写示例

编　　号：×××
试验编号：××—0666
委托编号：××—06379

工程名称		××工程			试样编号	×××
委托单位		××建筑工程公司			试验委托人	×××
品种及强度等级		P·S 32.5	出厂编号及日期	××××年××月××日	厂别编号	×××
代表数量		200t	来样日期	××××年××月××日	试验日期	××××年××月××日
试验结果	一、细度	80μm方孔筛余量/%				
		比表面积/(m²/kg)				
	二、标准稠度用水量(P)/%		25.4			
	三、凝结时间		初凝	3h 30min	终凝	5h 25min
	四、安定性		雷氏法/mm	—	试饼法	—
	五、其他		—			
	六、强度					
		抗折强度/MPa		抗压强度/MPa		
		3d	28d	3d		28d	
		单块值	平均值	单块值	平均值	单块值	平均值	单块值	平均值
		4.5		8.7		23.0		52.5	
						23.8		53.2	
		4.3	4.4	8.8	8.7	23.2	23.5	52.7	53.1
						24.1		53.8	
		4.3		8.7		23.8		53.2	
						22.9		53.1	

试验结论：
依据《通用硅酸盐水泥》(GB 175—2007)标准，该水泥符合水泥强度要求，安定性合格，凝结时间合格。

批准	×××	审核	×××	试验	×××
试验单位	××建筑工程公司实验室				
报告日期	××××年××月××日				

注：本表由建设单位、监理单位、施工单位和城建档案馆各保存一份。

第五节 砂试验报告

一、砂试验报告填写说明

砂试验报告填写说明，如图 6-9 所示。

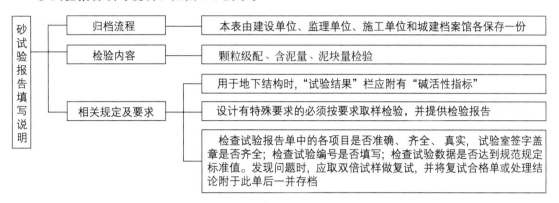

图 6-9 砂试验报告填写说明

二、砂试验报告填写示例

砂试验报告填写示例，见表 6-9。

表 6-9 砂试验报告填写示例

编号：×××
试验编号：××-0018
委托编号：××-01480

工作名称		××工程		试样编号	012
委托单位		×××公司		试验委托人	×××
种类		中砂		产地	×××
代表数量		600t	来样日期	××年×月×日	试验日期	××年×月×日
试验结果	一、筛分析	细度模数 μ_f	2.7		
		级配区域	Ⅱ区		
	二、含泥量/%		2.6		
	三、泥块含量/%		0.5		
	四、表观密度/(kg/m³)		—		
	五、堆积密度/(kg/m³)		1460		
	六、碱活性指标		—		
	七、其他		含水率/有机质含量/云母含量/碱活性/孔隙率/坚固性/轻物质含量/氯离子含量/紧密密度		

结论：
依据《普通混凝土用砂、石质量及检验方法标准》(JGJ 52—2006)标准，含泥量合格，泥块含量合格，属Ⅱ区中砂。

批准	×××	审核	×××	试验	×××
试验单位		××建筑工程公司试验室			
报告日期		××年×月×日			

注：本表由建设单位、监理单位、施工单位和城建档案馆各保存一份。

第六节 外加剂试验报告

一、外加剂试验报告填写说明

外加剂试验报告填写说明，如图 6-10 所示。

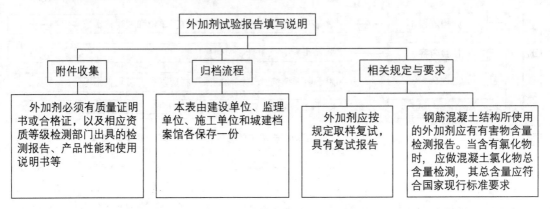

图 6-10 外加剂试验报告填写说明

二、外加剂试验报告填写示例

外加剂试验报告填写示例，见表 6-10。

表 6-10 外加剂试验报告填写示例

混凝土外加剂试验报告		编号		×××
		试验编号		×××—53
		委托编号		×××—8721
工程名称	××工程		试样编号	002
委托单位	××建筑工程公司		试验委托人	×××
产品名称	RJ-I 泵送剂	生产厂	×××建筑材料厂	生产日期	××××年××月××日
代表数量	50t	来样日期	××××年××月××日	试验日期	××××年××月××日
试验项目	钢筋锈蚀 28d 抗压强度比、压力泌水率比、坍落度保留值 30min、坍落度保留值 60min			
试验结果	试验项目		试验结果	
	钢筋锈蚀		对钢筋无锈蚀作用	
	28d 抗压强度比		99%	
	压力泌水率比		89%	
	坍落度保留值 30min		183mm	
	坍落度保留值 60min		148mm	
试验结论：经评定，该样品钢筋锈蚀、28d 抗压强度比、压力泌水率比、坍落度保留值符合泵送外加剂标准《混凝土外加剂》(GB 8076—2008)。				
批准	×××	审核	×××	试验	×××
试验单位	×××试验室			
报告日期	××××年××月××日			

第七节 掺合料试验报告

一、掺合料试验报告填写说明

1. 责任部门

供应单位应提供质量证明书和检验报告,进场检验合格后按照规定进行复试,复试报告由试验单位提供。

2. 检查要点

掺合料试验报告检查要点,如图 6-11 所示。

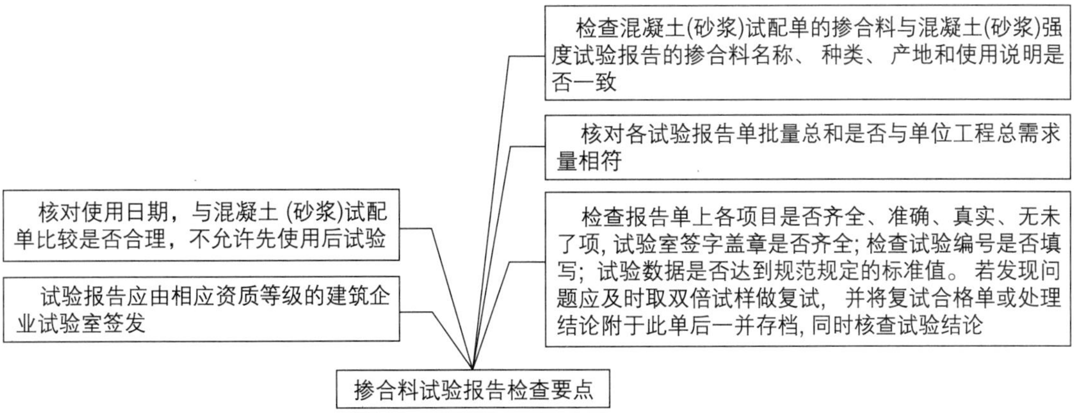

- 核对使用日期,与混凝土(砂浆)试配单比较是否合理,不允许先使用后试验
- 试验报告应由相应资质等级的建筑企业试验室签发
- 检查混凝土(砂浆)试配单的掺合料与混凝土(砂浆)强度试验报告的掺合料名称、种类、产地和使用说明是否一致
- 核对各试验报告单批量总和是否与单位工程总需求量相符
- 检查报告单上各项目是否齐全、准确、真实、无未了项,试验室签字盖章是否齐全;检查试验编号是否填写;试验数据是否达到规范规定的标准值。若发现问题应及时取双倍试样做复试,并将复试合格单或处理结论附于此单后一并存档,同时核查试验结论

→ 掺合料试验报告检查要点

图 6-11 掺合料试验报告检查要点

二、掺合料试验报告填写示例

掺合料试验报告填写示例,见表 6-11。

表 6-11 掺合料试验报告填写示例

工程名称		××工程		试样编号		002	
委托单位		×××		试验委托人		×××	
掺合料种类		粉煤灰	等级	Ⅱ级		产地	××-热电厂
代表数量		200t	来样日期	××年×月×日		试验日期	××年×月×日
试验结果	一、细度	(1)0.045mm 方孔筛筛余/%					17.4
		(2)80μm 方孔筛筛余/%					—
	二、需水量比/%						99
	三、吸铵值/%						—
	四、28d 水泥胶砂抗压强度比/%						128
	五、烧失量/%						7.5
	六、其他						—
结论:							
批准		×××	审核试验	×××		试验	×××
试验单位		××建筑工程公司试验室					
报告日期		××年×月×日					

第八节 防水涂料试验报告

一、防水涂料试验报告填写说明

防水涂料试验报告填写说明,如图 6-12 所示。

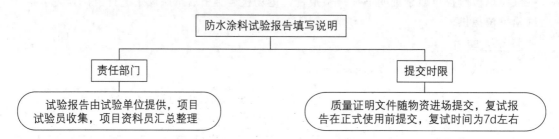

图 6-12 防水涂料试验报告填写说明

二、防水涂料试验报告填写示例

防水涂料试验报告填写示例,见表 6-12。

表 6-12 防水涂料试验报告填写示例

防水涂料试验报告			编号	××-××-××-×××
			试验编号	××××-××××
			委托编号	××××-××××
工程名称及部位	××工程1~4层厕浴间,地下室积水坑		试件编号	001
委托单位	××建筑工程公司		试验委托人	×××
种类、型号	聚氨酯防水涂料1:1.5		生产厂	××防水材料厂
代表数量/kg	400	来样日期	×××	试验日期	×××
试验结果	一、延伸性/mm		—		
	二、拉伸强度/MPa		3.83		
	三、断裂伸长率/%		556		
	四、黏结性/MPa		0.7		
	五、耐热度	温度/℃	110	评定	合格
	六、不透水性		压力 0.3MPa;恒压时间 30min,不透水,合格		
	七、柔韧性(低温)	温度/℃	-30	评定	2h 无裂纹,合格
	八、固体含量/%		95.5		
	九、其他		有见证试验		
结论: 依据《聚氨酯防水涂料》(GB/T 19250—2013)标准,样品符合聚氨酯防水涂料合格品要求。					
批准	×××	审核	×××	试验	×××
试验单位		××建筑工程公司试验室			
报告日期		××××			

注:本表由建设单位、监理单位、施工单位和城建档案馆各保存一份。

第九节 防水卷材试验报告

一、防水卷材试验报告填写说明

防水卷材试验报告填写说明,如图 6-13 所示。

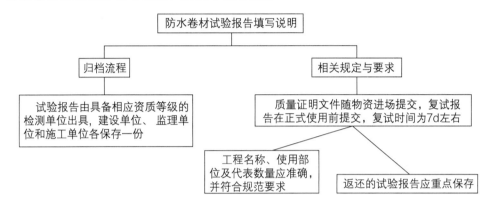

图 6-13 防水卷材试验报告填写说明

二、防水卷材试验报告填写示例

防水卷材试验报告填写示例,见表 6-13。

表 6-13 防水卷材试验报告填写示例

编号:×××
试验编号:××-0096
委托编号:××-10476

工程名称及部位		××工程,地下室底板、外墙防水层		试样编号		004	
委托单位		××建筑工程公司		试验委托人		×××	
种类、型号		弹簧体沥青防水卷材Ⅰ类复合胎		生产厂		××防水材料有限公司	
代表数量		250 卷	来样日期	××××	试验日期	××××	
试验结果	一、拉力试验	1. 拉力/N	纵	536.0	横	510.0	
		2. 拉伸强度/MPa	纵	7	横	7	
	二、断裂伸长率/%		纵	9.6	横	9.4	
	三、耐热度	温度/℃			评定		
	四、不透水性	①压力 0.3MPa;②恒压时间 30min;③评定:合格					
	五、柔韧性(低温柔性、低温弯折性)	温度/℃	−15		评定	合格	
	六、其他	有见证试验					

试验结论:
依据《弹性体改性沥青防水卷材》(GB 18242—2008)标准,试样符合Ⅰ类复合胎弹性体沥青防水卷材质量标准。

批准	×××	审核	×××	试验	××××××
试验单位		××建筑工程公司试验室			
报告日期		××××××			

第十节 砖（砌块）试验报告

一、砖（砌块）试验报告填写说明

砖（砌块）试验报告填写说明，如图 6-14 所示。

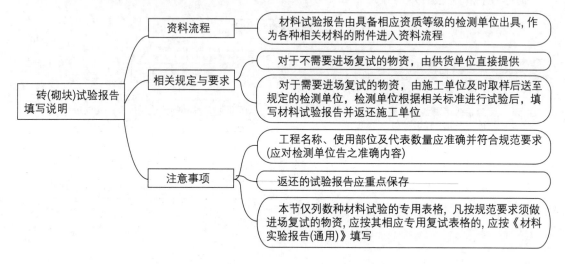

图 6-14 砖（砌块）试验报告填写说明

二、砖（砌块）试验报告填写示例

砖（砌块）试验报告填写示例，见表 6-14。

表 6-14 砖（砌块）试验报告填写示例

编号：×××
试验编号：××-0011
委托编号：××-00736

种类		烧结普通砖		生产厂	××砖厂
委托单位		××建筑工程公司		试验委托人	×××
种类		烧结普通砖		生产厂	××砖厂
强度等级	MU10	密度等级	—	代表数量	16万块
试件处理日期	××年×月×日	来样日期	××年×月×日	试验日期	××年×月×日
试验结果	烧结普通砖				
	抗压强度平均值 f/MPa	变异系数 δ 不大于 0.21 强度标准值 f_k/MPa		变异系数 δ 大于 0.21 单块最小强度值 f_k/MPa	
	16	14.8		—	
	轻骨料混凝土小型空心砌块				
	砌块抗压强度/MPa			砌块干燥表观密度/(kg/m³)	
	平均值	最小值			
	其他种类				
	抗压强度/MPa			抗折强度/MPa	
	平均值	最小值	大面	条面	平均值	最小值
			平均值	最小值	平均值	最小值		

续表

结论：						
根据《烧结普通砖》(GB/T 5101—2017)标准，符合 MU10 砖抗压强度要求。						
批准	×××	审核	×××	试验	×××	
试验单位	××建筑工程公司试验室					
报告日期	××年××月××日					

注：本表由建设单位、监理单位、施工单位和城建档案馆各保存一份。

第十一节 轻集料试验报告

一、轻集料试验报告填写说明

轻集料试验报告填写说明，如图 6-15 所示。

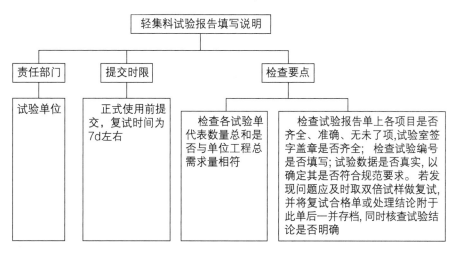

图 6-15 轻集料试验报告填写说明

二、轻集料试验报告填写示例

轻集料试验报告填写示例，见表 6-15。

表 6-15 轻集料试验报告填写示例

工程名称及部位		××工程		试样编号	002
委托单位		××建筑工程公司		试验委托人	×××
种类		黏土陶粒	密度等级	轻粗骨料 700	产地	××
代表数量		—	来样日期	××××年××月××日	试验日期	××××年××月××日
试验结果	一、细度	(1)细度模数(细骨料)	—			
		(2)最大粒径(粗骨料)/mm	20			
		(3)级配情况	☑连续粒级　单粒级			

81

续表

工程名称及部位	××工程	试样编号	002
试验结果	二、表观密度/(kg/m³)	1190	
	三、堆积密度/(kg/m³)	678	
	四、筒压强度/MPa	5.1	
	五、吸水率(1h)/%	4.2	
	六、粒型系数	—	
	七、其他	含泥量0.4%,孔隙率43%	

试验结论:

依据《轻集料及其试验方法 第1部分:轻集料》(GB/T 17431.1—2010)和《轻集料及其试验方法 第2部分:轻集料试验方法》(GB/T 17431.2—2010)标准,该黏土陶粒符合要求,颗粒级配 10~20mm,密度等级 700,含泥量小于 1.0%。

批准	×××	审核	×××	试验	×××
试验单位	××建筑工程公司试验室				
报告日期	××××年××月××日				

第十二节 材料、构配件进场试验报告

一、材料、构配件进场试验报告填写说明

材料、构配件进场试验报告填写说明,如图 6-16 所示。

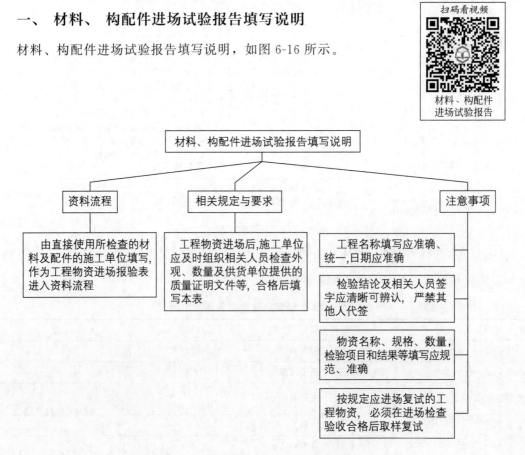

图 6-16 材料、构配件进场试验报告填写说明

二、材料、构配件进场试验报告填写示例

材料、构配件进场试验报告填写示例,见表 6-16。

表 6-16 材料、构配件进场试验报告填写示例

工程名称	××××××		检验日期	××××××	
施工单位	×××××××××				
序号	名称	规格型号	进场数量	生产厂家	外观质量	结果
				合格证号		
1	聚碳酸酯板	10.00mm	356m²	××耐力板有限公司	观感质量好	合格
2						

检验结论:
聚碳酸酯板经复查符合设计及规范要求,产品证明文件齐全。

签字栏	建设(监理)单位	施工单位		×××
		专业质检员	专业工长	检验员
		×××	×××	×××

注:本表由施工单位填写并保存。

第十三节 设备开箱检验试验报告

一、设备开箱检验试验报告填写说明

(1) 设备、变压器、低压成套配电箱(柜)进场后,由建设(监理)单位、施工单位、供货单位开箱检验并做记录,填写设备开箱检验记录。

(2) 设备到场或移交安装单位前应进行开箱检查。参与开箱检查的人员除安装单位和监理(建设)单位的人员之外,还必须有生产厂家(或供货方)的代表共同参加。

(3) 设备开箱检查的根据为设计文件、合同文件、相关规范及装箱清单等。

(4) 设备开箱检查的内容,如图 6-17 所示。

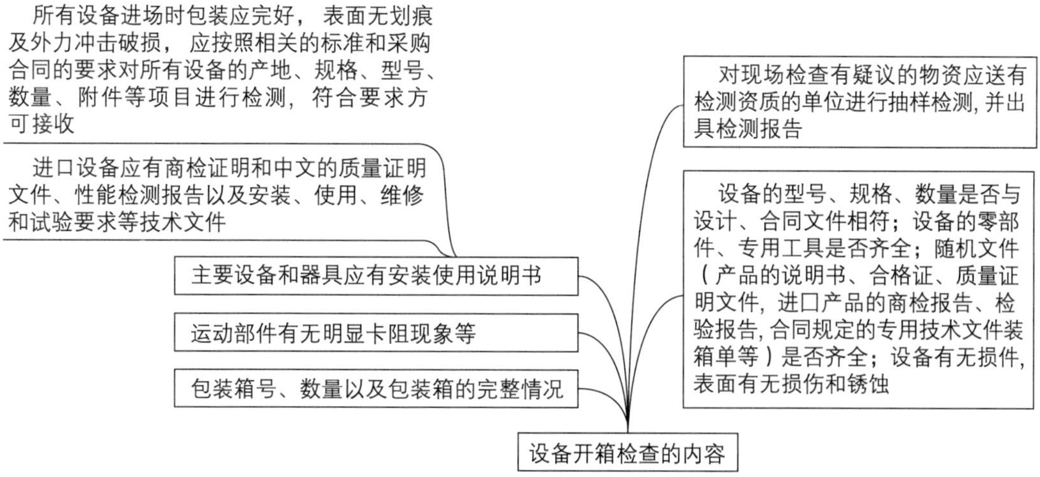

- 所有设备进场时包装应完好,表面无划痕及外力冲击破损,应按照相关的标准和采购合同的要求对所有设备的产地、规格、型号、数量、附件等项目进行检测,符合要求方可接收
- 进口设备应有商检证明和中文的质量证明文件、性能检测报告以及安装、使用、维修和试验要求等技术文件
- 主要设备和器具应有安装使用说明书
- 运动部件有无明显卡阻现象等
- 包装箱号、数量以及包装箱的完整情况
- 对现场检查有疑议的物资应送有检测资质的单位进行抽样检测,并出具检测报告
- 设备的型号、规格、数量是否与设计、合同文件相符;设备的零部件、专用工具是否齐全;随机文件(产品的说明书、合格证、质量证明文件,进口产品的商检报告、检验报告,合同规定的专用技术文件装箱单等)是否齐全;设备有无损件,表面有无损伤和锈蚀

设备开箱检查的内容

图 6-17 设备开箱检查的内容

其中出现疑义的内容,如图 6-18 所示。

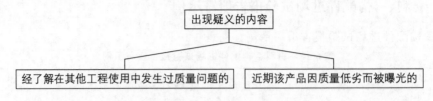

图 6-18 出现疑义的内容

二、设备开箱检验试验报告填写示例

设备开箱检验试验报告填写示例,见表 6-17。

表 6-17 设备开箱检验试验报告填写示例

设备开箱检验记录		编号		×××	
设备名称		排烟风机	检查日期	××××年××月××日	
规格型号		GYF-41	总数量	2 台	
装箱单号		503	检验数量	2 台	
检验结果	包装情况	包装完整良好,无损坏,标识明确			
	随机文件	出厂合格证 2 份,说明书 2 份,生产厂家资质证明			
	备件与附件	箱体连接用胶条、螺栓、螺母齐全			
	外观情况	外观良好,无损坏锈蚀现象			
	测试情况	状况良好			
检验结果	缺、损附件明细表				
	序号	名称	规格	单位	数量	备注
结论: 检查包装、随机文件齐全,外观及测试状况良好,符合设计及规范要求,同意验收。					
签字栏	建设(监理)单位 ×××		施工单位 ×××建筑工程有限公司		供应单位 ×××

注:本表由施工单位填写并保存。

第七章
施工记录资料管理

第一节 隐蔽工程验收记录

一、隐蔽工程验收记录填写说明

隐蔽工程验收记录填写要点如下。

（1）工程名称：与施工图纸图签中的名称一致。

（2）编号：按工程资料编号要求填写。

（3）隐蔽项目：应按实际检查项目填写，具体写明分部（子）工程名称和施工工序主要检查内容。隐蔽项目栏填写举例：桩基工程钢筋笼安装、支护工程锚杆安装、门窗工程（预埋件、锚固件或螺栓安装）、吊顶工程（龙骨、吊件、填充材料安装）。

（4）隐蔽部位：对于结构工程隐蔽部位应体现层、轴线、标高和主要构件名称（墙、柱、板、梁等）；对于装饰装修工程隐蔽部位应体现楼层、轴线（或建筑功能房间/区域名称，如楼梯间、公共走廊、会议室、餐厅等）。

（5）隐检时间：按实际检查日期填写。

（6）隐检依据：施工图纸、设计变更、工程洽商及相关的施工质量验收规范、标准、规程；本工程的施工组织设计、施工方案、技术交底等。特殊的隐检项目如新材料、新工艺、新设备等要标注具体的执行标准文号或企业标准文号。

（7）主要材料名称及规格/型号：按实际发生的材料、设备填写，将各主要材料名称及对应的规格/型号表述清楚。

（8）隐检内容：结合设计、规范要求，将隐蔽部位关联的隐检项目和涉及的各检查点描述得具体、详细。应严格反映施工图的设计要求；按照施工质量验收规范关于原材料复验、连接件试验、主要施工工艺做法等的规定进行检验。文字不能表达清楚的，可用详图或大样图表示。

（9）检查结论：按照监理单位检查意见填写。所有隐检内容是否全部符合要求应明确。隐检中第一次验收未通过的，应注明质量问题和复查要求。

（10）复查结论：应由监理单位填写，主要是针对第一次检查存在的问题进行复查，描述对质量问题的整改情况。

（11）签字栏：应本着"谁施工、谁签认"的原则。对于专业分包工程，应体现专业分包单位的名称，分包单位的各级责任人签认后再报请总包单位负责人签认，总包单位负责人签认后再报请监理单位负责人签认。各方签字后生效。

二、隐蔽工程验收记录填写示例

隐蔽工程验收记录填写示例，见表7-1。

表7-1　隐蔽工程验收记录填写示例　　　　　　编号：××

工程名称	××××	分部工程名称	地基与基础分部
分项工程名称	土方开挖分项	隐蔽部位	桩基桩孔
施工单位	××××	项目经理	××
施工图名称及图号	结施××		

序号	检查验收内容	施工单位自检记录
1	桩的直径	经检查，桩的直径符合设计要求
2	桩底进入持力层的深度	经检查，桩底进入持力层的深度符合设计要求
3	桩底扩大头的尺寸	经检查，桩底扩大头的尺寸符合设计要求
4	护壁混凝土的厚度	经检查，护壁混凝土的厚度符合设计要求（此项有护壁时做）
5	桩底土性	经检查，桩底土性为××××，达到设计要求
	图示或说明： 照片	
施工单位检查意见	符合设计要求及规范规定。 项目专职质量检查员：×××	项目技术负责人：××× ××××年××月××日
监理（建设）单位验收意见	经检查，隐蔽工程各项内容符合设计要求及规范规定，同意隐蔽。 监理工程师：××× （建设单位技术负责人）：	××××年××月××日

第二节　交接检查记录

交接检查记录适用于不同施工单位之间的交接检查，当前一专业工程施工质量对后续专业工程施工质量产生直接影响时，应进行交接检查。

一、交接检查记录填写说明

交接检查记录填写说明，如图7-1所示。

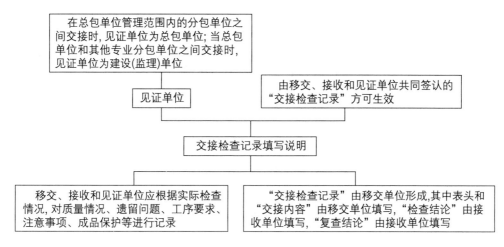

图 7-1 交接检查记录填写说明

二、交接检查记录填写示例

交接检查记录填写示例，见表 7-2。

表 7-2 交接检查记录填写示例

工程名称	新时代商业街西 A 座 2♯楼		
移交单位名称 (上道工序名称)	基础砖砌体砌筑	接收单位名称 (下道工序名称)	土方回填
交接部位	基础	检查日期	××××年××月××日

交接内容：

(1) 基础砌体已砌筑完毕；

(2) 砌筑用原材料，水泥、砂、砖经复验合格；

(3) 砖砌体的表面质量、平整度、水平灰缝厚度等经检查符合验收规范规定；

(4) 砖基础轴线尺寸、标高符合图纸设计要求。

检查结果：

经交接双方检查，组砌方法正确，经复验合格，原材料、水泥、砂、砖经复验合格，满足下步砌筑工序的要求，双方同意移交，并履行签字手续。

复查意见：
同意移交。

见证单位意见：

签字栏	移交单位	接收单位	见证单位
	××××××	××××××	××××××

第三节 沉降观测记录

一、沉降观测记录填写说明

1. 提交时限

沉降观测记录在每次沉降观测结束后 7d 内提交。

2. 资料内容

工序要求、质量情况、遗留问题、成品保护、注意事项等。

3. 相关要求

沉降观测记录相关要求,如图 7-2 所示。

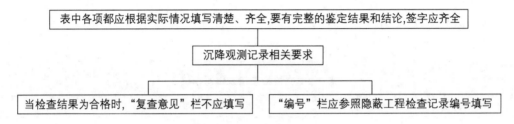

图 7-2 沉降观测记录相关要求

二、沉降观测记录填写示例

沉降观测记录填写示例,见表 7-3。

表 7-3 沉降观测记录填写示例

工程名称		厂前区新征地及 P×东侧、北侧场平竖向工程			施工单位			×××××	
水准点所在位置		通港路路边区域			水准基点编号			水准基点 1、2、3、4、5	
观测起止日期		××××年××月××日 至××××年××月××日			水准基点高程			14.522m	
工程地点		××市××区××炼油厂(P×装置东侧通港路段挡土墙)							
测量仪器		全站仪:NTS-352 水准仪:AP-128							
沉降观测结果	观测点编号	观测点标高/m	第1次 ××××年××月××日		第2次 ××××年××月××日		第3次 ××××年××月××日		第4次 ××××年××月××日		第5次
			标高	沉降量/m	标高	沉降量/m	标高	沉降量/m	标高	沉降量/m	标高	沉降量/m

续表

工程名称	厂前区新征地及P×东侧、北侧场平竖向工程			施工单位			××××××						
		/m	本次	累计	/m	本次	累计	/m	本次	累计	/m	本次	累计	/m	本次	累计
①	16.35	16.30	-0.0	-0.0	16.306	-0.0	-0.04	16.28	-0.0	-0.0	6.281	-0.0	-0.0
②	16.35	16.31	-0.0	-0.0	16.303	-0.0	-0.04	16.27	-0.0	-0.0	6.277	-0.0	-0.0
③	16.35	16.34	-0.0	-0.0	16.341	-0.0	-0.00	16.33	-0.0	-0.0	6.330	-0.0	-0.0
④	16.35	16.35	0.00	0.00	16.347	-0.0	-0.00	16.34	-0.0	-0.0	6.343	0.00	0.00
⑤	16.35	16.31	-0.0	-0.0	16.289	-0.0	-0.06	16.27	-0.0	-0.0	6.275	-0.0	-0.0
⑥	16.35	16.25	-0.0	-0.0	16.221	-0.0	-0.12	16.21	-0.0	-0.1	6.214	-0.0	-0.1
⑦	16.35	16.22	-0.1	-0.1	16.184	-0.0	-0.16	16.17	-0.0	-0.1	6.170	-0.0	-0.1
⑧	16.35	16.18	-0.1	-0.1	16.147	-0.0	-0.20	16.13	-0.0	-0.2	16.135	-0.0	-0.2
⑨	16.35	16.18	-0.1	-0.1	16.133	-0.0	-0.21	16.12	-0.0	-0.2	6.120	-0.0	-0.2
⑩	16.35	16.33	-0.0	-0.0	16.298	-0.0	-0.05	16.27	-0.0	-0.0	6.266	-0.0	-0.0
工程进度状态													
施工单位	项目技术负责人			施测人			监理(建设)单位			监理工程师(建设单位项目专业技术负责人)		
	×××			×××						×××		

第四节 地基验槽记录

一、地基验槽记录填写说明

1. 资料内容

基坑平面尺寸、位置、土质、地下水位，基底绝对高程和相对标高等。

2. 相关要求

地基验槽记录填写相关要求，如图7-3所示。

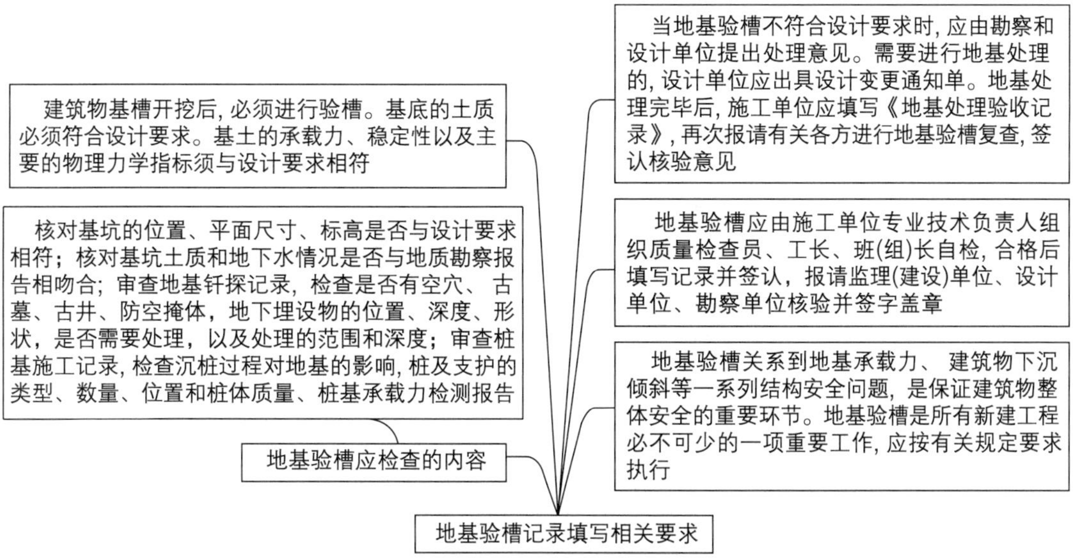

建筑物基槽开挖后，必须进行验槽。基底的土质必须符合设计要求。基土的承载力、稳定性以及主要的物理力学指标须与设计要求相符

核对基坑的位置、平面尺寸、标高是否与设计要求相符；核对基坑土质和地下水情况是否与地质勘察报告相吻合；审查地基钎探记录，检查是否有空穴、古墓、古井、防空掩体，地下埋设物的位置、深度、形状，是否需要处理，以及处理的范围和深度；审查桩基施工记录，检查沉桩过程对地基的影响，桩及支护的类型、数量、位置和桩体质量、桩基承载力检测报告

地基验槽应检查的内容

当地基验槽不符合设计要求时，应由勘察和设计单位提出处理意见。需要进行地基处理的，设计单位应出具设计变更通知单。地基处理完毕后，施工单位应填写《地基处理验收记录》，再次报请有关各方进行地基验槽复查，签认核验意见

地基验槽应由施工单位专业技术负责人组织质量检查员、工长、班(组)长自检，合格后填写记录并签认，报请监理(建设)单位、设计单位、勘察单位核验并签字盖章

地基验槽关系到地基承载力、建筑物下沉倾斜等一系列结构安全问题，是保证建筑物整体安全的重要环节。地基验槽是所有新建工程必不可少的一项重要工作，应按有关规定要求执行

地基验槽记录填写相关要求

图7-3 地基验槽记录填写相关要求

二、地基验槽记录填写示例

地基验槽记录填写示例，见表 7-4。

表 7-4　地基验槽记录填写示例

工程名称	××建筑工程公司	验槽日期	××年×月×日
验槽部位	①~⑧/Ⓐ~Ⓗ轴基槽		

验槽内容：
1. 基槽开挖至勘探报告×层，持力层为×层
2. 基底绝对高程和相对标高 39.17m，-9.2m
3. 土质情况 2 类黏土　基底为老土层，均匀密实
（附：☑钎探记录及钎探点平面布置图）
4. 桩位置_____、桩类型_____、数量_____、承载力满足设计要求
（附：□施工记录、□桩检测记录）

注：若建筑工程无桩基或人工支护，则相应在第 4 条填写处画"/"

申报人：×××

检查意见：
槽底土均匀密实，与地质勘探报告（编号×××）相符，基槽平面位置、几何尺寸、基槽标高，定位检查符合设计要求
地下水情况：槽底在地下水位上 1m，无坑、无穴洞
检查结论：☑无异常，可进行下道工序　　□需要地基处理

复查意见：

复查人：×××　　　　　　　　　　　　　　　　　　　　　　　　复查日期：××年×月×日

签字公章栏	建设单位	监理单位	设计单位	勘察单位	施工单位
	×××	×××	×××	×××	×××

第五节　混凝土开盘鉴定表

一、混凝土开盘鉴定表填写说明

1. 检查要点

（1）混凝土开盘鉴定必须在混凝土搅拌现场进行。
（2）混凝土开盘鉴定要有施工单位项目负责人，及监理机构、搅拌单位的技术负责人参加；为大型工程及重要部位出具配合比的试验室也应派人参加开盘鉴定。
（3）鉴定同意后方可开盘。
（4）混凝土开盘鉴定的主要内容，如图 7-4 所示。

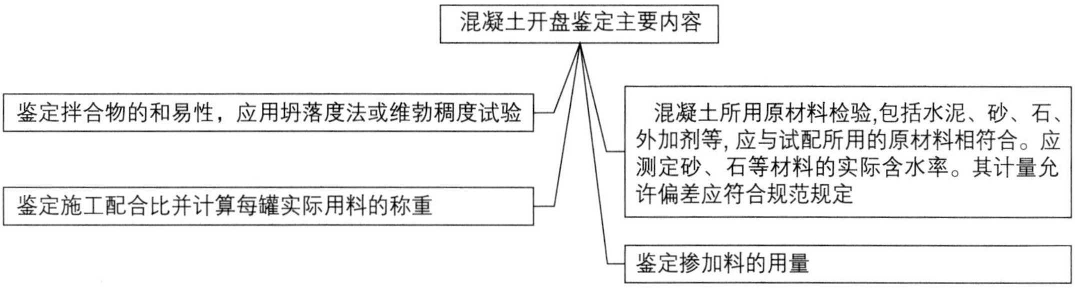

第七章 施工记录资料管理

```
                    ┌─────────────────────┐
                    │ 混凝土开盘鉴定主要内容 │
                    └─────────────────────┘
```

- 鉴定拌合物的和易性，应用坍落度法或维勃稠度试验
- 混凝土所用原材料检验,包括水泥、砂、石、外加剂等,应与试配所用的原材料相符合。应测定砂、石等材料的实际含水率。其计量允许偏差应符合规范规定
- 鉴定施工配合比并计算每罐实际用料的称重
- 鉴定掺加料的用量

图 7-4 混凝土开盘鉴定主要内容

2. 相关要求

（1）用于承重结构及抗渗防水工程使用的混凝土，其开盘鉴定是指第一次使用的配合比及第一盘搅拌时的鉴定。

（2）采用预拌混凝土的，应对首次使用的混凝土配合比在混凝土出厂前，由混凝土供应单位自行组织相关人员进行开盘鉴定。

（3）采用现场搅拌混凝土的，应由项目部组织监理单位、搅拌机组、混凝土试配单位进行开盘鉴定工作，共同认定试验室签发的混凝土配合比确定的组成材料是否与现场施工所用材料相符，以及混凝土拌合物的性能是否满足设计要求和施工需要。开始生产时应至少留置一组标准养护试件，作为验证配合比的依据。

（4）表中各项都应根据实际情况填写清楚、齐全，不得有缺项、漏项。要有明确的鉴定结果和鉴定结论，签字齐全。

二、混凝土开盘鉴定表填写示例

混凝土开盘鉴定表填写示例，见表 7-5。

表 7-5 混凝土开盘鉴定表填写示例

施工单位：	××建筑公司		鉴定日期：		××年×月×日		编号		001	
工程名称	××公司办公区试验楼			施工部位		混凝土开盘鉴定				
搅拌方式	强制式搅拌机		要求坍落度/mm		160~180		混凝土配合比单编号		154326	
混凝土设计强度等级		C35			水灰比	0.46		砂率/%		43
材料用量		水泥	水	砂	石	外加剂		掺加料	要求坍落度/mm	
试验室配合比	kg/盘	340	180	780	1032	15		90	160~180	
	kg/盘									
施工配合比	kg/盘	170	77	403	517	7.5		45	160~180	
	砂子含水率:3.20%					石子含水率:0.10%				
实测结果	kg/盘	170	77	405	520	7.5		45	170	
鉴定结果	鉴定项目	混凝土拌合物			混凝土试块抗压强度/MPa		原材料品种、规格、型号是否与配合比单相符			
		坍落度/mm	保水性	黏聚性			砂	石	外加剂	掺加料
	设计	160~180			44.2		相符	相符	相符	相符
	实际	170	良好	合格			相符	相符	相符	相符

鉴定意见：
同意 C35 混凝土开盘鉴定结果，鉴定合格。

会签栏	监理(建设)单位	施工单位		混凝土试配单位
	×××	专业技术负责人	质检员	专业工长	负责人
	×××	×××	×××	×××	×××
	××年×月×日	××年×月×日			××年×月×日

第六节 混凝土拆模申请表

一、混凝土拆模申请表填写说明

1. 混凝土拆模申请表填写要点

混凝土拆模申请表填写要点,如图7-5所示。

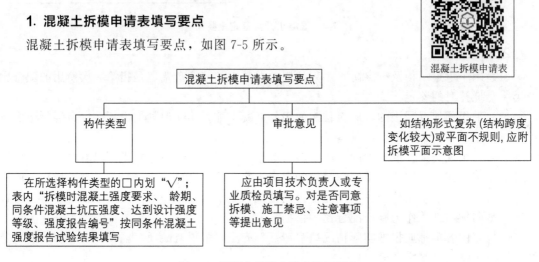

图7-5 混凝土拆模申请表填写要点

2. 相关要求

(1)按照《混凝土结构工程施工质量验收规范》(GB 50204—2015)中的规定,施工单位与监理单位应及时在拆模后共同对现浇混凝土的外观质量和尺寸偏差进行全数检查。

(2)梁、板模板拆除应具备的条件。底模及其支架拆除时的混凝土强度应符合设计要求;当设计无具体要求时,混凝土强度应符合底模拆除时的混凝土强度要求。

(3)墙、柱模板拆除应具备的条件,如图7-6所示。

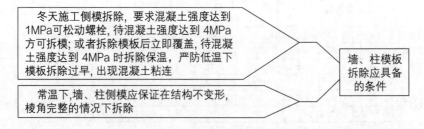

图7-6 墙、柱模板拆除应具备的条件

(4)对后张法预应力混凝土结构构件,侧模宜在预应力张拉前拆除;底模支架的拆除应按施工技术方案执行,当无具体要求时,不应在结构构件建立预应力前拆除。

(5)后浇带模板拆除应具备的条件。后浇带处混凝土不连续,较易出现安全和质量问题,故此部分模板的拆除和支顶应在施工技术方案中明确规定。

二、混凝土拆模申请表填写示例

混凝土拆模申请表填写示例,见表7-6。

表 7-6 混凝土拆模申请表填写示例

工程名称：×××　　　　　　　　　　　　　　　　　　　　　　拆模楼号：5#住宅楼

申请拆模部位		三层顶梁、顶板		后浇带数量/条	1
混凝土设计强度	C30	混凝土浇捣日期	2017.8.27	计划拆模日期	2017.9.19
拆模班组		×××		班组长	×××
工程部审核意见（应说明是否为特殊部位）	拆模要求	(1)对拆模人员进行安全教育 (2)设专人看护 (3)拆模时拆模人员站在所拆模板一侧避免碰伤 (4)对拆下的模板及时清理 (5)拆除后浇带模板时，应及时按要求进行回顶			
	拆模意见	非特殊部位,已进行安全技术交底,同意拆模			
	审核签字	生产经理		审核日期	2017.9.18
安全部审核意见	拆模意见：	同意拆模			
	审核签字	安全总监		审核日期	2017.9.18
试验室审核意见（附试验报告）	同条件试块抗压强度值/MPa	38		试块龄期	21d
	同条件试块达到设计强度的/%	102		报告日期	2017.9.17
	拆模意见	同意拆模			
	审核签字	试验员		审核日期	2017.9.18
技术部审核意见（审核是否为特殊部位）	模板类型		拆模强度要求/%		本次拆模类型
	板	跨度≤2m	≥50		
		2m<跨度≤8m	≥75		
		跨度>8m	≥100		√
	梁	跨度≤8m	≥75		
		跨度>8m	≥100		
	悬臂构件		≥100		
	拆模意见	非特殊部位,已达拆模要求,同意拆模			
	审核签字	区域技术员		审核日期	2017.9.18
技术负责人审批意见	拆模意见	同意拆模			
	审批签字	技术负责人		审批日期	2017.9.18

注：此表应待同条件（或标养）抗压报告出来后，拆模前 1d 报各部门审核。

第七节　混凝土预拌测温记录

一、混凝土预拌测温记录填写说明

混凝土预拌测温记录填写说明，如图 7-7 所示。

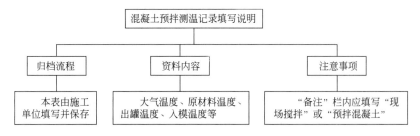

图 7-7　混凝土预拌测温记录填写说明

二、 混凝土预拌测温记录填写示例

混凝土预拌测温记录填写示例,见表7-7。

表7-7 混凝土预拌测温记录填写示例

工程名称				××转化中心							
混凝土强度等级				C40 P10				坍落度/mm		180±20	
水泥品种及强度等级				P.O 42.5				搅拌方式		机械	
测温时间				大气温度/℃	原材料温度/℃			出罐温度/℃	入模温度/℃	备注	
年	月	日	时		水泥	砂	石	水			
2008	2	24	23	3	—	—	—	—	+17	+15	预拌混凝土
2008	2	24	0	4	—	—	—	—	+18	+16	预拌混凝土
施工单位				××建设集团有限公司项目部							
专业技术负责人 ×××				专业质检员 ×××				记录人 ×××			

第八节 大体积混凝土养护测温记录

一、 大体积混凝土养护测温记录填写说明

大体积混凝土养护测温记录填写说明,如图7-8所示。

扫码看视频

大体积混凝土养护测温记录

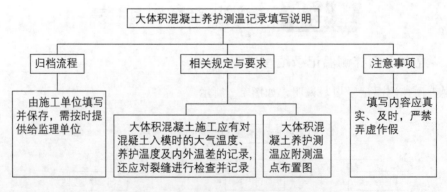

图7-8 大体积混凝土养护测温记录填写说明

二、 大体积混凝土养护测温记录填写示例

大体积混凝土养护测温记录填写示例,见表7-8。

表 7-8 大体积混凝土养护测温记录填写示例

大体积混凝土测温记录表							编号			×××	
工程名称			地铁16号线工程××站				施工单位			××建设集团有限责任公司	
测温方式			蓄热法			测温方式	电子测温计		测温部位	底板纵梁1段	
测温时间			大气温度/℃	入模温度/℃	孔号	各测温孔温度/℃		$t_{中}-t_{上}$/℃	$t_{中}-t_{下}$/℃	$t_{气}-t_{上}$/℃	内外最大温差记录/℃	裂缝宽度/mm
月	日	时										
11	18	21	7	20	1	上	9.3	4.7	0.3	−2.3		
						中	14.0					
						下	13.8					
11	18	21	7	21	2	上	6.0	8.6	2.4	1.0		
						中	14.6					
						下	12.2					
11	18	21	7	19	3	上	6.8	6.1	3.3	0.2		
						中	12.9					
						下	9.6					
11	18	21	7	20	4	上	8.9	2.1	−4.8	−1.9		
						中	11.0					
						下	15.9					
11	19	03	6	20	1	上	8.9	4.6	0.2	−2.9	8.6	无
						中	13.5					
						下	13.2					
11	19	03	6	21	2	上	5.6	8.5	2.4	0.4		
						中	14.1					
						下	11.7					
11	19	03	6	19	3	上	6.3	6.3	3.5	−0.3		
						中	12.6					
						下	9.1					
11	19	03	6	20	4	上	8.4	2.3	−4.9	−2.4		
						中	10.6					
						下	15.5					
11	19	09	7	20	1	上	8.5	4.6	0.2	−1.5		
						中	13.1					
						下	12.9					
11	19	09	7	21	2	上	5.3	8.3	2.5	1.7		
						中	13.6					
						下	11.1					
审核意见:												

施工单位	××城乡建设集团有限责任公司	
专业技术负责人	专业工长	测温员
×××	×××	×××

第九节 地下工程防水效果检查记录

一、地下工程防水效果检查记录填写说明

地下工程防水效果检查记录填写说明，如图 7-9 所示。

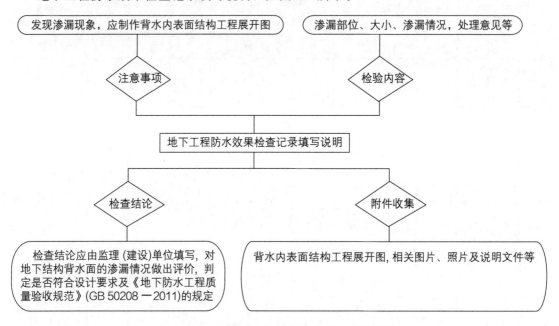

图 7-9　地下工程防水效果检查记录填写说明

施工单位应在"结构内表面的渗漏水展开图"上标示的内容，如图 7-10 所示。

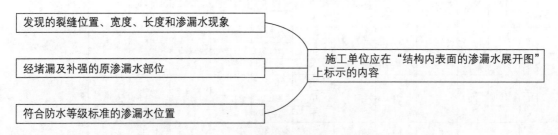

图 7-10　施工单位应在"结构内表面的渗漏水展开图"上标示的内容

二、地下工程防水效果检查记录填写示例

地下工程防水效果检查记录填写示例，见表 7-9。

表 7-9　地下工程防水效果检查记录填写示例

工程名称		××工程	
检查部位	地下室底板、外墙	检查日期	××××年××月××日
检查方法及内容： 依据《地下防水工程质量验收规范》(GB 50208—2011) 及施工方案，渗漏水水量调查与量测方法执行《地下防水工程质量验收规范》(GB 50208—2011) 中第 8.0.8 条及其附录 C 中的内容，包括裂缝、渗漏部位大小、渗漏情况、处理意见等。			

续表

工程名称	××工程

检查结果：
　　经检查,地下室底板、外墙不存在渗漏水现象,施工工艺及观感质量合格,符合设计要求和《地下防水工程质量验收规范》(GB 50208—2011)中的有关规定。

复查意见：
　　同意检查结果。
　　　　　　　　　　　　　　　　　　复查人：×××复查日期：××××年××月××日

签字栏	建设（监理）单位	施工单位	××建筑工程公司	
		专业技术负责人	专业质检员	专业工长
	×××	×××	×××	×××

注：本表由施工单位填写，建设单位、监理单位和施工单位各保存一份。

第十节 地下工程试水检查记录

一、地下工程试水检查记录填写说明

地下工程试水检查记录填写说明，如图 7-11 所示。

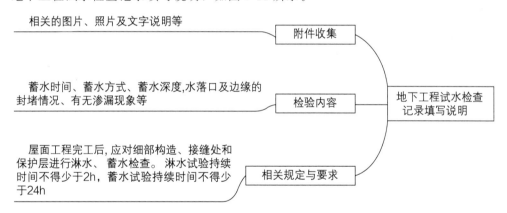

图 7-11　地下工程试水检查记录填写说明

二、地下工程试水检查记录填写示例

地下工程试水检查记录填写示例，见表 7-10。

表 7-10　地下工程试水检查记录填写示例

工程名称	××工程	编号	××××
检查部位	地上三层厕浴间	检查日期	××××年××月××日
检查方式	☑第一次蓄水　□第二次蓄水	蓄水日期	从××××年××月××日8时 至××××年××月××日8时
	☑淋水　　　　□雨期观察		

检查方法及内容：
　　厕浴间一次蓄水试验,在门口处用水泥砂浆做挡水墙,地漏周围挡高 5cm,用球塞(或棉丝)把地漏堵严密且不影响试水,蓄水最浅水位为 20mm,蓄水时间为 24h。

续表

工程名称	××工程	编号	××××

检查结果：
　　经检查，厕浴间一次蓄水试验，蓄水最浅水位高出地面最高点20mm，经24h无渗漏现象，检查合格，符合标准。

复查意见：
　　　　　　　　　　　　　　　　　　　　　　　复查人：×××复查日期：××××年××月××日

签字栏	建设(监理)单位	施工单位	×××建筑工程公司	
		专业技术负责人	专业质检员	专业工长
	监理公司	×××	×××	×××

注：本表由施工单位填写后报送建设单位及监理单位，由建设单位、监理单位和施工单位各保存一份。

第八章

施工试验记录资料管理

第一节 土工击实试验报告

一、土工击实试验报告填写说明

土工击实试验报告填写说明,如图 8-1 所示。

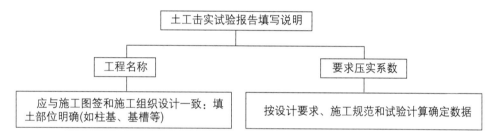

图 8-1 土工击实试验报告填写说明

二、土工击实试验报告填写示例

土工击实试验报告填写示例,见表 8-1。

表 8-1 土工击实试验报告填写示例

土工击实试验报告		编号	×××
		试验编号	2005-736
		委托编号	2005-1237
工程名称及部位	××工程基槽回填	试样编号	002
委托单位	××建筑工程公司	试验委托人	×××
结构类型	框架	填土部位	①~⑫/Ⓐ~Ⓕ轴基槽
要求压实系数(λ_c)	0.85	土样种类	灰土
来样日期	××××年××月××日	试验日期	××××年××月××日
试验结果	最优含水量(W_{op})=18.9%		
	最大干密度(P_{dmax})=1.78g/cm³		
	控制指标(控制干密度)最大干密度要求压实系数=1.51g/cm³		

结论:
依据《土工试验方法标准》(GB/T 50123—2019)标准,最佳含水率为 18.9%,最大干密度为 1.78g/cm³,现场控制指标最小干密度为 1.51g/cm。

批准	×××	审核	×××	试验	×××
试验单位	××试验室				
报告日期	××××年××月××日				

第二节 回填土试验报告

一、回填土试验报告填写说明

1. 回填土试验报告填写

回填土试验报告应由具备相应等级资质的检测单位出具后,随相关资料进入资料流程。

土的干密度试验报告表中,委托单位、工程名称、施工部位、填土种类、要求最小干密度,应由施工单位填写清楚、齐全。步数和取样位置应由取样单位填写清楚。

(1) 工程名称:要写具体。

(2) 施工部位:一定要写清楚。

(3) 填土种类:具体填写指素土、$m:n$ 灰土(如 3:7 灰土)、砂或砂石等。

(4) 土质:是指黏质粉土、粉质黏土、黏土等。

(5) 要求最小干密度:设计图样有要求的,填写设计要求值;无设计图纸要求时应符合的标准,如图 8-2 所示。

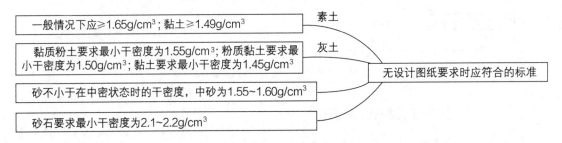

图 8-2 无设计图纸要求时应符合的标准

2. 验收、存档领取试验报告

验收、存档领取试验报告时,应检查报告是否字迹清晰、无涂改,有无明确结论,试验室盖章、签字是否齐全。如有不符合要求的应提出,由试验室补齐。涂改处需盖试验章,并注明原因,不得遗失。试验报告取回后应归档保存好,以备查验。

3. 合格判定

填土压实后的干密度,应有 90% 以上符合设计要求,其余 10% 的最低值与设计值的差,不得大于 $0.08g/cm^3$,且不得集中。

试验结果不合格的,应立即上报领导及有关部门及时处理。试验报告不得抽撤,应在其上注明如何处理,并附处理合格证明,一起存档。

二、回填土试验报告整理要求

应将全部取样的平面位置图和回填土干密度试验报告按时间先后顺序装订在一起,编号建立分目录并使之相对应,装订顺序如图 8-3 所示。

图 8-3 装订顺序

三、回填土试验报告填写示例

回填土试验报告填写示例，见表 8-2。

表 8-2 回填土试验报告填写示例

回填土试验报告			编号	×××
			试验编号	×××—002
			委托编号	×××—212
工程名称及施工部位		××大学综合楼地下二层肥槽东侧		
委托单位		××建筑工程公司	试验委托人	×××
要求压实系数			回填土种类	3∶7 灰土
控制干密度		1.55 g/cm³	试验日期	×××

步数 \ 项目 \ 点号	1	2						
实测干密度/(g/cm³)								
实测压实系数								
1	1.62	1.59						
	0.96	0.97						
2	1.6	1.58						
	0.97	0.98						
3	1.59	1.63						
	0.97	0.95						
4	1.64	1.69						
	0.95	0.92						
5	1.57	1.62						
	0.99	0.96						
6	1.65	1.6						
	0.94	0.97						
7	1.61	1.58						
	0.96	0.98						

取样位置简图（附图）

见附图

结论：

符合最小干密度及《土工试验方法标准》(GB/T 50123—2019)标准的规定。

批准	×××	审核	×××	试验	×××
试验单位		××建筑工程公司试验室			
报告日期		××××年××月××日			

注：本表由建设单位、施工单位、城建档案馆各保存一份。

第三节 钢筋连接试验报告

一、钢筋连接试验报告填写说明

1. 检查要点

检查要点如图 8-4 所示。

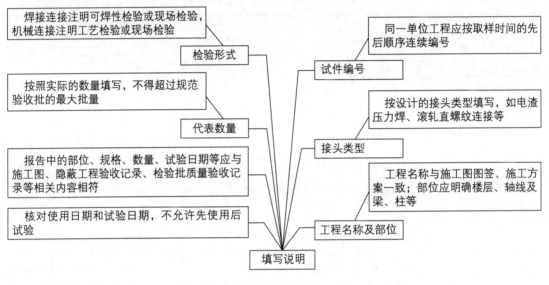

图 8-4　填写说明

二、钢筋连接试验报告填写示例

钢筋连接试验报告填写示例，见表 8-3。

表 8-3　钢筋连接试验报告填写示例

编　　号：×××
试验编号：××—0016
委托编号：××—01685

工程名称及部位	××工程地下室框架梁		试件编号	007
委托单位	××建筑工程公司		试验委托人	×××
接头类型	滚轧直螺纹连接		检验形式	—
设计要求接头性能等级	A级		代表数量/个	300
连接钢筋种类及牌号	HRB335	公称直径/mm	20	原材试验编号	××—006
操作人	×××	来样日期	××××年××月××日	试验日期	××××年××月××日

续表

接头试件			母材试件		弯曲试件			备注
公称面积/mm²	抗拉强度/MPa	断裂特征及位置	实测面积/mm²	抗拉强度/MPa	弯心直径	角度	结果	
314.2	595	母材拉断	314.2	600				
314.2	600	母材拉断	314.2	595				
314.2	605	母材拉断	—	—				

结论：

根据《钢筋机械连接通用技术规程》(JGJ 107—2010)标准,符合滚轧直螺纹 A 级接头性能。

批准	×××	审核	×××	试验	×××
试验单位	××建筑工程公司试验室				
报告日期	××××年××月××日				

第四节　砂浆配合比申请单与通知单

一、砂浆配合比申请单

1. 砂浆配合比申请单填写说明

砌筑砂浆的配合比都应经试配确定。施工单位应从现场抽取原材料试样,根据设计要求向有资质的试验室提出试配申请,由试验室通过试配来确定砂浆的配合比。有资质的试验室提出试配申请,由试验室通过试配来确定砂浆的配合比、重量比。试配砂浆强度应比设计强度提高15%。施工中要严格按照试验室的配比通知单计量施工,如砂浆的组成材料（水泥、掺合料和骨料）有变更,其配合比应重新试配选定。

(1) 砌筑砂浆的原材料要求如下。

① 水泥：应有出厂合格证明。用于承重结构的水泥、无出厂证明的水泥、出厂时间超过该品种存放规定期限的水泥,或质量有疑问水泥及进口水泥等应在试配前进行水泥复试,复试合格后才可使用。

② 砂：砌筑砂浆用砂宜采用中砂,并应过筛,不得含有草根等杂物。水泥砂浆和强度等级不小于 M5 的水泥混合砂浆,砂的含泥量不应超过5%；强度等级小于 M5 的水泥混合砂浆,砂的含泥量不应超过10%（采用细砂的地区,砂的含泥量可经试验后酌情放大）。

③ 石灰膏：砌筑砂浆用石灰膏应由生石灰充分熟化而成。熟化时间不得少于7d。要防止石灰膏干燥、冻结和污染,脱水硬化的石灰膏严禁使用。

④ 水：拌制砂浆的水应采用不含有害物质的纯净水。

(2) 砂浆配合比申请单填写要点如图8-5所示。

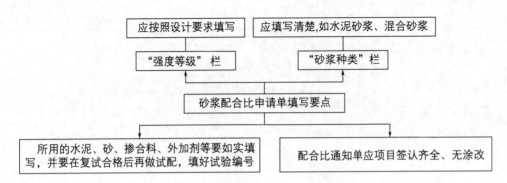

图 8-5 砂浆配合比申请单填写要点

2. 砂浆配合比申请单填写示例

砂浆配合比申请单填写示例,见表 8-4。

表 8-4　砂浆配合比申请单填写示例　　　　　　编号:××××

工程名称	××××工程		
施工单位	××建设集团股份有限公司	试验委托人	××
委托单位	××建设集团股份有限公司	委托编号	00247
砂浆种类	水泥砂浆	强度等级	M10.0
水泥品种	P·O32.5	厂别	×××水泥厂
水泥进场日期	××××年××月××日	试验编号	×××××××
砂产地	××市　粗细级别　细砂	试验编号	×××××××
掺合料种类	—	外加剂种类	—
申请日期	××××年××月××日	要求使用日期	××××年××月××日

二、砂浆配合比通知单

1. 砂浆配合比通知单填写说明

砂浆配合比通知单是由试验单位根据试配结果,选取最佳配合比填写签发的。施工中要严格按配合比计量施工,施工单位不能随意变更。配合比通知单应字迹清晰、无涂改、签字齐全等。施工单位应验看砂浆配合比通知单,并注意通知单上的备注和说明。

砂浆配合比通知单填写要点,如图 8-6 所示。

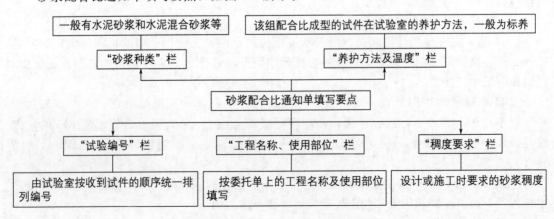

图 8-6 砂浆配合比通知单填写要点

2. 砂浆配合比通知单填写示例

砂浆配合比通知单填写示例，见表8-5。

表 8-5 砂浆配合比通知单填写示例

砂浆配合比通知单		配合比编号	×××-M5-017
		试配编号	×××
强度等级	M5	试验日期	××××年××月××日
配合比			
材料名称	水泥	砂	白灰膏	掺合料	外加剂
用量/(kg/m³)	235	1587			
比例	1	6.8			

注：砂浆稠度为70～100mm，白灰膏稠度为120mm±5mm。

批准	×××	审核	×××	试验	×××
试验单位	××试验室				
报告日期	××××年××月××日				

第五节 砂浆抗压强度试验报告

一、砂浆抗压强度试验报告填写说明

砂浆抗压强度试验报告中上半部项目应由施工单位填写齐全、清楚。施工中没有的项目应划斜线或填写"无"。

领取砂浆抗压强度试验报告时，应验看报告中是否字迹清晰、无涂改，签章是否齐全，结论是否明确，试压日期与要求试压日期是否符合。同组试块抗压强度的离散性和达到设计强度的百分率是否符合规范要求。合格可存档，否则应通知有关部门和单位进行处理或更正后再归档保存。

砂浆抗压强度试验报告的填写要点，如图8-7所示。

二、砂浆抗压强度试验报告填写示例

砂浆抗压强度试验报告填写示例，见表8-6。

```
要填写详细具体  ──────────→  "工程名称及部位"栏
要依据配合比通知单填写 ────→  "配合比编号"
作为强度评定的试块，必须以龄期为28d标养试块的抗压试验结果为准
由试验室填写，项目经理部在收到试验报告后应查看试验数据是否
达到规范规定的标准值；若发现问题应及时取双倍试样做复试或报有 ──→ "试验结果"栏
关部门处理，并将复试合格单或处理结论附于此单后一并存档
砂浆的种类、强度等级、稠度，以及水泥品种的强度等级、砂产地及种类、掺合料、外
加剂种类要具实填写，并应与材料试验单、配合比通知单相吻合
应根据《砌体结构工程施工质量验收规范》(GB 50203—2011)中的第 ──→ "结论"栏
4.0.12条的规定，评定为合格或不合格
砂浆抗压强度试验报告中上半部项目应由施工单位填写齐全、清楚。施工中没有的项目
应划斜线或填写"无"
```

（以上汇总为：砂浆抗压强度试验报告填写要点）

图 8-7　砂浆抗压强度试验报告填写要点

表 8-6　砂浆抗压强度试验报告填写示例

砂浆抗压强度试验报告				编号	×××
				试验编号	×××-0021
				委托编号	×××-0217
工程名称及部位	××工程三层砌体			试验编号	001
委托单位	××建筑工程公司			试验委托人	×××
砂浆种类	水泥混合砂浆	强度等级	M10	稠度	70mm
水泥品种及强度等级	P·O 32.5			试验编号	×××-C-037
砂产地及种类	卢沟桥中砂			试验编号	×××-S-027
掺合料种类				外加剂种类	
配合比编号	×××-M10-012				
试件成型日期	××××年××月××日	要求龄期	28d	要求试验日期	××××年××月××日
养护方法	标养	试件收到日期	××××年××月××日	试件制作人	×××

试检结果	试压日期	实际龄期/d	试件边长/mm	受压面积/mm²	荷载/kN		抗压强度/MPa	达设计强度等级/%
					单块	平均		
	××××年××月××日	28	70.7	5000	51.2	54.9	10.9	109%
					53.5			
					57.4			
					50.7			
					55.7			
					60.9			

续表

砂浆抗压强度试验报告	编号	×××
	试验编号	×××-0021
	委托编号	×××-0217

结论：

符合《砌体结构工程施工质量验收规范》(GB 50203—2011)中的规范要求，该组试件合格。

批准	×××	审核	×××	试验	×××
试验单位	××试验室				
报告日期	××××年××月××日				

第六节　砂浆试块强度统计、评定记录

一、砂浆试块强度统计、评定记录填写说明

1. 填写要点

(1) 由具备相应等级资质的检测单位出具后随相关资料进入资料流程。

(2) 应有配合比申请单和试验室签发的配合比通知单。

(3) 应有按规定留置的龄期为28d标养试块的抗压强度试验报告。

(4) 承重结构的砌筑砂浆试块应按规定实行有见证的取样和送检。

(5) 砂浆试块的留置数量及必试项目应符合规程要求。

(6) 应有单位工程砌筑砂浆试块抗压强度的统计和评定记录，按同一类型、同一强度等级砂浆为一验收批统计，评定方法及合格标准如图8-8所示。

图8-8　评定方法及合格标准

2. 注意事项

(1) 原材料材质报告、试配单、试块试压报告及实际用料要物证吻合，各单据应与施工日志中的日期和代表数量一致、交圈。

(2) 按规定每组应留置6块试块，砂浆标养试块龄期28d应准确，非标养试块养护要做测温记录。

(3) 工程中各品种、各强度等级的砌筑砂浆都要按规范要求留置试块，不得少留或漏留。

(4) 不得随意用水泥砂浆代替水泥混合砂浆。如有代换，必须有代换洽商手续。

(5) 单位工程的砂浆强度要进行统计评定，且按同一品种、强度等级、配合比分别进行评定。单位工程中同批仅有一组试块时，也要进行强度评定，其强度不低于 $f_{m,k}$。

二、砂浆试块强度统计、评定记录填写示例

砂浆试块强度统计、评定记录填写示例，见表 8-7。

表 8-7　砂浆试块强度统计、评定记录填写示例

砂浆试块强度统计、评定记录				资料编号	02-03-C6-002
工程名称	××住宅楼工程			强度等级	M5.0
施工单位	××建设集团有限公司			养护方法	标准养护
统计期	××年××月××日至××年××月××日			结构部位	6～11层砌体
试块组数 n	强度标准值 $f_{cu,k}$/MPa		平均值 $m_{f_{cu}}$/MPa	最小值 $f_{cu,min}$/MPa	$0.85 f_{cu,k}$
6	5		9.15	7.3	4.25
每组强度值/MPa	9.7	10.2	9.5	9.4	8.8	7.3
判定式	$m_{f_{cu}} \geqslant 1.10 f_{cu,k}$			$f_{cu,min} \geqslant 85\% f_{cu,k}$	
结果	9.15＞5.5			7.3＞4.25	

注：每组强度值行实际为多列并入一行展示。

结论：
依据《砌体结构工程施工质量验收规范》(GB 50203—2011) 第 4.0.12 条，评定合格。

批准	审核	统计
×××	×××	×××
报告日期	××××年××月××日	

注：本表由施工单位填写。

第七节　混凝土配合比申请单与通知单

一、混凝土配合比申请单与通知单填写说明

(1) 混凝土配合比申请单与通知单的填写要点如图 8-9 所示。
(2) 混凝土配合比申请单与通知单的检查要点如图 8-10 所示。

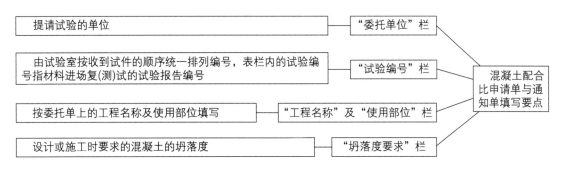

图 8-9 混凝土配合比申请单与通知单填写要点

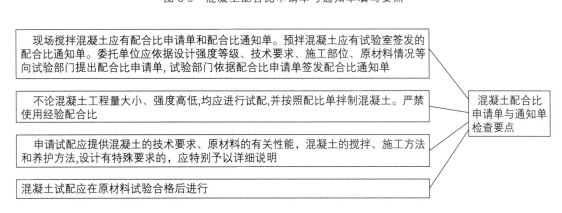

图 8-10 混凝土配合比申请单与通知单检查要点

二、混凝土配合比申请单与通知单填写示例

混凝土配合比申请单填写示例，见表 8-8。混凝土配合比通知单填写示例，见表 8-9。

表 8-8 混凝土配合比申请单填写示例

编　　号：×××
委托编号：××-01560

工程名称及部位	××工程　地上四层①～⑤/Ⓐ～Ⓟ轴框架柱				
委托单位	××建筑工程公司		试验委托人		×××
设计强度等级	C35		要求坍落度、扩展度/mm		160～180
其他技术要求	—				
搅拌方法	机械	浇捣方法	机械	养护方法	标养
水泥品种及强度等级	P·O 42.5R	厂别牌号	×××××	试验编号	××C-043
砂产地及种类	×××中砂			试验编号	××S-015
石子产地及种类	×××碎石	最大粒径/mm	25	试验编号	××G-017
外加剂名称	PHF-3 泵送剂			试验编号	××D-024
掺合料名称	Ⅱ级粉煤灰			试验编号	××F-029
申请日期	××××年××月××日	使用日期	××××年××月××日	联系电话	×××××××

表 8-9　混凝土配合比通知单填写示例

配合比编号：××-0082
试配编号：×××

强度等级		C35	水胶比	0.43	水灰比	0.46	砂率/%	42
项目	材料名称	水泥	水	砂	石	外加剂	掺合料	其他
用量/(kg/m³)		320	189	773	1053	8.7	91	
每盘用量/kg		1.00	0.56	2.39	3.26	0.03	0.28	
混凝土碱含量/(kg/m³)		注：此栏只有在有关规定及要求需要填写时才填写。						
说明：本配合比所使用的材料均为干材料，使用单位应根据材料含水情况随时调整。								
批准			审核			试验		
×××			×××			×××		
报告日期			××××年××月××日					

第八节　混凝土试块强度统计、评定记录

一、混凝土试块强度统计、评定记录填写说明

1. 提交时限

同一验收批报告齐全后评定，于混凝土分项质量验收前 1d 提交。

2. 检查要点

混凝土试块强度统计、评定记录的检查要点，如图 8-11 所示。

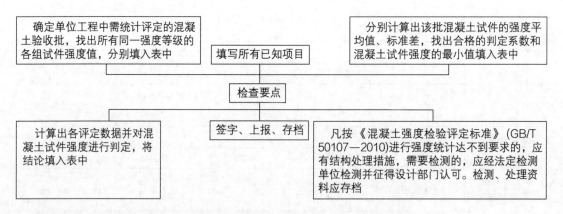

图 8-11　混凝土试块强度统计、评定记录的检查要点

二、混凝土试块强度统计、评定记录填写示例

混凝土试块强度统计、评定记录填写示例，见表 8-10。

表 8-10　混凝土试块强度统计、评定记录填写示例　　　编号：×××

工程名称		××工程			强度等级		C30		
施工单位		××建筑工程公司			养护方法		标养		
统计日期		××××年××月××日 至××××年××月××日			结构部位		主体1~5层墙柱		
试块组数 n		强度标准值 $f_{cu,k}$/MPa		平均值 $m_{f_{cu}}$/MPa	标准值 $S_{f_{cu}}$/MPa	最小值 $f_{cu,min}$/MPa	合格判定系数		
							λ_1		λ_2
13		30		46.52		8.84	36.1	1.70	0.90
每组强度 值/MPa	50.4	36.1	40.8	39.4	58	37.7	36.8	57.3	56.7	51.6
	57.5	42.5	39.9							
评定 界限		☑统计方法(二)					□非统计方法		
	$0.90 f_{cu,k}$		$m_{f_{cu}}-\lambda_1 \times s_{f_{cu}}$		$\lambda_2 \times f_{cu,k}$		$1.15 f_{cu,k}$	$0.95 f_{cu,k}$		
	27		31.49		27					
判定式	$m_{f_{cu}}-\lambda_1 \times s_{f_{cu}}$ $\geq 0.90 f_{cu,k}$			$f_{cu,min} \geq \lambda_2 \times f_{cu,k}$			$f_{cu} \geq 1.15 f_{cu,k}$	$f_{cu} \geq 0.95 f_{cu,k}$		
结果/MPa	31.49>27			36.1>27						

结论：
该批混凝土符合《混凝土强度检验评定标准》(GB/T 50107—2010)中的验评标准,评定结果为合格。

批准	审核	统计
×××	×××	×××
报告日期	××××年×月×日	

第九节　混凝土抗渗试验报告

一、混凝土抗渗试验报告填写说明

混凝土抗渗试验报告填写说明,如图8-12所示。

混凝土抗渗试验报告

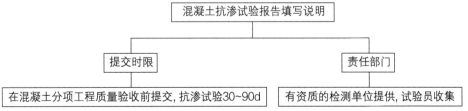

图8-12　混凝土抗渗试验报告填写说明

二、混凝土抗渗试验报告填写示例

混凝土抗渗试验报告填写示例，见表 8-11。

表 8-11　混凝土抗渗试验报告填写示例

混凝土抗渗试验报告			编号	×××
			试验编号	×××-476
			委托编号	×××-8594
工程名称及部位	××工程基础筏板		试件编号	002
委托单位	××建筑工程公司		委托试验人	×××
抗渗等级	P8		配合比编号	×××—235
强度等级	C30	养护条件	标养	收样日期	××××年××月××日
成型日期	××××年××月××日	龄期	51d	试验日期	××××年××月××日
试验情况： 逐级加压到 0.9MPa 恒压 8h 后，端面未见渗水。					
结论： 依据《普通混凝土长期性能和耐久性能试验方法》(GB/T 50082—2009) 评定，该试件符合混凝土抗渗 P8 要求。					
批准	×××	审核	×××	试验	×××
试验单位	×××试验室				
报告日期	××××年××月××日				

第十节　饰面砖黏结强度试验报告

一、饰面砖黏结强度试验报告填写要求

饰面砖黏结强度试验报告填写要求，如图 8-13 所示。

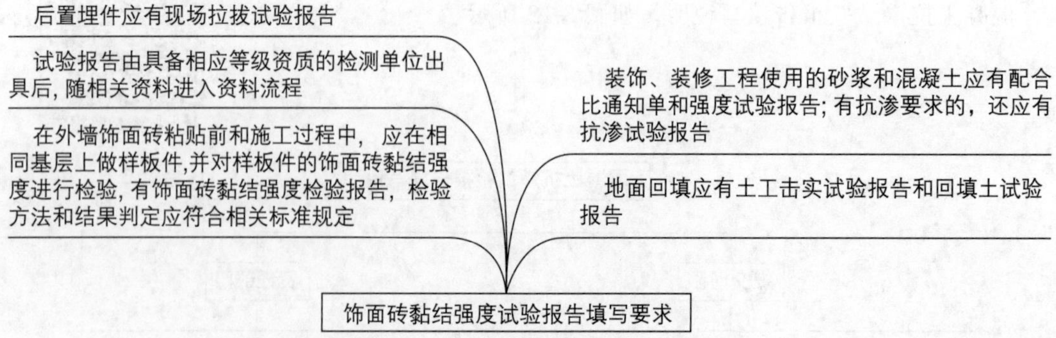

饰面砖黏结强度试验报告填写要求：

- 后置埋件应有现场拉拔试验报告
- 试验报告由具备相应等级资质的检测单位出具后，随相关资料进入资料流程
- 在外墙饰面砖粘贴前和施工过程中，应在相同基层上做样板件，并对样板件的饰面砖黏结强度进行检验，有饰面砖黏结强度检验报告，检验方法和结果判定应符合相关标准规定
- 装饰、装修工程使用的砂浆和混凝土应有配合比通知单和强度试验报告；有抗渗要求的，还应有抗渗试验报告
- 地面回填应有土工击实试验报告和回填土试验报告

图 8-13　饰面砖黏结强度试验报告填写要求

二、饰面砖黏结强度试验报告填写示例

饰面砖黏结强度试验报告填写示例，见表 8-12。

表 8-12　饰面砖黏结强度试验报告填写示例

饰面砖黏结强度试验报告				编号	×××
				试验编号	×××-023
				委托编号	×××-047
工程名称	××工程			试件编号	001
委托单位	××建筑工程公司			试验委托人	×××
饰面砖品种及牌号	彩面釉面陶瓷墙砖			粘贴层次	一层
饰面砖生产厂及规格	×××瓷砖厂 105mm×105mm			粘贴面积/mm²	220
基本材料	混凝土	黏结材料	108 建筑胶	胶黏剂	914 胶黏剂
抽样部位	一层外墙	龄期/d	28	施工日期	××××年××月××日
检验类型	现场	环境温度/℃	25	试验日期	××××年××月××日
仪器及编号					

序号	试件尺寸/mm		受力面积/mm²	拉力/kN	黏结强度/MPa	破坏状态（序号）	平均强度/MPa
	长	宽					
1	105	50	5259	4.65	1.88	3	1.25

结论：
符合黏结强度要求。

批准	×××	审核	×××	试验	×××
试验单位	×××实验室				
报告日期	××××年××月××日				

第九章
工程施工质量验收记录资料管理

第一节 检验批质量验收记录

一、检验批质量验收记录填写说明与依据

1. 填写基本要求

检验批质量验收记录的填写基本要求，如图 9-1 所示。

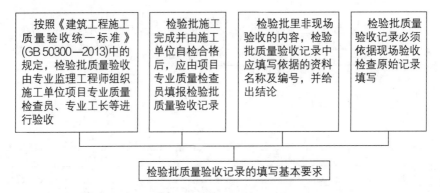

图 9-1 检验批质量验收记录的填写基本要求

2. 检验批编号

（1）检验批的编号由《建筑工程施工质量验收统一标准》（GB 50300—2013）的附录 B 规定的分部工程、子分部工程、分项工程的代码、检验批代码（依据专业验收规范）和资料顺序号共 11 位数的数字编号组成，写在表的右上角。其编号规则的具体说明如图 9-2 所示。

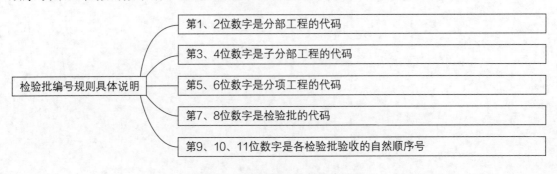

图 9-2 检验批编号规则具体说明

(2) 同一检验批表格用于不同分部、子分部、分项工程时，表格应分别编号，填表时按实际类别填写顺序号加以区别；编号按分部、子分部、分项、检验批序号的顺序排列。

3. 表头填写说明

(1) "单位（子单位）工程名称"栏：填写全称，如为群体工程，则按"群体工程名称＋单位工程名称"的形式填写，子单位工程标出该部分的位置。

(2) "分部（子分部）工程名称"栏：按照《建筑工程施工质量验收统一标准》(GB 50300—2013) 附录 B 中划定的分部（子分部）名称填写。

(3) "分项工程名称"栏：按检验批所属的分项工程名称填写，分项工程名称按《建筑工程施工质量验收统一标准》(GB 50300—2013) 附录 B 中的规定填写。

(4) "施工单位"及"项目负责人"栏："施工单位"栏应填写总包单位名称，或与建设单位签订合同的专业承包单位名称，并与合同上的公章名称一致，注意各表格填写的名称应相互一致；"项目负责人"栏填写合同中指定的项目负责人名称，表头中人名由填表人填写即可。

(5) "分包单位"及"分包单位项目负责人"栏：当不涉及分包时，此栏不需要填写，划"/"。当有分包项目时，"分包单位"栏应填写分包单位全称，与合同上的公章名称一致，并注意各表格填写的名称应相互一致；"分包单位项目负责人"栏填写合同中指定的分包单位项目负责人名称，表头中人名由填表人填写即可。

(6) "检验批容量"栏：指本检验批的工程量，按工程实际填写；计量项目和单位按专业验收规范中对检验批容量的规定填写。

(7) "检验批部位"栏：是指一个分项工程中验收的那个检验批的抽样范围，要按实际情况填写清楚。

(8) "施工依据"栏：可以填写所采用的企业标准、地方标准、行业标准或国家标准，要将标准名称及编号填写齐全。

(9) "验收依据"栏：填写验收依据的标准名称及编号。

4. 验收项目填写说明

"验收项目"栏制表时按 4 种情况印制，如图 9-3 所示。

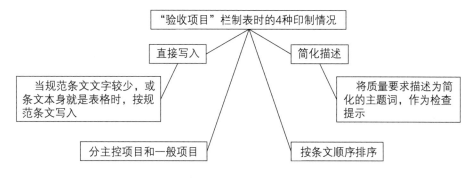

图 9-3 "验收项目"栏制表时的 4 种印制情况

5. 设计要求及规范规定填写说明

设计要求及规范规定的填写说明，如图 9-4 所示。

6. 最小/实际抽样数量填写说明

最小/实际抽样数量填写说明，如图 9-5 所示。

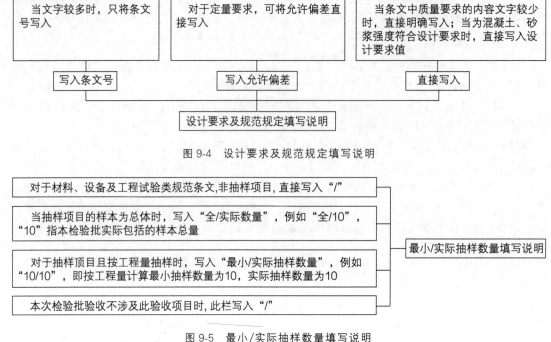

图 9-4 设计要求及规范规定填写说明

图 9-5 最小/实际抽样数量填写说明

7. 检查记录填写说明

（1）对于计量检验项目，采用文字描述方式，说明实际质量验收的内容及结论；此类多用于对材料、设备及工程试验类结果的检查项目。

（2）对于计数检验项目，必须依据对应的检验批验收现场检查原始记录中的验收情况记录，按下列形式填写。

① 抽样检查的项目，填写描述语，例如"抽查10处，合格8处"，或者"抽查10处，全部合格"。

② 全数检查的项目，填写描述语，例如"共10处，检查10处，合格8处"，或者"共10处，检查10处，全部合格"。

（3）本次检验批验收不涉及此验收项目时，此栏写入"/"。

（4）对于"明显不合格"情况的填写要求如下。

① 对于计量检验和计数检验中全数检查的项目，如果发现明显不合格的个体，此条验收就不合格。

② 对于计数检验中抽样检验的项目，明显不合格的个体可不纳入检验批，但应进行处理，使其满足有关专业验收规范的规定，对处理的情况应予以记录并重新验收；"检查记录"栏的填写要求如图 9-6 所示。

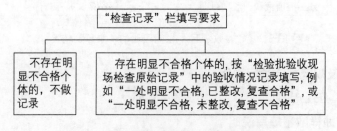

图 9-6 "检查记录"栏填写要求

8. 检查结果填写说明

检查结果填写说明，如图9-7所示。

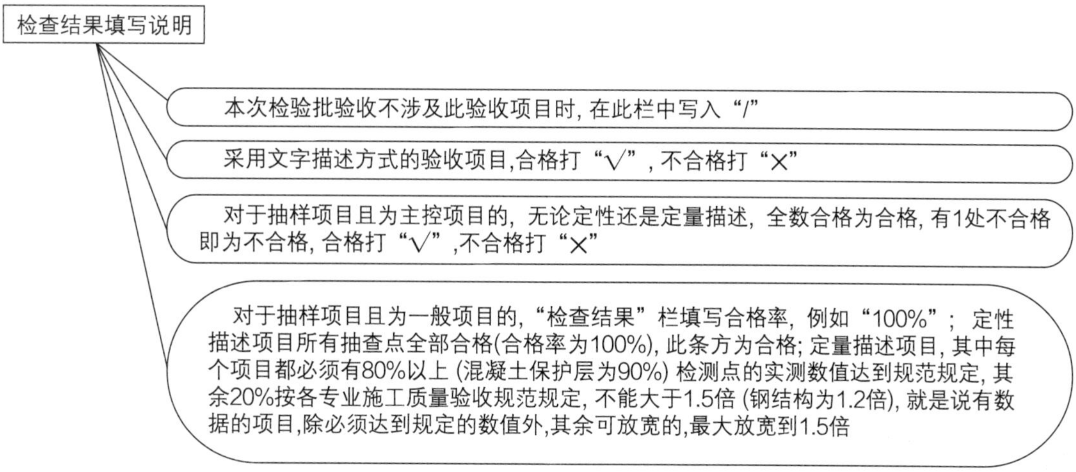

```
检查结果填写说明
├─ 本次检验批验收不涉及此验收项目时，在此栏中写入"/"
├─ 采用文字描述方式的验收项目，合格打"√"，不合格打"×"
├─ 对于抽样项目且为主控项目的，无论定性还是定量描述，全数合格为合格，有1处不合格即为不合格，合格打"√"，不合格打"×"
└─ 对于抽样项目且为一般项目的，"检查结果"栏填写合格率，例如"100%"；定性描述项目所有抽查点全部合格(合格率为100%)，此条方为合格；定量描述项目，其中每个项目都必须有80%以上(混凝土保护层为90%)检测点的实测数值达到规范规定，其余20%按各专业施工质量验收规范规定，不能大于1.5倍(钢结构为1.2倍)，就是说有数据的项目，除必须达到规定的数值外，其余可放宽的，最大放宽到1.5倍
```

图9-7 检查结果填写说明

9. 施工单位检查结果填写说明

施工单位检查结果填写说明，如图9-8所示。

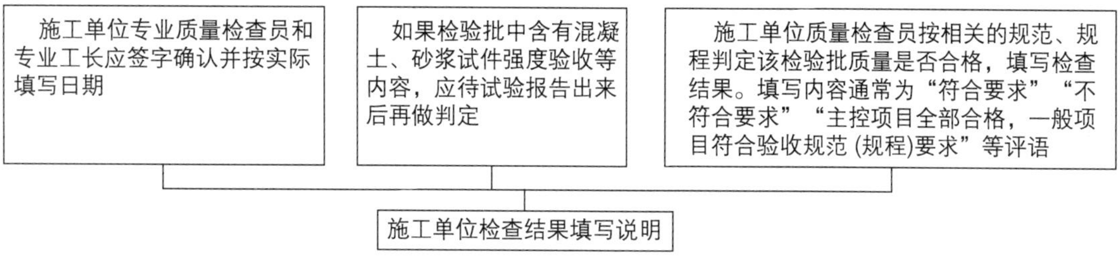

```
施工单位检查结果填写说明
├─ 施工单位专业质量检查员和专业工长应签字确认并按实际填写日期
├─ 如果检验批中含有混凝土、砂浆试件强度验收等内容，应待试验报告出来后再做判定
└─ 施工单位质量检查员按相关的规范、规程判定该检验批质量是否合格，填写检查结果。填写内容通常为"符合要求""不符合要求""主控项目全部合格，一般项目符合验收规范(规程)要求"等评语
```

图9-8 施工单位检查结果填写说明

10. 监理单位验收结论填写说明

监理单位验收结论填写说明，如图9-9所示。

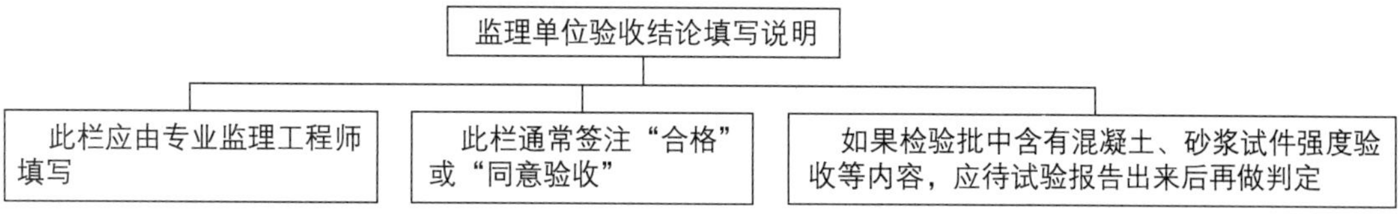

```
监理单位验收结论填写说明
├─ 此栏应由专业监理工程师填写
├─ 此栏通常签注"合格"或"同意验收"
└─ 如果检验批中含有混凝土、砂浆试件强度验收等内容，应待试验报告出来后再做判定
```

图9-9 监理单位验收结论填写说明

二、检验批质量验收记录填写示例

砖砌体检验批质量验收记录填写示例见表9-1。

扫码查看文件

检验批质量验收记录

表 9-1 砖砌体检验批质量验收记录填写示例

单位(子单位)工程名称	××住宅楼工程	分部(子分部)工程名称	主体结构/砌体结构	分项工程名称	砖砌体
施工单位	××建设集团有限公司	项目负责人	×××	检验批容量	220m³
分包单位	/	分包单位项目负责人	/	检验批部位	二层墙Ⓐ～Ⓖ/①～⑨轴
施工依据	《××××工艺标准》××××—××、××施工方案		验收依据	《砌体结构工程施工质量验收规范》(GB 50203—2011)	

		验收项目	设计要求及规范规定	最小/实际抽样数量	检查记录	检查结果
主控项目	1	砖强度等级必须符合设计要求	设计要求 MU10	/	见证试验合格,报告编号××××	√
	2	砂浆强度等级必须符合设计要求	设计要求 M10	/	见证试验合格,报告编号××××	√
	3	砂浆饱满度 墙水平灰缝	≥80%	5/5	抽查5处,合格5处	√
		柱水平及竖向灰缝	≥90%	/	/	/
	4	转角、交接处	5.2.3条	5/5	抽查5处,合格5处	√
	5	斜槎留置	5.2.3条	/	/	√
	6	直槎拉结钢筋及接槎处理	5.2.4条	5/5	抽查5处,合格5处	√
一般项目	1	组砌方法	5.3.1条	5/5	抽查5处,合格5处	100%
	2	水平灰缝厚度	8～12mm	5/5	抽查5处,合格5处	100%
	3	竖向灰缝宽度	8～12mm	5/5	抽查5处,合格5处	100%
	4	轴线位移	≤10mm	全/16	共16处,全部检查,合格15处	93.75
	5	基础、墙、柱顶面标高	±15mm 以内	5/5	抽查5处,合格5处	100%
	6	每层墙面垂直度	≤5mm	5/5	抽查5处,合格5处	100%
	7	表面平整度 清水墙柱	≤5mm	/	/	/
		混水墙柱	≤8mm	5/5	抽查5处,合格5处	100%
	8	水平灰缝平直度 清水墙	≤7mm	/	/	/
		混水墙	≤10mm	5/5	抽查5处,合格5处	100%
	9	门窗洞口高、宽(后塞口)	±10mm 以内	5/5	抽查5处,合格5处	100%
	10	外墙上下窗口偏移	≤20mm	5/5	抽查5处,合格5处	100%
	11	清水墙游丁走缝	≤20mm	/	/	/

施工单位检查结果	符合要求。 专业工长:××× 项目专业质量检查员:××× ××年××月××日
监理单位验收结论	合格。 专业监理工程师:××× ××年××月××日

注:本表摘自《建筑工程施工质量验收统一标准》(GB 50300—2013)。

第二节 分项工程质量验收记录

一、分项工程质量验收记录填写说明与依据

扫码看视频

分项工程质量验收记录

1. 填写基本要求

分项工程质量验收记录的填写基本要求，如图 9-10 所示。

图 9-10 分项工程质量验收记录的填写基本要求

2. 分项工程质量验收记录编号

根据《建筑工程施工质量验收统一标准》（GB 50300—2013）的附录 B 规定的分部（子分部）工程、分项工程的代码编写，写在表的右上角。

一个分项只有一个分项工程质量验收记录，所以不编写顺序号。其编号规则如图 9-11 所示。

| 第1、2位数字是分部工程的代码 |
| 第5、6位数字是分项工程的代码 |
| 第3、4位数字是子分项工程的代码 |

分项工程质量验收记录编号规则

图 9-11 分项工程质量验收记录编号规则

3. 表头填写说明

（1）参见检验批质量验收记录的表头填写说明。

（2）"分项工程工程量"栏：指本分项工程的实际工程量，计量项目和单位按专业验收规范中对分项工程工程量的规定填写。

4. 序号填写说明

按检验批的排列顺序依次填写。当检验批项目多于一页时，可增加表格，按顺序排号。

5. 表中部"施工单位检查结果"填写说明

由填表人依据检验批验收记录填写，填写"符合要求"。

6. 表中部"监理单位验收结论"填写说明

由填表人依据检验批验收记录填写，填写"合格"。

7. "说明"栏的填写说明

应说明所含检验批的质量验收记录是否完整。

8. 表下部的"施工单位检查结果"填写说明

（1）由施工单位项目技术负责人填写，填写"符合要求"或"验收合格"，并填写日期及签字。

（2）当有分包单位施工的分项工程验收时，分包单位不签字，但应将分包单位名称、分包单位项目负责人和分包内容填到对应的单元格内。

9. 表下部"监理单位验收结论"填写说明

此栏由专业监理工程师填写，在确认各项验收合格后，填入"验收合格"，并填写日期及签字。

二、分项工程质量验收记录表

分项工程质量验收记录表填写示例，见表9-2。

表9-2　分项工程质量验收记录表填写示例

单位(子单位)工程名称	××住宅楼工程	分部(子分部)工程名称		主体结构部分/砌体结构子分部	
分项工程工程量	1100m³	检验批数量		5	
施工单位	××建设集团有限公司	项目负责人	×××	项目技术负责人	×××
分包单位	/	分包单位项目负责人	/	分包内容	/
序号	检验批名称	检验批容量	部位/区段	施工单位检查结果	监理单位验收结论
1	砖砌体	220m³	一层	符合要求	合格
2	砖砌体	220m³	二层	符合要求	合格
3	砖砌体	220m³	三层	符合要求	合格
4	砖砌体	220m³	四层	符合要求	合格
5	砖砌体	220m³	五层	符合要求	合格
6					
7					
8					
9					
10					
11					
12					
13					

续表

单位(子单位) 工程名称	××住宅楼工程		分部(子分部) 工程名称		主体结构部分/ 砌体结构子分部
序号	检验批名称	检验批容量	部位/区段	施工单位检查结果	监理单位验收结论
14					
15					

说明：
检验批质量验收记录资料齐全完整。

施工单位 检查结果	项目专业技术负责人：×××	符合要求 ××××年××月××日
监理单位 验收结论	专业监理工程师：×××	合格 ××××年××月××日

注：本表摘自《建筑工程施工质量验收统一标准》(GB 50300—2013)。

第三节　分部工程质量验收记录

一、分部工程质量验收记录填写说明与依据

1. 填写基本要求

分部工程质量验收记录的填写基本要求，如图 9-12 所示。

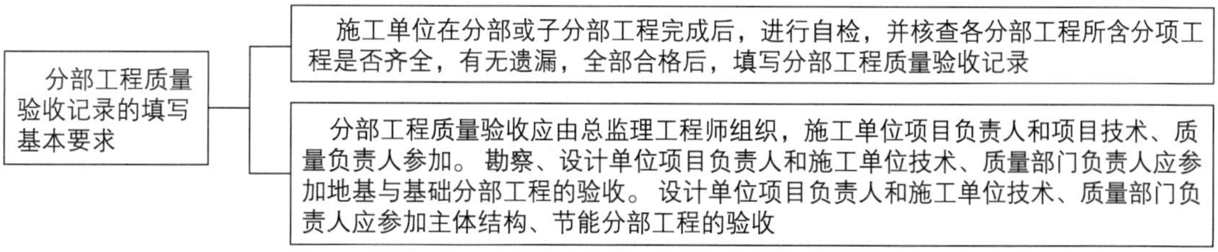

扫码看视频

分部(子分部)工程
质量验收记录

分部工程质量验收记录的填写基本要求：
- 施工单位在分部或子分部工程完成后，进行自检，并核查各分部工程所含分项工程是否齐全，有无遗漏，全部合格后，填写分部工程质量验收记录
- 分部工程质量验收应由总监理工程师组织，施工单位项目负责人和项目技术、质量负责人参加。勘察、设计单位项目负责人和施工单位技术、质量部门负责人应参加地基与基础分部工程的验收。设计单位项目负责人和施工单位技术、质量部门负责人应参加主体结构、节能分部工程的验收

图 9-12　分部工程质量验收记录的填写基本要求

2. 分部工程质量验收记录编号

根据《建筑工程施工质量验收统一标准》(GB 50300—2013) 的附录 B 规定的分部工程代码编写规则，其编号为两位数字，写在表的右上角。

3. 表头填写说明

表头填写说明，如图 9-13 所示。

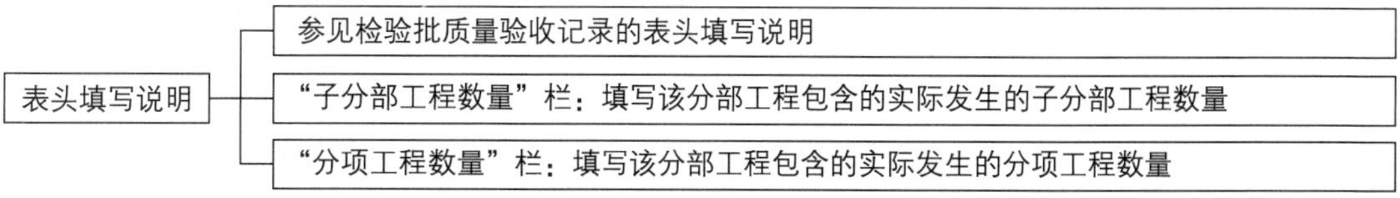

表头填写说明：
- 参见检验批质量验收记录的表头填写说明
- "子分部工程数量"栏：填写该分部工程包含的实际发生的子分部工程数量
- "分项工程数量"栏：填写该分部工程包含的实际发生的分项工程数量

图 9-13　表头填写说明

4. 施工单位检查结果填写说明

由填表人依据分项工程质量验收记录填写，填写"符合要求"。

5. 监理单位验收结论填写说明

由填表人依据分项工程质量验收记录填写，填写"合格"。

6. 质量控制资料填写说明

（1）对资料逐项核对检查，应核查的内容，如图9-14所示。

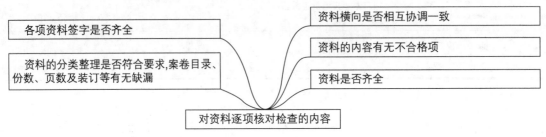

图9-14　对资料逐项核对检查的内容

（2）全部核查项目都通过验收，即可在"施工单位检查结果"栏内填写检查结果"检查合格"，并说明资料份数。

7. 安全和功能检验结果填写说明

（1）安全和功能检验，是指按规定或约定，需要在竣工时进行抽样检测的项目。这些项目凡能在分部（子分部）工程验收时进行检测的，应在分部（子分部）工程验收时进行检测。

（2）每个检测项目都通过审查后，施工单位即可在"施工单位检查结果"栏填写"检查合格"。

8. 观感质量检验结果填写说明

观感质量等级分为"好""一般""差"共3个等级。"好"和"一般"均为合格；"差"为不合格，需要修理或返工。

9. 综合验收结论填写说明

由总监理工程师与各方协商，确认符合规定后，在此栏填写"××分部工程质量验收合格"。

10. 签字栏填写说明

签字栏填写说明，如图9-15所示。

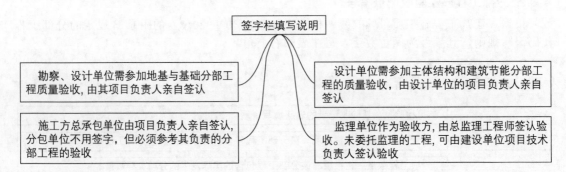

图9-15　签字栏填写说明

二、分部工程质量验收记录填写示例

分部工程质量验收记录填写示例,见表 9-3。

表 9-3 分部工程质量验收记录填写示例

单位(子单位)工程名称	××住宅楼工程	子分部工程数量	1	分项工程数量	5
施工单位	××建设集团有限公司	项目负责人	×××	技术(质量)负责人	×××
分包单位	/	分包单位负责人	/	分包内容	/
序号	子分部工程名称	分项工程名称	检验批数量	施工单位检查结果	监理单位验收结论
1	砌体结构	砖砌体	5	符合要求	合格
2	混凝土结构	混凝土	2	符合要求	合格
3					
4					
5					
6					
7					
8					
	质量控制资料			共20份,齐全有效	合格
	安全和功能检验结果			抽查5项,符合要求	合格
	观感质量检验结果			好	
综合验收结论			砌体结构分部工程验收合格。		

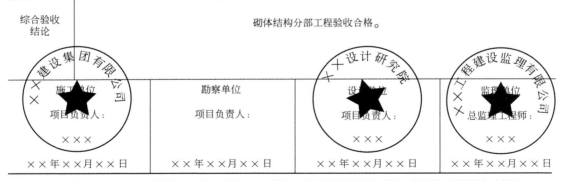

施工单位 项目负责人: ××× ××年××月××日	勘察单位 项目负责人: ××年××月××日	设计单位 项目负责人: ××× ××年××月××日	监理单位 总监理工程师: ××× ××年××月××日

注: 1. 地基与基础分部工程的验收应由施工单位、勘察单位、设计单位的项目负责人和总监理工程师参加并签字。
2. 主体结构、节能分部工程的验收应由施工单位、设计单位的项目负责人和总监理工程师参加并签字。
3. 本表摘自《建筑工程施工质量验收统一标准》(GB 50300—2013)。

第四节 单位工程质量竣工验收记录

一、单位工程质量竣工验收记录填写说明与依据

1. 填写基本要求

单位工程质量竣工验收记录的填写基本要求,如图 9-16 所示。

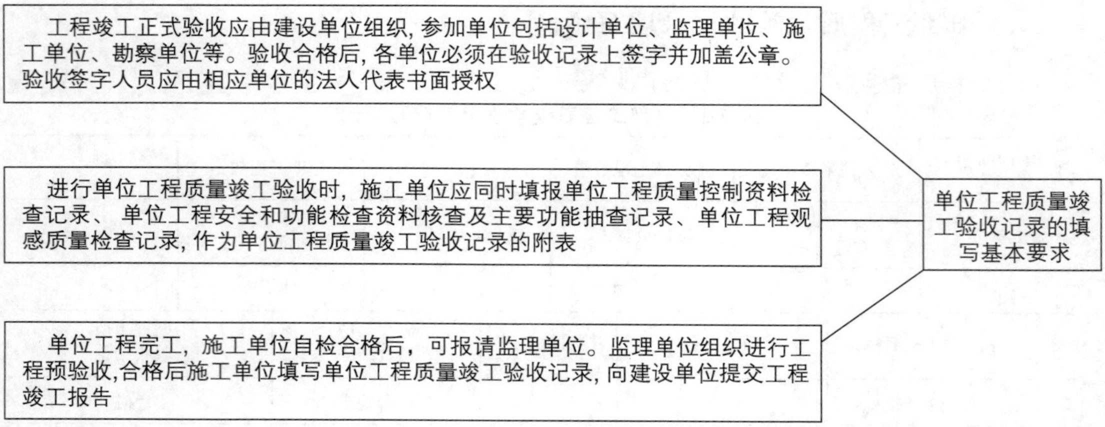

工程竣工正式验收应由建设单位组织，参加单位包括设计单位、监理单位、施工单位、勘察单位等。验收合格后，各单位必须在验收记录上签字并加盖公章。验收签字人员应由相应单位的法人代表书面授权

进行单位工程质量竣工验收时，施工单位应同时填报单位工程质量控制资料检查记录、单位工程安全和功能检查资料核查及主要功能抽查记录、单位工程观感质量检查记录，作为单位工程质量竣工验收记录的附表

单位工程完工，施工单位自检合格后，可报请监理单位。监理单位组织进行工程预验收，合格后施工单位填写单位工程质量竣工验收记录，向建设单位提交工程竣工报告

单位工程质量竣工验收记录的填写基本要求

图 9-16　单位工程质量竣工验收记录的填写基本要求

2. 表头填写说明

参见检验批质量验收记录的表头填写说明。

3. 验收记录填写说明

"验收记录"栏由监理单位填写。

4. 验收结论填写说明

"验收结论"栏由监理单位填入具体的验收结论。

（1）"分部工程验收"栏根据分部工程质量验收记录填写。应对所含各分部工程，由竣工验收组成员共同逐项核查。

（2）"质量控制资料核查"栏根据单位工程质量控制资料核查记录的核查结论填写。建设单位组织由各方代表组成的验收组成员，或委托总监理工程师，按照单位工程质量控制资料核查记录的内容，对资料进行逐项核查。

（3）"安全和使用功能核查及抽查结果"栏根据单位工程安全和功能检验资料核查及主要功能抽查记录的核查结论填写。对于分部工程验收时已经进行了安全和功能检测的项目，单位工程验收时不再重复检测，但要核查部分内容，如图 9-17 所示。

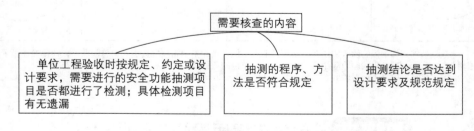

图 9-17　需要核查的内容

（4）"观感质量验收"栏根据单位工程观感质量检查记录的检查结论填写。建设单位组织验收组成员，对观感质量进行抽查，共同做出评价。观感质量评价分为"好""一般""差"三个等级。

5. 综合验收结论填写说明

"综合验收结论"栏应由参加验收的各方共同商定,并由建设单位填写,主要对工程质量是否符合设计和规范要求及总体质量水平做出评价。

二、单位工程质量竣工验收记录填写示例

单位工程质量竣工验收记录填写示例,见表9-4。

表9-4 单位工程质量竣工验收记录填写示例

工程名称	××住宅楼工程	结构类型	砖混结构	层数/建筑面积	地下一层地上十层/19500m²
施工单位	××建设集团有限公司	技术负责人	×××	开工日期	××年××月××日
项目负责人	×××	项目技术负责人	×××	完工日期	××年××月××日

序号	项目	验收记录	验收结论
1	分部工程验收	共 10 分部,经查符合设计及标准规定 10 分部	所有分部工程质量验收合格
2	质量控制资料核查	共 45 项,经核查符合规定 45 项	质量控制资料全部符合有关规定
3	安全和使用功能核查及抽查结果	共核查 33 项,符合规定 33 项,共抽查 10 项,符合规定 10 项,经返工处理符合规定 / 项	核查及抽查项目全部符合规定
4	观感质量验收	共抽查 24 项,达到"好"和"一般"的 24 项,经返修处理符合要求的 / 项	好
综合验收结论		工程资料齐全有效,工程质量合格。	

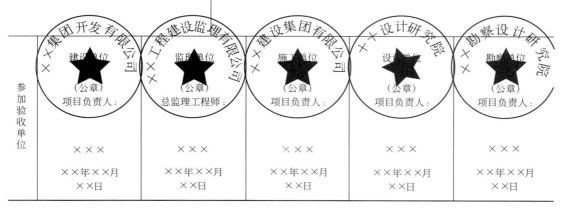

注:1.单位工程验收时,验收签字人员应由相应单位的法人代表书面授权。
2.本表摘自《建筑工程施工质量验收统一标准》(GB 50300—2013)。

第五节　单位工程质量控制资料核查记录

一、单位工程质量控制资料核查记录填写说明与依据

单位工程质量控制资料核查记录的填写说明与依据，如图 9-18 所示。

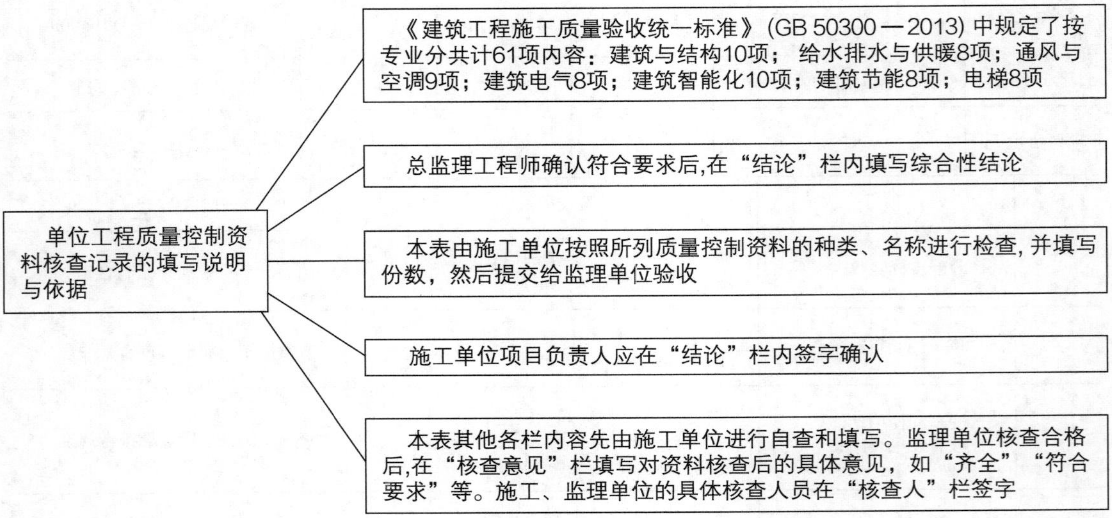

单位工程质量控制资料核查记录的填写说明与依据：

- 《建筑工程施工质量验收统一标准》（GB 50300—2013）中规定了按专业分共计61项内容：建筑与结构10项；给水排水与供暖8项；通风与空调9项；建筑电气8项；建筑智能化10项；建筑节能8项；电梯8项
- 总监理工程师确认符合要求后，在"结论"栏内填写综合性结论
- 本表由施工单位按照所列质量控制资料的种类、名称进行检查，并填写份数，然后提交给监理单位验收
- 施工单位项目负责人应在"结论"栏内签字确认
- 本表其他各栏内容先由施工单位进行自查和填写。监理单位核查合格后，在"核查意见"栏填写对资料核查后的具体意见，如"齐全""符合要求"等。施工、监理单位的具体核查人员在"核查人"栏签字

图 9-18　单位工程质量控制资料核查记录的填写说明与依据

二、单位工程质量控制资料核查记录填写示例

单位工程质量控制资料核查记录填写示例，见表 9-5。

表 9-5　单位工程质量控制资料核查记录填写示例

工程名称		××住宅楼工程		施工单位		××建设集团有限公司	
序号	项目	资料名称	份数	施工单位		监理单位	
				核查意见	核查人	核查意见	核查人
1	建筑电气	图纸会审记录、设计变更通知单、工程洽商记录	9	齐全有效	×××	合格	×××
2		原材料出厂合格证书及进场检验、试验报告	25	齐全有效		合格	
3		设备调试记录	8	齐全有效		合格	
4		接地、绝缘电阻测试记录	30	齐全有效		合格	
5		隐蔽工程验收记录	25	齐全有效		合格	
6		施工记录	20	齐全有效		合格	
7		分项、分部工程质量验收记录	10	齐全有效		合格	
8		新技术论证、备案及施工记录	1	齐全有效		合格	

续表

工程名称		××住宅楼工程		施工单位	××建设集团有限公司		
序号	项目	资料名称	份数	施工单位		监理单位	
				核查意见	核查人	核查意见	核查人
1	智能建筑	图纸会审记录、设计变更通知单、工程洽商记录	9	齐全有效	×××	合格	×××
2		原材料出厂合格证书及进场检验、试验报告	25	齐全有效		合格	
3		隐蔽工程验收记录	30	齐全有效		合格	
4		施工记录	30	齐全有效		合格	
5		系统功能测定及设备调试记录	25	齐全有效		合格	
6		系统技术、操作和维护手册	20	齐全有效		合格	
7		系统管理、操作人员培训记录	10	齐全有效		合格	
8		系统检测报告	1	齐全有效		合格	
9		分项、分部工程质量验收记录	9	齐全有效		合格	
10		新技术论证、备案及施工记录	2	齐全有效		合格	
1	建筑节能	图纸会审记录、设计变更通知单、工程洽商记录	9	齐全有效	×××	合格	×××
2		原材料出厂合格证书及进场检验、试验报告	32	齐全有效		合格	
3		隐蔽工程验收记录	25	齐全有效		合格	
4		施工记录	22	齐全有效		合格	
5		外墙、外窗节能检验报告	5	齐全有效		合格	
6		设备系统节能检测报告	20	齐全有效		合格	
7		分项、分部工程质量验收记录	10	齐全有效		合格	
8		新技术论证、备案及施工记录	1	齐全有效		合格	
1	电梯	图纸会审记录、设计变更通知单、工程洽商记录	4	齐全有效	×××	合格	×××
2		设备出厂合格证书及开箱检验记录	25	齐全有效		合格	
3		隐蔽工程验收记录	8	齐全有效		合格	
4		施工记录	30	齐全有效		合格	
5		接地、绝缘电阻测试记录	5	齐全有效		合格	
6		负荷试验、安全装置检查记录	20	齐全有效		合格	
7		分项、分部工程质量验收记录	10	齐全有效		合格	
8		新技术论证、备案及施工记录	1	齐全有效		合格	

结论：
该工程质量控制资料齐全有效，全部合格。

施工单位项目负责人：×××　　　　总监理工程师：×××
××年××月××日　　　　　　　　　××年××月××日

注：本表摘自《建筑工程施工质量验收统一标准》（GB 50300—2013）。

第六节　单位(子单位)工程安全和功能检验资料核查及主要功能抽查记录

一、填写说明与依据

单位（子单位）工程安全和功能检验资料核查及主要功能抽查记录填写说明与依据，如图9-19所示。

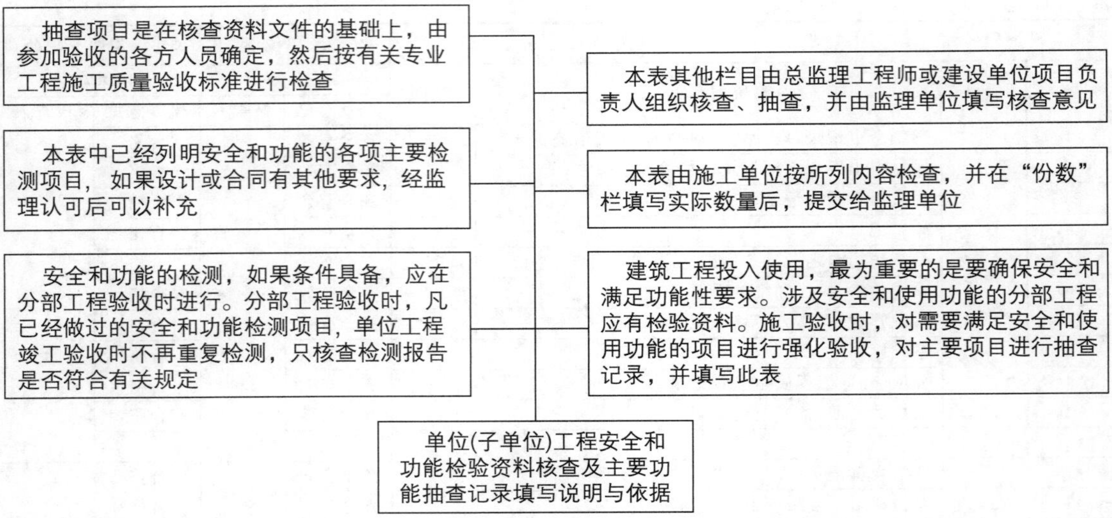

```
抽查项目是在核查资料文件的基础上，由
参加验收的各方人员确定，然后按有关专业          本表其他栏目由总监理工程师或建设单位项目负
工程施工质量验收标准进行检查                      责人组织核查、抽查，并由监理单位填写核查意见

本表中已经列明安全和功能的各项主要检
测项目，如果设计或合同有其他要求，经监          本表由施工单位按所列内容检查，并在"份数"
理认可后可以补充                                  栏填写实际数量后，提交给监理单位

安全和功能的检测，如果条件具备，应在            建筑工程投入使用，最为重要的是要确保安全和
分部工程验收时进行。分部工程验收时，凡          满足功能性要求。涉及安全和使用功能的分部工程
已经做过的安全和功能检测项目，单位工程          应有检验资料。施工验收时，对需要满足安全和使
竣工验收时不再重复检测，只核查检测报告          用功能的项目进行强化验收，对主要项目进行抽查
是否符合有关规定                                  记录，并填写此表

                    单位(子单位)工程安全和
                    功能检验资料核查及主要功
                    能抽查记录填写说明与依据
```

图 9-19 单位（子单位）工程安全和功能检验资料核查
及主要功能抽查记录填写说明与依据

二、填写示例

单位（子单位）工程安全和功能检验资料核查及主要功能抽查记录的填写示例，见表 9-6。

表 9-6 单位（子单位）工程安全和功能检验资料核查及主要功能抽查记录的填写示例

工程名称		××住宅楼工程	施工单位	××建设集团有限公司		
序号	项目	安全和功能检查项目	份数	核查意见	抽查结果	核查(抽查)人
1	建筑与结构	地基承载力检验报告	2	完整、有效		×××　×××
2		桩基承载力检验报告	3	完整、有效		
3		混凝土强度试验报告	12	完整、有效	抽查 5 处合格	
4		砂浆强度试验报告	2	完整、有效		
5		主体结构尺寸、位置抽查记录	5	完整、有效		
6		建筑物垂直度、标高、全高测量记录	2	完整、有效	抽查 5 处合格	
7		屋面淋水或蓄水试验记录	10	完整、有效	抽查 4 处合格	
8		地下室渗漏水检测记录	10	完整、有效		
9		有防水要求的地面蓄水试验记录	16	完整、有效	抽查 5 处合格	
10		抽气（风）道检查记录	18	完整、有效	抽查 2 处合格	
11		外窗气密性、水密性、耐风压检测报告	2	完整、有效		
12		幕墙气密性、水密性、耐风压检测报告	3	完整、有效		
13		建筑物沉降观测测量记录	12	完整、有效		
14		节能、保温测试记录	5	完整、有效		
15		室内环境检测报告	10	完整、有效		
16		土壤氡气浓度检测报告	1	完整、有效		

续表

工程名称		××住宅楼工程	施工单位		××建设集团有限公司	
序号	项目	安全和功能检查项目	份数	核查意见	抽查结果	核查（抽查）人
1	给水排水与供暖	给水管道通水试验记录	12	完整、有效		××× ×××
2		暖气管道、散热器压力试验记录	2	完整、有效	抽查5处合格	
3		卫生器具满水试验记录	12	完整、有效		
4		消防管道、燃气管道压力试验记录	15	完整、有效		
5		排水干管通球试验记录	16	完整、有效		
6		锅炉试运行、安全阀及报警联动测试记录	2	完整、有效		
1	通风与空调	通风、空调系统试运行记录	12	完整、有效		××× ×××
2		风量、温度测试记录	2	完整、有效		
3		空气能量回收装置测试记录	8	完整、有效	抽查5处合格	
4		洁净室洁净度测试记录	9	完整、有效		
5		制冷机组试运行调试记录	16	完整、有效		
1	建筑电气	建筑照明通电试运行记录	2	完整、有效		
2		灯具固定装置及悬吊装置的载荷强度试验记录	10	完整、有效		
3		绝缘电阻测试记录	36	完整、有效	抽查8处合格	
4		剩余电流动作保护器测试记录	23	完整、有效		
5		应急电源装置应急持续供电记录	5	完整、有效		
6		接地电阻测试记录	6	完整、有效	抽查3处合格	
7		接地故障回路阻抗测试记录	6	完整、有效		
1	智能建筑	系统试运行记录	16	完整、有效		××× ×××
2		系统电源及接地检测报告	5	完整、有效	抽查2处合格	
3		系统接地检测报告	5	完整、有效		
1	建筑节能	外墙节能构造检查记录或热工性能检验报告	12	完整、有效		××× ×××
2		设备系统节能性能检查记录	2	完整、有效		
1	电梯	运行记录	5	完整、有效		××× ×××
2		安全装置检测报告	5	完整、有效		

结论：

　　资料齐全有效，抽查结果全部合格。

施工单位项目负责人：×××　　　　总监理工程师：×××
　　　××年××月××日　　　　　　××年××月××日

注：1. 抽查项目由验收组协商确定。
　　2. 本表摘自《建筑工程施工质量验收统一标准》（GB 50300—2013）。

第七节 单位工程观感质量检查记录

一、单位工程观感质量检查记录填写说明与依据

（1）单位工程观感质量检查，是在工程全部竣工后进行的一项重要验收工作，能够全面评价一个单位工程的外观及使用功能质量。

（2）根据《建筑工程施工质量验收统一标准》（GB 50300—2013）规定，单位工程的观感质量验收，分为"好""一般""差"三个等级。观感质量检查的方法、程序、评判标准等，均与分部工程相同，不同的是检查项目较多，属于综合性验收。其主要内容包括：核实质量控制资料，检查检验批、分项、分部工程验收的正确性，对在分项工程中不能检查的项目进行检查，核查各分部工程验收后到单位工程竣工之间，工程的观感质量有无变化、损坏等。

（3）本表由总监理工程师组织验收组成员，按照表中所列内容，共同实际检查，协商得出质量评价、综合评价和验收结论意见。参加验收的各方代表，经共同实际检查，如果确认没有影响结构安全和使用功能等问题，可共同商定评价意见，在"检查结论"栏内填写"工程观感质量综合评价为好（或一般），验收合格"。

（4）如有评价为"差"的项目，属于不合格项目，应予以返工修理。这样的观感检查项目修理后需重新检查验收。

（5）"抽查质量状况"栏，可填写具体检查数据。当数据少时，可直接将检查数据填在表格内；当数据多时，可简要描述抽查的质量状况，但应将检查原始记录附在本表后面。

（6）评价规则，如图9-20所示。

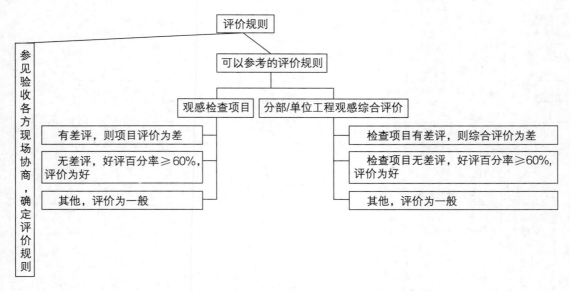

图9-20 评价规则

二、单位工程观感质量检查记录填写示例

单位工程观感质量检查记录填写示例，见表 9-7。

表 9-7 单位工程观感质量检查记录填写示例

工程名称		××大厦	施工单位	××建筑有限公司	
序号		项目	抽查质量状况		质量评价
1	建筑与结构	主体结构外观	共查10点,好10点,一般0点,差0点		好
2		室外墙面	共查10点,好10点,一般0点,差0点		好
3		变形缝、雨水管	共查10点,好10点,一般0点,差0点		好
4		屋面	共查10点,好10点,一般0点,差0点		好
5		室内墙面	共查10点,好9点,一般1点,差0点		好
6		室内顶棚	共查10点,好9点,一般1点,差0点		好
7		室内地面	共查10点,好10点,一般0点,差0点		好
8		楼梯、踏步、护栏	共查10点,好9点,一般1点,差0点		好
9		门窗	共查10点,好9点,一般1点,差0点		好
10		雨罩、台阶、坡道、散水	共查10点,好10点,一般0点,差0点		好
1	给水排水与供暖	管道接口、坡度、支架	共查10点,好8点,一般2点,差0点		好
2		卫生器具、支架、阀门	共查10点,好9点,一般1点,差0点		好
3		检查口、扫除口、地漏	共查10点,好9点,一般1点,差0点		好
4		散热器、支架	共查10点,好8点,一般2点,差0点		好
1	通风与空调	风管、支架	共查10点,好9点,一般1点,差0点		好
2		风口、风阀	共查10点,好10点,一般0点;差0点		好
3		风机、空调设备	共查10点,好9点,一般1点,差0点		好
4		管道、阀门、支架	共查10点,好8点,一般2点,差0点		好
5		水泵、冷却塔	共查10点,好8点,一般2点,差0点		好
6		绝热	共查10点,好9点,一般1点,差0点		好
1	建筑电气	配电箱、盘、板、接线盒	共查10点,好8点,一般2点,差0点		好
2		设备器具、开关、插座	共查10点,好9点,一般1点,差0点		好
3		防雷、接地、防火	共查10点,好9点,一般1点,差0点		好
1	智能建筑	机房设备安装及布局	共查10点,好9点,一般1点,差0点		好
2		现场设备安装	共查10点,好10点,一般0点,差0点		好
1	电梯	运行、平层、开关门	共查10点,好9点,一般1点,差0点		好
2		层门、信号系统	共查10点,好9点,一般1点,差0点		好
3		机房	共查10点,好10点,一般0点,差0点		好
观感质量综合评价			好		

结论：
　　评价为好，观感质量验收合格。

施工单位项目负责人：×××　　　　　　　　　　　　　　总监理工程师：×××
　　××年××月××日　　　　　　　　　　　　　　　　　××年××月××日

注：1. 质量评价为差的项目应进行返修。
2. 观感质量现场检查原始记录应作为本表附件。
3. 本表摘自《建筑工程施工质量验收统一标准》(GB 50300—2013)。

第十章
建筑工程竣工组卷资料管理

第一节 竣工图

竣工图是建筑工程竣工档案的重要组成部分，是工程建设完成后的主要凭证性材料，是建筑物真实的写照，是工程竣工验收的必备条件，是工程维修、管理、改建、扩建的依据。各项新建、改建、扩建项目均必须编制竣工图。

竣工图编制工作应由建设单位负责，也可由建设单位委托施工单位、监理单位或设计单位进行编制。

一、主要内容

竣工图应按单位工程编制，并根据专业、系统进行分类和整理。

竣工图包括的内容，如图10-1所示。

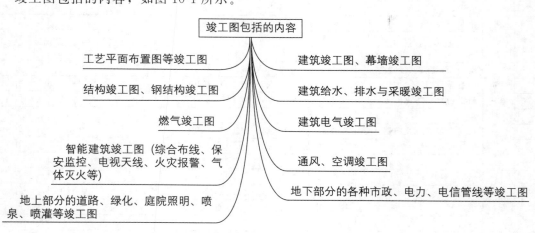

图10-1 竣工图包括的内容

二、编制特点

竣工图的编制特点，如图10-2所示。

三、测绘要求

竣工图的主要绘制要求，如图10-3所示。

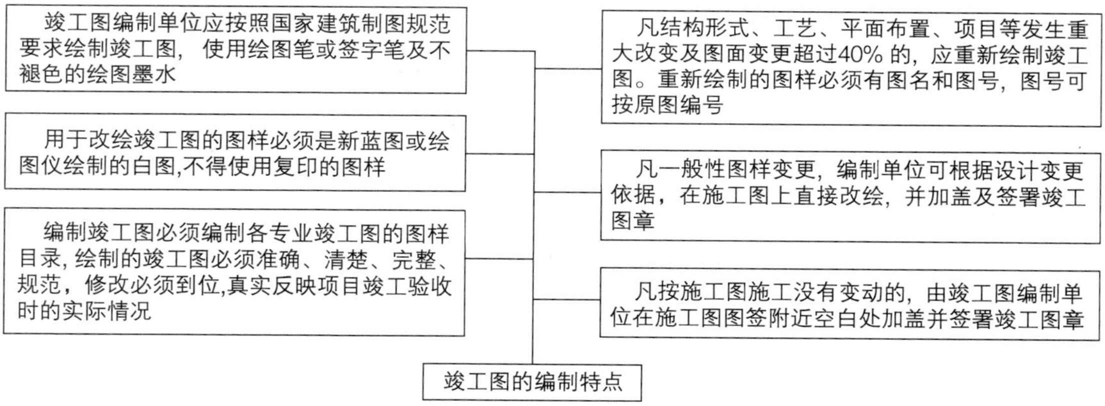

第十章 建筑工程竣工组卷资料管理

图 10-2　竣工图的编制特点

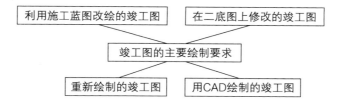

图 10-3　竣工图的主要绘制要求

1. 利用施工蓝图改绘的竣工图

在施工蓝图上一般采用杠（划）改、叉改法，局部修改可以圈出更改部位，在原图空白处绘出更改内容，所有变更处都必须引出索引线并注明更改依据。在施工图上改绘，不得使用涂改液涂抹、刀刮、补贴等方法修改图样。

具体的改绘方法可视图面、改动范围和位置、繁简程度等视实际情况而定。以下是常见改绘方法的说明。

（1）取消的内容如下。

① 尺寸、门窗型号、设备型号、灯具型号、钢筋型号和数量、注解说明等数字、文字、符号的取消，可采用杠改法。即将取消的数字、文字、符号等用横杠杠掉（不得涂抹掉），从修改的位置引出带箭头的索引线，在索引线上注明修改依据，即"见×号洽商×条"，也可注明"见×年×月×日洽商×条"。

② 隔墙、门窗、钢筋、灯具、设备等取消，可用叉改法。即在图上将取消的部分打"×"，在图上描绘取消的部分较长时，可视情况打多个"×"，达到表示清楚为的目的，并从图上修改处画箭头索引线引出，注明修改依据。

（2）增加的内容如下。

① 在建筑物某一部位增加隔墙、门窗、灯具、设备、钢筋等，均应在图上的实际位置用规范制图方法绘出，并注明修改依据。

② 如增加的内容在原位置绘不清楚时，应在本图适当位置（空白处）按需要补绘大样图，并保证准确清楚；如本图上无位置可绘时，应另用硫酸纸绘补图并晒成蓝图或用绘图仪绘制白图后附在本专业图样之后。注意在原修改位置和补绘图样上均应注明修改依据，补图要有图名和图号。

（3）更改的内容如下。

① 数字、符号、文字的变更，可在图上用杠改法将取消的内容杠去，在其附近空白处增加更正后的内容，并注明修改依据。

② 设备配置位置，灯具、开关型号等变更引起的改变，以及墙、板、内外装修等变化均应在原图上改绘。

③ 图样某部位变化较大，或在原位置上改绘有困难，或改绘后杂乱无章的，可以采用的改绘办法，如图10-4所示。

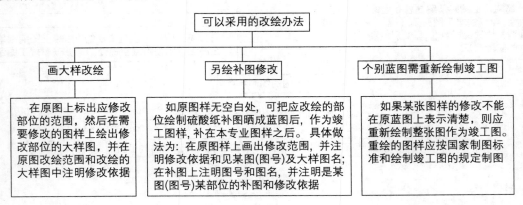

图 10-4　可以采用的改绘办法

（4）加写说明。凡设计变更、洽商的内容应当在竣工图上修改的，均应用绘图方法改绘在蓝图上，不再加写说明。若修改后的图样仍然有内容无法表示清楚，则可用精练的语言适当加以说明。

① 图上某一种设备、门窗等型号的改变，涉及多处修改时，要对所有涉及的地方全部加以改绘，其修改依据可标注在一个修改处，但需在此处做简单说明。

② 钢筋的代换，混凝土强度等级的改变，墙、板、内外装修材料的变化，由建设单位自理的部分等在图上修改难以用作图方法表达清楚时，可加注或用索引的形式加以说明。

③ 凡涉及说明类型的洽商，应在相应的图样上使用设计规范用语反映洽商内容。

（5）注意事项如下。

① 施工图样目录必须加盖竣工图章，作为竣工图归档。凡有作废、补充、增加和修改的图样，均应在施工图目录上标注清楚。即作废的图样在目录上划掉，补充的图样在目录上列出图名、图号。

② 如某施工图改变量大，设计单位重新绘制了修改图的，应以修改图代替原图，原图不再归档。

③ 凡是洽商图作为竣工图的，必须进行必要的制作，其制作要求如图10-5所示。

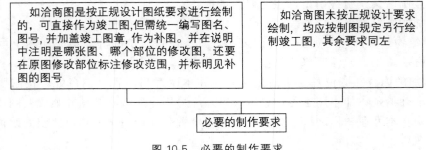

图 10-5　必要的制作要求

④ 某一条洽商可能涉及两张或两张以上图样，某一局部变化可能引起系统变化。凡涉及的图样和部位均应按规定修改，不能只改其一，不改其二。

一个标高的变动，可能在平面、立面、剖面和局部大样图上都要涉及，均应改正。

⑤ 不允许将洽商的附图原封不动地贴在或附在竣工图上作为修改，也不允许将洽商的内容抄在蓝图上作为修改。凡修改的内容均应改绘在蓝图上或做补图附在图样之后。

⑥ 根据规定须重新绘制竣工图时，应按绘制竣工图的要求制图。

⑦ 改绘注意事项：修改时，字、线使用的规定如图10-6所示。

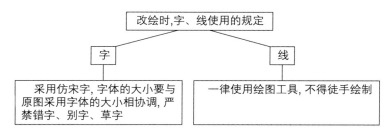

图 10-6 改绘时，字、线使用的规定

⑧ 施工蓝图的规定：图样反差要明显，以适应缩微等技术要求。凡旧图、反差不明显的图样不得作为改绘用图。修改的内容和有关说明均不得超过原图框。

2. 在二底图上修改的竣工图

（1）用设计底图或施工图制成二底（硫酸纸）图，在二底图上依据设计变更、工程洽商内容用刮改法进行绘制，即用刀片将需更改的部位刮掉，再用绘图笔绘制修改内容，并在图中空白处做一修改备考表，注明变更、洽商编号（或时间）和修改内容。修改备考表见表10-1。

表 10-1 修改备考表

变更、洽商编号（或时间）	内容（简要提示）

（2）修改的部位用语言描述不清楚时，也可用细实线在图上画出修改范围。

（3）以修改后的二底图或蓝图作为竣工图，要在二底图或蓝图上加盖竣工图章。没有改动的二底图转做竣工图，也要加盖竣工图章。

（4）如果二底图修改次数较多，个别图面可能出现模糊不清等问题，必须进行技术处理或重新绘制，以达到图面整洁、字迹清晰等要求。

3. 重新绘制的竣工图

根据工程竣工现状和洽商记录绘制的竣工图，重新绘制的竣工图要求与原图比例相同，符合制图规范，有标准的图框和内容齐全的图签，图签中应有明确的"竣工图"字样或加盖竣工图章。

4. 用CAD绘制的竣工图

在电子版施工图上依据设计变更、工程洽商的内容进行修改，修改后用云图圈出修改部位，并在图中空白处做一修改备考表，备考表要求同上述"在二底图上修改的竣工图"的要求。同时，图签上必须有原设计人员签字。

四、竣工图章

（1）竣工图章应具有明显的"竣工图"字样，并包括编制单位名称、制图人、审核人和编制日期等基本内容。编制单位、制图人、审核人、技术负责人要对竣工图负责。竣工图章的内容、尺寸如图10-7所示。

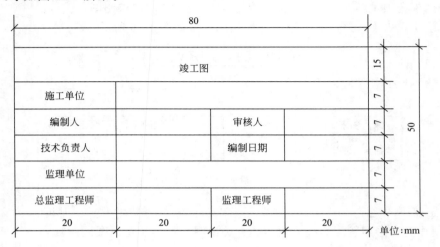

图10-7 竣工图章示例

（2）所有竣工图应由编制单位逐张加盖、签署竣工图章。竣工图章中签名必须齐全，不得代签。

（3）凡由设计院编制的竣工图，其设计图签中必须明确竣工阶段，并由绘制人和技术负责人在设计图签中签字。

（4）竣工图章应加盖在图签附近的空白处。

（5）竣工图章应使用不褪色红或蓝色印泥。

（6）图纸折叠前，应按裁图线裁剪整齐，其图纸幅面应符合表10-2和图10-8的规定。

表10-2 图纸幅面尺寸　　　　　　　　　　　　　　　　　　单位：mm

基本幅面代号	0	1	2	3	4
$b×l$	841×1189	594×841	420×594	297×410	297×210
c		10			5
a			25		

注：尺寸代号如图10-8所示。

五、竣工图纸折叠方法

竣工图纸折叠应符合下列规定。

① 图纸折叠前，应按图10-8所示的裁图线将图纸裁剪整齐，图纸幅面应符合表10-2的规定。

② 折叠时，图面应折向内侧成手风琴风箱式。

③ 折叠后幅面尺寸应以A4图纸为标准。

④ 图签及竣工图章应露在外面。

⑤ A3~A0图纸应在装订边297mm处折一三角或剪一缺口，并折进装订边。

⑥ A3~A0图不同图签位的图纸，可分别按图10-9~图10-12所示方法折叠。

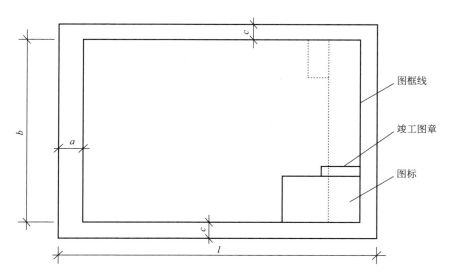

图 10-8 图纸幅面

⑦ 图纸折叠前,应准备好一块略小于 A4 图纸尺寸(一般为 292mm×205mm)的模板。折叠时,应先把图纸放在规定位置,然后按照折叠方法的编号顺序依次折叠。

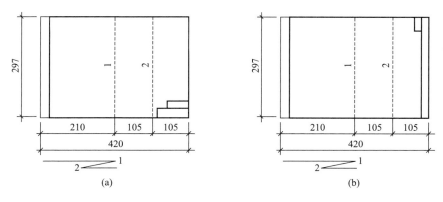

图 10-9 A3 图纸折叠示意

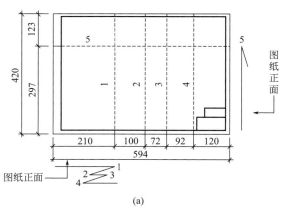

图 10-10

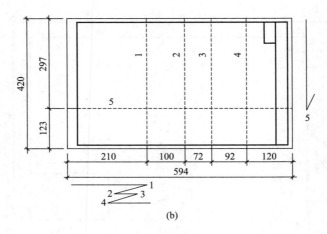

(b)

图 10-10 A2 图纸折叠示意

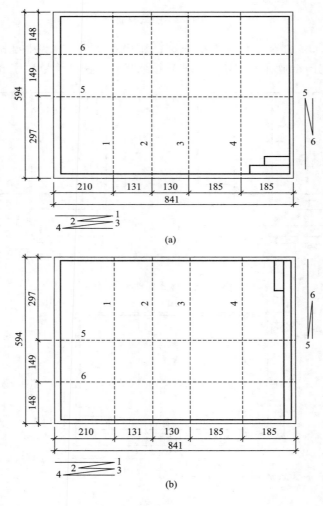

图 10-11 A1 图纸折叠示意

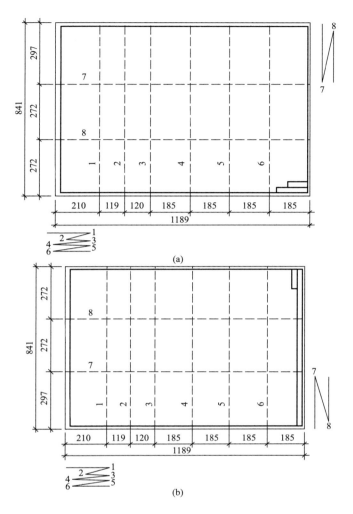

图 10-12　A0 图纸折叠示意

第二节　工程资料编制与组卷

一、载体形式

工程资料可采用两种载体形式，如图 10-13 所示。

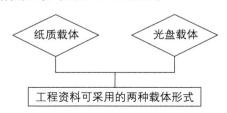

图 10-13　工程资料可采用的两种载体形式

工程档案可采用的三种载体形式，如图10-14所示。

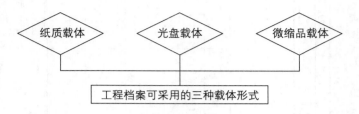

图10-14　工程档案可采用的三种载体形式

采用纸质载体和光盘载体的工程资料应在施工过程中形成、收集和整理，包括工程音像资料。

微缩品载体的工程档案要求如下。

① 纸质载体的工程档案经城建档案馆和有关部门验收合格后，应持城建档案馆发给的准可微缩证明书进行微缩，证明书包括案卷目录、验收签章、城建档案馆的档号、胶片代数、质量要求等，并将证书缩拍在胶片"片头"上。

② 报送微缩制品载体工程竣工档案的种类和数量，一般要求报送三代片，如图10-15所示。

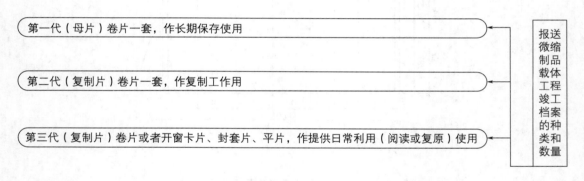

图10-15　报送微缩制品载体工程竣工档案的种类和数量

③ 向城建档案馆移交的微缩卷片、开窗卡片、封套片、平片必须按城建档案馆的要求进行标注。

光盘载体的电子工程档案要求如下。

① 纸质载体的工程档案经城建档案馆和有关部门验收合格后，进行电子工程档案的核查，核查无误后，进行电子工程档案的光盘刻制。

② 电子工程档案的封套、格式必须按城建档案馆的要求进行标注。

二、质量要求

工程资料的质量要求，如图10-16所示。

三、组卷要求

1. 组卷的质量要求

组卷的质量要求，如图10-17所示。

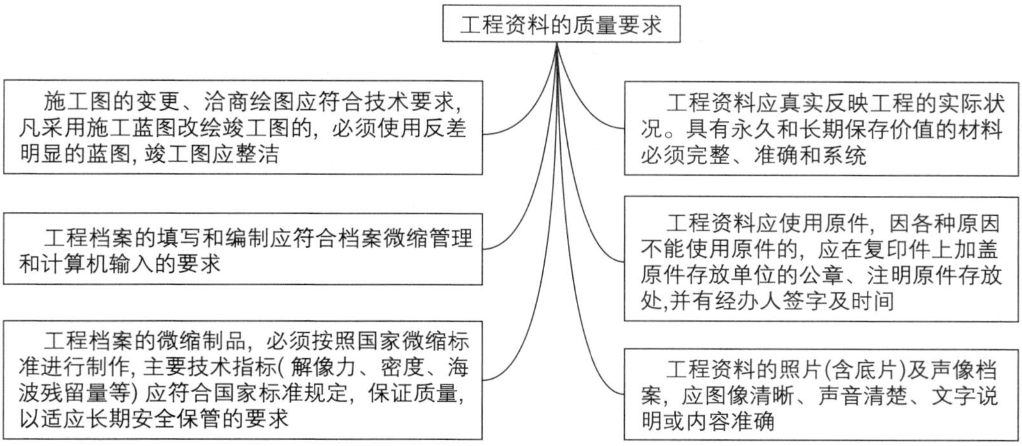

工程资料的质量要求

- 施工图的变更、洽商绘图应符合技术要求，凡采用施工蓝图改绘竣工图的，必须使用反差明显的蓝图，竣工图应整洁
- 工程档案的填写和编制应符合档案微缩管理和计算机输入的要求
- 工程档案的微缩制品，必须按照国家微缩标准进行制作，主要技术指标(解像力、密度、海波残留量等)应符合国家标准规定，保证质量，以适应长期安全保管的要求
- 工程资料应真实反映工程的实际状况。具有永久和长期保存价值的材料必须完整、准确和系统
- 工程资料应使用原件，因各种原因不能使用原件的，应在复印件上加盖原件存放单位的公章、注明原件存放处，并有经办人签字及时间
- 工程资料的照片(含底片)及声像档案，应图像清晰、声音清楚、文字说明或内容准确

图 10-16　工程资料的质量要求

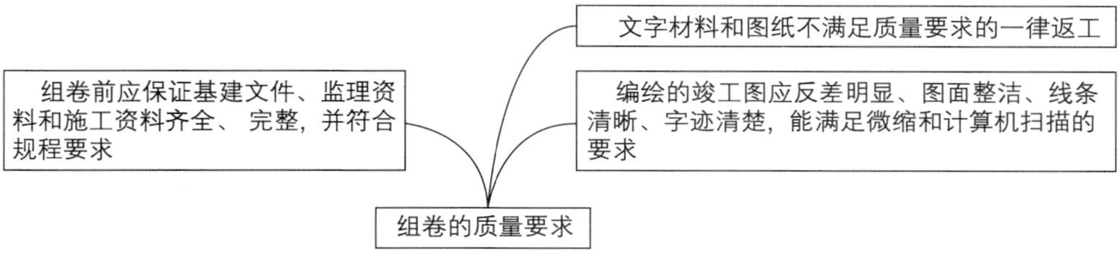

组卷的质量要求

- 组卷前应保证基建文件、监理资料和施工资料齐全、完整，并符合规程要求
- 文字材料和图纸不满足质量要求的一律返工
- 编绘的竣工图应反差明显、图面整洁、线条清晰、字迹清楚，能满足微缩和计算机扫描的要求

图 10-17　组卷的质量要求

2. 组卷的基本原则

组卷的基本原则，如图 10-18 所示。

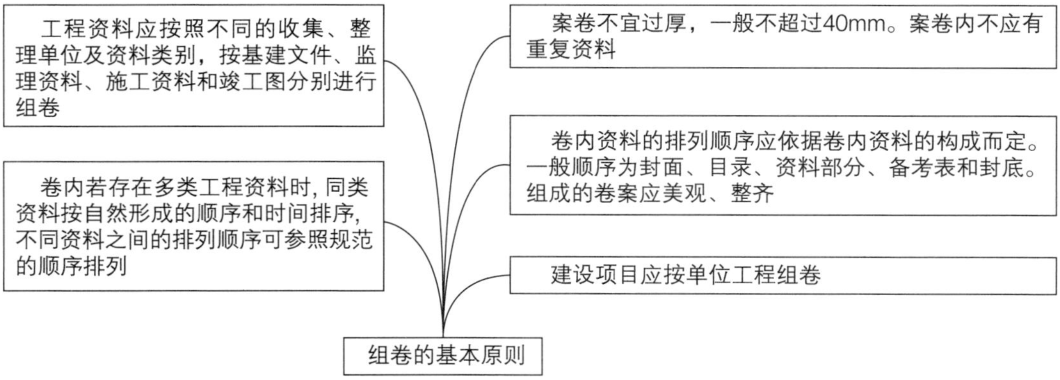

- 工程资料应按照不同的收集、整理单位及资料类别，按基建文件、监理资料、施工资料和竣工图分别进行组卷
- 卷内若存在多类工程资料时，同类资料按自然形成的顺序和时间排序，不同资料之间的排列顺序可参照规范的顺序排列
- 案卷不宜过厚，一般不超过40mm。案卷内不应有重复资料
- 卷内资料的排列顺序应依据卷内资料的构成而定。一般顺序为封面、目录、资料部分、备考表和封底。组成的卷案应美观、整齐
- 建设项目应按单位工程组卷

图 10-18　组卷的基本原则

3. 组卷的具体要求

（1）基建文件组卷。基建文件可根据类别和数量的多少组成一卷或多卷，如工程决策立项文件卷、征地拆迁文件卷、勘察测绘与设计文件卷、工程开工文件卷、商务文件卷、工程竣工验收与备案文件卷。同一类基建文件还可根据数量多少组成一卷或多卷。

基建文件组卷的具体内容和顺序可参考规范；移交城建档案馆基建文件的组卷内容和顺

序可参考资料规程。

（2）监理资料组卷。监理资料可根据资料类别和数量多少组成一卷或多卷。

（3）施工资料组卷。施工资料组卷应按照专业、系统划分，每一专业、系统再按照资料类别顺序排序，并根据资料数量多少组成一卷或多卷。

对于专业化程度高、施工工艺复杂，通常由专业分包施工的子分部（分项）工程，应分别单独组卷，如有支护土方、地基、桩基、预应力、钢结构、木结构、网架（索膜）、幕墙、供热锅炉、变配电室和智能建筑等工程的各系统，应单独组卷子分部（分项）工程并按照顺序排列，并根据资料数量的多少组成一卷或多卷。

按规程规定，应由施工单位归档保存的基建文件和监理资料，需要按规范的要求组卷。

（4）竣工图组卷。竣工图应按专业进行组卷，可分为工艺平面布置竣工图卷、建筑竣工图卷、结构竣工图卷、给水排水及采暖竣工图卷、建筑电气竣工图卷、智能建筑竣工图卷、通风和空调竣工图卷、电梯竣工图卷、室外工程竣工图卷等。每一专业可根据图纸数量多少组成一卷或多卷。

（5）向城建档案馆报送的工程档案应按《建设工程文件归档整理规范》（GB/T 50328—2014）的要求进行组卷。

（6）文字材料和图纸材料原则上不能混装在一个装具内；如资料材料较少，需放在一个装具内时，文字材料和图纸材料必须混合装订，其中文字材料排前，图样材料排后。

（7）单位工程档案总案卷数超过 20 卷的，应编制总目录卷。

4. 卷组页号的编写

卷组页号的编写，如图 10-19 所示。

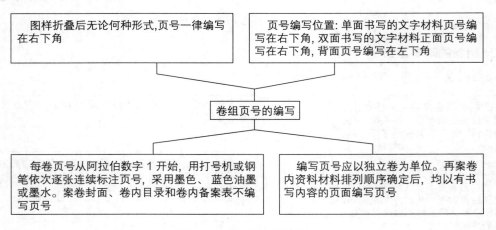

图 10-19　卷组页号的编写

四、卷内文件排序

卷内文件排序是指通过对卷内文件进行认真分析和仔细研究，找出它们之间的主要联系，并按照其主要联系排序，从而确定每份文件在卷内文件中的位置。不同工程卷内文件排序不一样，同一工程卷内文件排序也不尽相同，科学技术档案案卷的卷内文件排序应符合以下要求。

（1）案卷内管理性文件按问题、时间或重要程度排列。同一事项的请示与批复，同一文件的印本与定稿、主件与附件不能分开，并按批复在前、请示在后，印本在前、定稿在后，主件在前、附件在后的顺序排列。

（2）设计文件按凭证性材料、基础性材料、预可行性研究、可行性研究、招投标设计、施工图设计、设计修改等内容排列。

（3）施工文件按管理、依据、建筑、安装、材质与产品检验、施工试验、施工记录、检查验收、质量评定等内容排列。

施工文件内容排列，如图10-20所示。

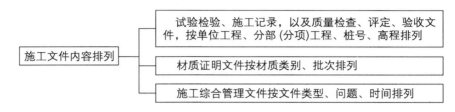

图 10-20　施工文件内容排列

（4）设备文件按依据性、开箱验收、随机图样、安装调试和运行维修等顺序排列。即：按开箱验收单→装箱单→合格证（产品质量证明书）→出厂检验文件→使用说明书→厂家图→安装调试记录的顺序排列。

（5）合同及决算类文件按立项、招标、投标、评标、中标、合同谈判、合同及审批、合同变更、合同索赔、工程量核定、概预算及审批、价差文件、奖励、造价分析、评估文件、统计报表、结算文件、审计文件、完（竣）工决算的顺序排列。

（6）设计变更、现场洽商、材料变更等有关变更类文件按类别、时间、文号排列。

（7）竣工图按专业、图号排列。

（8）文字材料和图纸材料原则上不能混装在一个装具内，如文件材料较少，需放在一个装具内时，文字材料和图纸材料必须混合装订，其中文字材料排前，图纸材料排后。有译文的外文文件译文在前，原文在后。

例1：某重大水利水电枢纽工程施工文件案卷排列

（1）管理文件。首先按主题（问题）分类，如：质量管理、进度管理、费用管理等，涉及几个方面的综合性文件资料，排在最后一类；其次，按文件资料产生的时间顺序排列；然后再按文件资料的重要程度排列。

（2）质量检查文件。首先就某一单元工程，按成果文件、中间性文件和原始文件依次分类排列；其次按文件资料的重要程度排列。

（3）工程验收文件。在质量检查文件整理的基础上，依次按类排列到相应的单位工程、分部工程、单元工程。

（4）材质证明与质量检验文件。首先针对某一材料按检验成果、检验原始记录、材质证明排列，再按材料种类、型号、批次排列。

（5）施工综合文件。排列顺序为：开工令→工程技术交底→图纸会审纪要→施工组织设计→施工大事记→施工记录等。

（6）合同及决算文件。排列顺序为：合同及变更→索赔文件→设计变更（按专业、部位、时间排序）→工程更改洽商文件（按专业、部位、时间排序）→材料代用核定审批文件（按品种、型号排序），工程量核定文件→竣工决算。

（7）竣（完）工验收文件。排列顺序为：验收签证书→鉴定书（签证）→验收申请报告→设计报告→监理报告→施工报告→总公司项目管理报告。

(8) 竣工图纸的编排，具体内容如下。

① 按总体和局部的关系排列。即总体性、综合性的图在前，局部性的居中，细部的、大样性的图排后，如总体布置图→系统图→平面图→大样图。

② 按合同项目工程的单位工程（分部工程、分项工程、单元工程）分专业立卷。

(9) 图文混合材料，分以下两种情况处理。

① 对整个要编制的文件（对象）或整个保管单位的全面情况进行说明或指导的综合性材料，要排在图样的前面。

② 只是针对本卷内图样进行补充说明或局部性一般说明的材料，其文字文件排在图样的后面。

例2：某水电工程建设项目文件组卷方法

(1) 征地拆迁文件、招标文件、投标文件及评标文件、承包合同、合同谈判、业主各部门形成或收到的非普发性的针对具体工程建设项目的工程各项管理文件、工程的阶段验收和竣工验收形成的文件，以及工程结算（决算）和工程审计报告等有关的工程文件由业主相应部门按项目根据工程文件形成的阶段、性质和内容，分别按项目结合问题、年度、单项或单位工程、形成单位、保管期限等分别组卷。

(2) 建设项目设计文件包括地质勘察资料、（预）可行性研究报告、概算、施工图设计等，由设计院或业主按项目、阶段、单位（分部）工程、专业分别组卷。

(3) 建设项目施工阶段形成的施工文件，其中开工报告、施工组织设计、施工方案（措施）、施工计划及批复、施工月（季、年）报、施工日志、质量缺陷（问题）认定处理等，以及有关工程质量、进度、安全、水保环保等来往文件，由施工单位按合同项目的单位工程或分部工程、专业和阶段，结合问题、年度、保管期限等分别组卷。各项施工原始记录、原材料出厂证明、各种试验检验报告、单元工程验收及质量评定文件等，由施工单位按合同项目的单位工程或分部，单元工程结合专业、阶段、文件类型、桩号和高程分别组卷。

(4) 建设项目监理工作形成的监理文件包括监理通知、开（停、复）工令、备忘录、有关会议纪要、施工质量检验分析、合同管理文件、计划进度管理文件、工程质量控制文件、工程技术管理文件、工程计量与支付文件、与业主及各参建单位的来往函件、监理月（季、年）报、监理日志等，由监理单位按合同项目结合问题、文件类型、年度、保管期限等分别组卷；监理大纲、监理规划、监理细则、监理（总结）报告及其审核或批复意见，由监理单位按监理合同项目结合专题及不同的专业组卷。

(5) 建设项目安全监测、测量、水保环保、试验检测等中心形成的文件分别由各中心负责整理。其中月（季、年）报、日志分别由各中心按年度组卷；各种抽检原始记录，各种正式成果、报告，以及与业主和各参建单位的来往函件等，分别由各中心按合同项目结合单位工程（合分部）、文件类型、问题及不同的专业、保管期限分别组卷。

(6) 设计变更文件、工程联系单等由施工单位按单位工程、分部工程结合专业和年度组卷。

(7) 竣工图由施工单位按单位工程、分部工程结合专业、装置等组卷。

(8) 竣工验收文件由承办单位按单位工程结合专业、阶段、问题等组卷。

(9) 设备、技术、工艺、专利及商检索赔文件应由承办单位按单位工程、专业、台（套）件结合保管期限等组卷，但同一型号的设备一次采购了多台套，且随机文件相同的部分只归一个台套，其他台套相同的部分可不编入，但必须在卷内备考表中注明。现场使用的译文，安装、调试形成的非标准图、竣工图、设计变更，以及试运行和维护中形成的文件、工程事故处理文件等，由施工单位按台套或合同工程结合保管期限等组卷。

（10）工程建筑物照片按导流工程→混凝土坝→引水工程→发电厂房工程→升变压工程→机组设备安装→对外交通工程→场内公路→管理设施→施工临时工程→其他工程的顺序组卷；其他资料如工程签字仪式和发电庆典、各有关重要会议（经验交流会、技术鉴定会等）、上级领导参观检查指导、技术咨询、交流活动等根据实际情况可分别组卷或将上述内容全部组在一起。

五、封面与目录

1. 工程资料封面与目录

（1）工程资料案卷封面。案卷封面包括名称、案卷题名、编制单位、技术主管、编制日期（以上由移交单位填写）、保管期限、密级、总册数、分册数等（由档案接收部门填写）。

工程资料案卷封面填写内容，如图 10-21 所示。

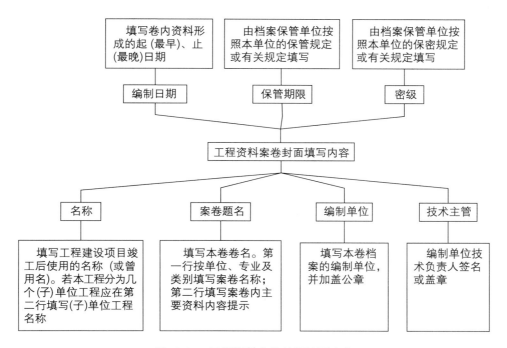

图 10-21 工程资料案卷封面填写内容

（2）工程资料卷内目录。工程资料卷内目录的内容包括序号、工程资料题名、原编字号、编制单位、编制日期、页次和备注。卷内目录内容应与案卷内容相符，排列在封面之后，原资料目录及设计图纸目录不能代替。

工程资料卷内目录填写方式，如图 10-22 所示。

（3）分项目录，内容如下。

① 分项目录（一）适用于施工物资材料的编目，目录内容应包括资料名称、厂名、型号规格、数量、使用部位等，有进场见证试验的，应在备注栏中注明。

② 分项目录（二）适用于施工测量记录和施工记录的编目，目录内容包括资料名称、施工部位和日期等，如图 10-23 所示。

（4）混凝土（砂浆）抗压强度报告目录。混凝土（砂浆）抗压强度报告目录应分单位工程，按不同龄期汇总、编目。有见证试验的，应在备注栏中注明。

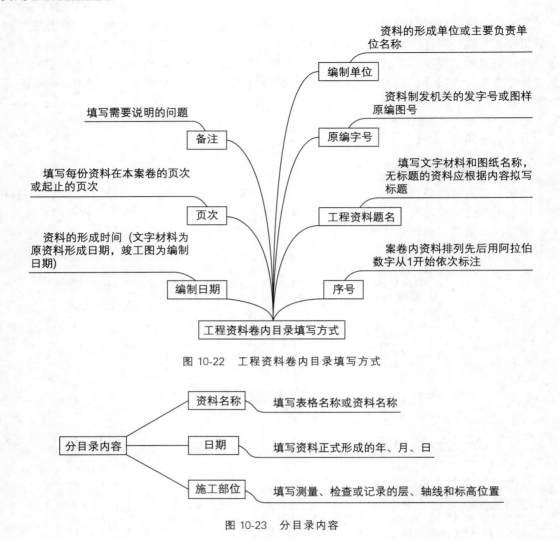

图 10-22　工程资料卷内目录填写方式

图 10-23　分目录内容

(5) 钢筋连接试验报告目录。钢筋连接试验报告目录适用于各种焊（连）接形式。有见证试验的，应在备注栏中注明。

(6) 工程资料卷内备考表

工程资料卷内备考表包括的内容有卷内文字材料张数、图样材料张数、照片张数等，如图 10-24 所示。立卷单位的立卷人、审核人及接收单位的审核人、接收人应签字。

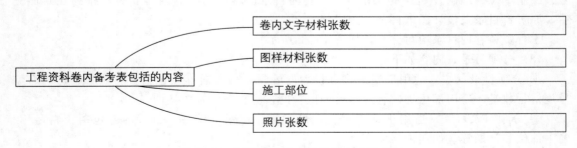

图 10-24　工程资料卷内备考表包括的内容

① 案卷审核备考表分为上下两栏，上一栏由立卷单位填写，下一栏由接收单位填写。
② 上栏应表明本案卷一编号资料的总张数，包括文字、图样、照片等的张数。
审核说明填写立卷时资料的完整和质量情况，以及应归档而缺少的资料的名称和原因；立卷人由责任立卷人签名；审核人由案卷审查人签名；日期按立卷、审核的时间分别填写。
③ 下栏由接收单位根据案卷的完成及质量情况标明审核意见。
技术审核人由接收单位工程档案技术审核人签名；档案接收人由接收单位档案管理接收人签名；日期按审核、接收时间分别填写。

2. 工程档案封面和目录

（1）工程档案案卷封面。使用城市建设档案封面，注明工程名称、案卷题名、编制单位、技术主管、保存期限、档案密级等。
（2）工程档案卷内目录。使用城建档案卷内目录，包括内容顺序号、文件材料题名、原编字号、编制单位、编制日期、页次、备注等。
（3）工程档案卷内备案。使用城建档案案卷审核备考表，内容包括卷内文字材料张数、图样材料张数、照片张数等，以及立卷单位的立卷人、审核人和接收单位的审核人、接收人签字。
城建档案案卷审核备考表的下栏部分由城建档案馆根据案卷的完整及质量情况标明审核意见。

3. 案卷脊背编制

案卷脊背项目有档号、案卷题名，由档案保管单位填写。城建档案的案卷脊背由城建档案馆填写。

六、案卷规格与装订

案卷规格与装订的主要内容，如图10-25所示。

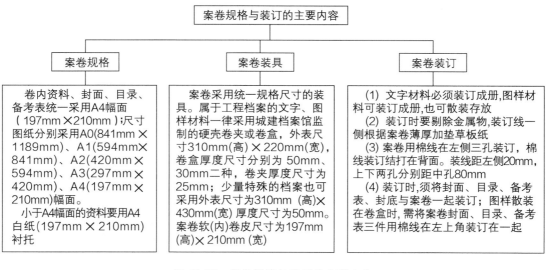

图 10-25　案卷规格与装订的主要内容

第三节 工程资料验收与移交

工程竣工验收前,建设单位(或工程设施管理单位)应组织、督促和协同施工单位检查施工技术资料的质量,不符合要求的,应限期修改、补充,甚至重做。

一、工程资料验收

1. 应验收的工程资料

应验收的工程资料,如图10-26所示。

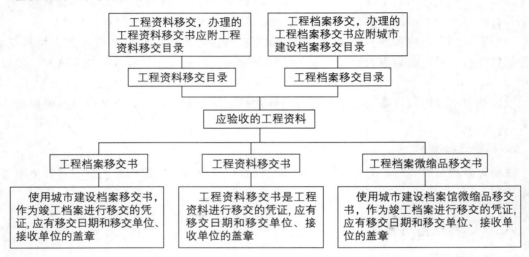

图10-26 应验收的工程资料

2. 工程资料预验收

(1)列入城建档案管理部门档案接收范围的工程,建设单位在组织工程竣工验收前,应提请城建档案管理部门对工程档案进行预验收。建设单位未取得城建档案管理部门出具的认可文件的,不得组织工程竣工验收。

(2)城建档案管理部门在进行工程档案预验收时,应重点验收的内容,如图10-27所示。

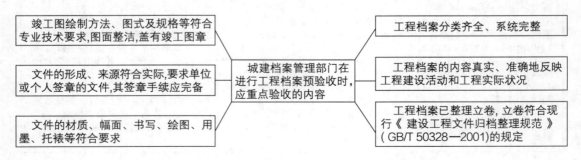

图10-27 城建档案管理部门在进行工程档案预验收时,
应重点验收的内容

工程档案由建设单位进行验收。向地方城建档案管理部门报送工程档案的工程项目，还应会同地方城建档案管理部门共同验收。

（3）国家、省市重点工程项目或一些特大型、大型的工程项目的预验收和验收，必须有地方城建档案管理部门参加。

（4）为确保工程档案的质量，各编制单位、地方城建档案管理部门、建设行政管理部门等要对工程档案进行严格检查、验收。编制单位、制图人、审核人、技术负责人必须进行签字或盖章。对不符合技术要求的，一律退回编制单位进行改正、补齐，问题严重者可令其重做。不符合要求者，不能交工验收。

（5）凡报送的工程档案，如验收不合格将其退回建设单位的，由建设单位责成责任者重新进行编制，待达到要求后重新报送。检查验收人员应对接收的档案负责。

（6）地方城建档案管理部门负责工程档案的最后验收。并对编制报送工程档案进行业务指导、督促和检查。

二、工程资料移交

工程资料移交，如图 10-28 所示。

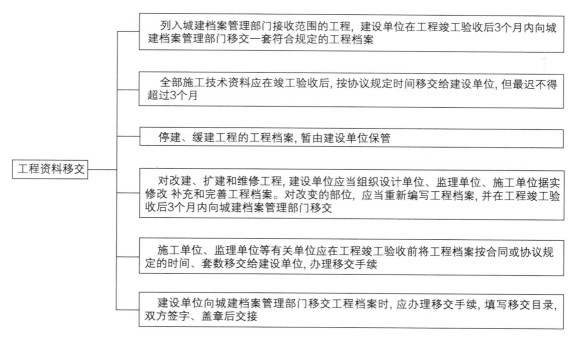

图 10-28　工程资料移交

三、建筑安装施工技术资料移交书与施工技术资料移交明细表

建筑安装施工技术资料移交书见表 10-3。施工技术资料移交明细表见表 10-4。

表 10-3　建筑安装施工技术资料移交书

建筑安装施工技术资料移交书

_____按有关规定向

_____办理

_____工程

施工技术资料移交手续,共计____册,其中文字材料____册、图样材料____册、其他材料____册。

附:移交材料明细表

移交单位（章）：　　　　　接收单位（章）：

单位负责人：　　　　　　　单位负责人：

移交人：　　　　　　　　　接收人：　　　　　　　　移交时间：　　年　月　日

表 10-4　施工技术资料移交明细表

序号	案卷题名	数量						备注
		文件材料		图样材料		其他		
		册	张	册	张	册	张	
1	原材料、半成品、成品出厂证明和试(检)验报告							
2	施工试验报告							
3	施工记录							
4	预检记录							
5	隐检记录							
6	基础结构验收记录							
7	给水排水与采暖工程							
8	电气安装工程							
9	通风与空调工程							
10	电梯安装工程							
11	施工组织设计与技术交底							
12	工程质量验收记录							

续表

序号	案卷题名	数量					备注
		文件材料		图样材料		其他	
		册	张	册	张	册	张	
13	竣工验收资料							
14	设计变更、洽商记录							
15	竣工图							
16	其他							

第四节 工程竣工验收资料

一、工程竣工验收必备条件

（1）已完成设计和合同规定的各项内容。

（2）单位工程所含分部（子分部）工程均验收合格，符合法律、法规、工程建设强制标准、设计文件规定及合同要求。

（3）工程资料符合要求。

（4）单位工程所含分部工程有关安全和功能的检测资料完整；主要功能项目的抽查结果符合相关专业质量验收规范的规定。

（5）单位工程观感质量符合要求。

（6）各专项验收及有关专业系统验收全部通过。

由建设单位负责向有关政府行政主管部门或授权检测机构申请各项专业、系统验收的内容，如图10-29所示。

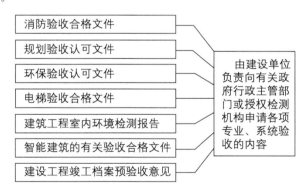

图10-29 由建设单位负责向有关政府行政主管部门或授权检测机构申请各项专业、系统验收的内容

二、竣工验收基础资料

竣工验收基础资料，如图10-30所示。

扫码查看文件

市政工程竣工资料目录

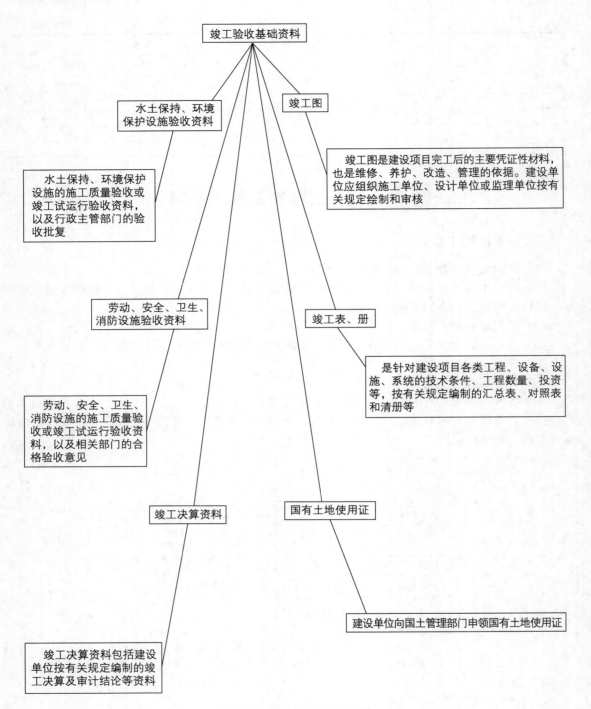

图 10-30 竣工验收基础资料

三、竣工验收工程流程

竣工验收工程流程，如图 10-31 所示。

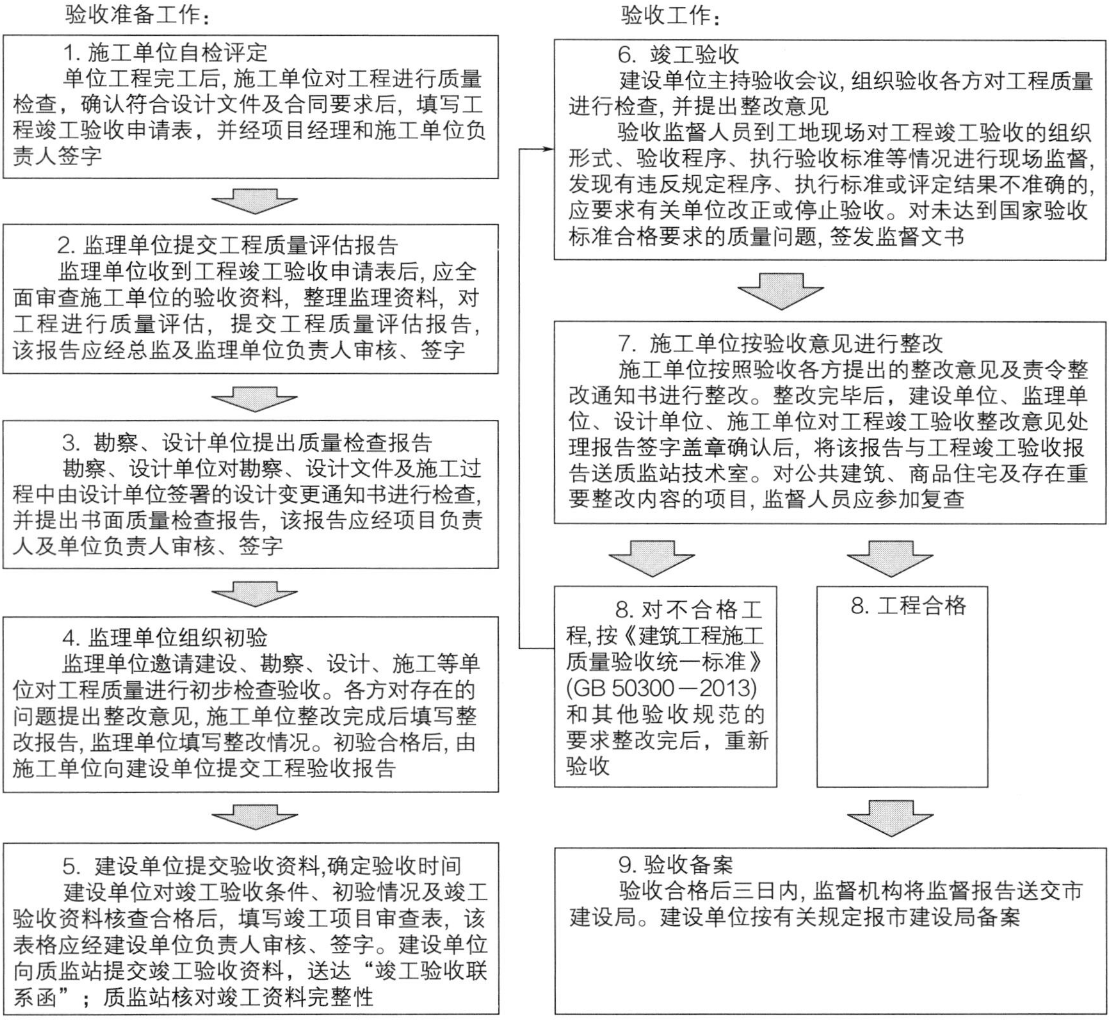

验收准备工作：

1. 施工单位自检评定
　　单位工程完工后，施工单位对工程进行质量检查，确认符合设计文件及合同要求后，填写工程竣工验收申请表，并经项目经理和施工单位负责人签字

2. 监理单位提交工程质量评估报告
　　监理单位收到工程竣工验收申请表后，应全面审查施工单位的验收资料，整理监理资料，对工程进行质量评估，提交工程质量评估报告，该报告应经总监及监理单位负责人审核、签字

3. 勘察、设计单位提出质量检查报告
　　勘察、设计单位对勘察、设计文件及施工过程中由设计单位签署的设计变更通知书进行检查，并提出书面质量检查报告，该报告应经项目负责人及单位负责人审核、签字

4. 监理单位组织初验
　　监理单位邀请建设、勘察、设计、施工等单位对工程质量进行初步检查验收。各方对存在的问题提出整改意见，施工单位整改完成后填写整改报告，监理单位填写整改情况。初验合格后，由施工单位向建设单位提交工程验收报告

5. 建设单位提交验收资料，确定验收时间
　　建设单位对竣工验收条件、初验情况及竣工验收资料核查合格后，填写竣工项目审查表，该表格应经建设单位负责人审核、签字。建设单位向质监站提交竣工验收资料，送达"竣工验收联系函"；质监站核对竣工资料完整性

验收工作：

6. 竣工验收
　　建设单位主持验收会议，组织验收各方对工程质量进行检查，并提出整改意见
　　验收监督人员到工地现场对工程竣工验收的组织形式、验收程序、执行验收标准等情况进行现场监督，发现有违反规定程序、执行标准或评定结果不准确的，应要求有关单位改正或停止验收。对未达到国家验收标准合格要求的质量问题，签发监督文书

7. 施工单位按验收意见进行整改
　　施工单位按照验收各方提出的整改意见及责令整改通知书进行整改。整改完毕后，建设单位、监理单位、设计单位、施工单位对工程竣工验收整改意见处理报告签字盖章确认后，将该报告与工程竣工验收报告送质监站技术室。对公共建筑、商品住宅及存在重要整改内容的项目，监督人员应参加复查

8. 对不合格工程，按《建筑工程施工质量验收统一标准》(GB 50300—2013) 和其他验收规范的要求整改完后，重新验收

8. 工程合格

9. 验收备案
　　验收合格后三日内，监督机构将监督报告送交市建设局。建设单位按有关规定报市建设局备案

图 10-31　竣工验收工程流程

第五节　工程竣工备案管理

　　住房和城乡建设部要求建筑单位应当自竣工验收合格之日起 15d 内，依照《房屋建筑和市政基础设施工程竣工验收备案管理办法》的规定向工程所在地有关机关备案；建设单位在竣工验收合格之日起 15d 内未办理竣工验收备案的，备案机关应责令其限期改正，并处以 20 万元以上 50 万元以下罚款。建设单位采用虚假证明文件办理工程竣工验收备案的，工程竣工验收无效，备案机关应责令停止使用，重新组织竣工验收，并处以 20 万元以上 50 万元以下罚款；构成犯罪的，依法追究刑事责任。

　　（1）建设单位办理工程竣工验收备案应当提交的文件及附表如下。
　　① 工程竣工验收备案表见表 10-5。

表 10-5　房屋建筑工程和市政基础设施工程竣工验收备案表

中华人民共和国住房和城乡建设部制

建设单位名称				
备案日期				
工程名称				
工程地点				
工程规模(建筑面积/m^2)				
结构类型				
工程造价				
工程用途				
开工日期				
竣工验收日期				
施工许可证号				
施工图审查批复编号				
勘察单位名称	(单位全称)		资质等级	
设计单位名称	(单位全称)		资质等级	
施工单位名称	(单位全称)		资质等级	
监理单位名称	(单位全称)		资质等级	
工程质量监督机构名称	区(县)建设工程质量监督站			
竣工验收意见	勘察单位意见	单位(项目)负责人		公章
	设计单位意见	单位(项目)负责人		公章
	施工单位意见	单位(项目)负责人		公章
	监理单位意见	单位(项目)负责人		公章
	建设单位意见	单位(项目)负责人		公章

(1)工程竣工验收报告
(2)工程施工许可证
(3)施工图设计文件审查意见
(4)单位工程质量综合验收文件
(5)市政基础设施的有关质量检测和功能性试验资料
(6)规划、公安消防、环保等部门出具的认可文件或准许使用文件
(7)施工单位签署的工程质量保修书
(8)商品住宅的《住宅质量保证书》和《住宅使用说明书》
(9)法规、规章规定必须提供的其他文件
① 监督站出具的电梯验收准用证
② 燃气工程验收文件
③ 单位工程施工安全评价书
④ 建设工程竣工档案认可书

续表

备案意见	该工程的竣工验收备案文件已于　年　月　日收讫,文件齐全		
备案机关负责人		备案经手人	

备案机关处理意见:

经办人　　　　　　　　　　　　　　　　　　　　　　　　　　（公章）
备案机关负责人　　　　　　　　　　　　　　　　　　　　　　年　月　日

② 建设工程竣工验收报告见表10-6。

表 10-6　建设工程竣工验收报告　　　　　　　　　　　　编号:
单位工程名称:　　　工程
建设工程名称:（单位名称）
竣工验收时间:　年　月　日

建设单位名称			
建筑面积/m²		结构类型、层次	
施工单位名称	（单位全称）		
勘察单位名称	（单位全称）		
设计单位名称	（单位全称）		
监理单位名称	（单位全称）		
工程报建时间	年　月　日	开工时间	年　月　日
工程造价		万元,与付款证明相符合	

工程概况:
(1)工程地址、占地面积、周边环境情况
(2)简要说明工程的立项情况,包括工程投资来源与竣工后的使用用途
(3)工程结构情况
(4)工程配套设施的完善情况
(5)其他应说明的情况

对勘察单位评价:
(1)勘察单位提供的勘察报告是否真实、准确,并为设计单位的工作打下坚实基础
(2)勘察单位能否履行质量责任和义务,服务态度是否良好
(3)勘察单位在工作中存在的不足之处

对设计单位评价:
(1)设计单位提供的设计文件能否满足建设单位需求,图样是否已通过审图机构审查
(2)设计单位对于出具的与设计有关的问题能否及时处理,并提出相应处理方法
(3)设计修改,变更手续和资料是否齐全
(4)设计单位人员履行质量责任和义务是否基本到位,服务质量及态度是否良好
(5)设计单位在工作中存在的不足之处

续表

建设单位名称	

对施工单位评价：
(1)施工单位能否依据设计文件进行施工
(2)施工单位在工程建设过程中能否严格执行与建设有关的法律、法规和工程建设标准强制性条文的要求
(3)工程技术资料汇总是否及时、准确
(4)施工单位能否执行各项质量管理制度和质量责任制
(5)施工单位在工作中存在的不足之处
(6)施工单位的服务质量及态度如何

对监理单位评价：
(1)监理单位能否按照法律、法规、工程建设标准强制性条文、设计文件和合同，严格遵守监理守则对工程进行监理
(2)监理单位能否执行《建设工程监理规范》的要求，正确维护建设单位和承包单位的合法权益
(3)监理单位在工作中存在的不足之处
(4)监理单位的服务质量及态度如何

建设单位执行基本建设程序情况：
(1)工程前期工作如项目审批、规划、用地等工作是否完成，各类资料是否齐全，符合要求
(2)建设单位是否根据相应法律、法规认真选择了相关的参建单位
(3)因为对基本建设程序的熟悉不够，建设单位在工程建设中尚存在以下问题
① 是否存在先开工后报建的现象
② 是否存在审图工作滞后于工程施工现象
建设单位业主意识到违规之行为，将在今后的工程建设中杜绝以上各类现象

工程竣工验收意见：　　　　　　质量等级：合格
(1)工程是否完成设计文件和合同约定的各项内容
(2)建设参与各方的各类资料是否齐全，符合要求
(3)建设行政主管部门及其委托的质量监督部门要求整改的质量问题是否整改完毕
(4)规划、环保、公安消防等部门是否出具认可文件或准许使用文件或相关说明
(5)工程验收组人员是否一致认为该工程通过竣工验收

工程验收结论：
是否符合国家质量标准；能否同意使用；质量等级是否合格。

竣工验收人员签字	验收组职务	姓名	工作单位	技术职称	单位职务
	验收组组长				
	副组长				
	建设单位项目负责人：_____（公章）				
	建设单位法定代表人：_____ 年 月 日				

注：1. 验收组组长必须由建设单位项目负责人担任。
　　2. 副组长及组员可由参与建设的其他部门如设计、施工、监理人员担任。
　　3. 监督人员负责监督整个竣工验收的程序内容，因此不可作为竣工验收人员。
　　4. 建设单位对竣工验收的工程质量全面负责。

③ 法律、行政法规规定应当由规划部门、消防救援机构、环保部门出具的认可文件或准许使用文件见表10-7。

表10-7　环境保护局建设项目验收单　　　　　　　　　　　　编号：

验收单位	
单位地址	

续表

项目批准日期						
新建		基建		技措		其他	

项目生产情况(包括产品名称、年产量、生产流程):

环保部门验收意见

④ 施工单位签署的工程质量保修书见表 10-8。

表 10-8 工程质量保修书

单位工程名称		竣工日期	
建设单位名称	(单位全称)	施工单位名称	(单位全称)

本工程在质量保修期内,如发生质量问题,本单位将按照《建设工程质量管理条例》《房屋建筑工程质量保修办法》的有关规定负责质量保修。属于施工质量问题的,保修费用由本单位承担;属于其他质量问题的,保修费用由责任单位承担。

质量保修范围	在正常使用条件下,建设工程最低保修期限如下: (1)基础设施工程、房屋建筑的地基基础工程和主体结构工程,其最低保修期限为设计文件规定的该工程的合理使用年限____年 (2)屋面防水工程、有防水要求的卫生间、房间与外墙的防渗漏工程,其最低保修期限为五年 (3)供热与制冷系统,其最低保修期限为两个供暖、制冷期 (4)电气管线、给水排水管、设备安装的最低保修期限为两年 (5)装饰工程的最低保修期限为两年 其他:

注:1. 建设工程保修期,自建设单位竣工验收合格之日起计算。
2. 建设工程超过保修期后,应由产权所有人(物业管理单位)进行正常的定期保养与维修。

施工单位	法人代表	(签名)	施工企业(公章) 年 月 日
	项目经理	(签名)	
	保修联系人	(签名)	
	联系电话		
	联系地址、邮编	(详细地址)	

⑤ 施工图设计文件审查意见。
⑥ 单位工程质量综合验收意见。
⑦ 市政基础设施的有关质量检测和功能、性能抽测资料。
⑧ 施工单位签署的工程质量保修书。
⑨ 法规、规章规定必须提供的其他文件,商品住宅还应提交《住宅质量保证书》和《住宅使用说明书》。

(2)建设工程竣工验收备案表及建设工程竣工验收报告(以下简称"两表")填写说明如下。
① "两表"应由建设单位用黑色或蓝黑色钢笔根据表式要求认真填写。
② "两表"中凡涉及单位名称的项目必须完整地填写单位全称并应一致,且应与申请项目立项的名称一致。
③ "两表"中单位工程的面积、结构层数应一致。
④ 工程概况是指工程的基本情况。

⑤ 竣工验收的程序、内容、组织和标准应符合住建部《房屋建筑和市政基础设施工程竣工验收规定》和《建筑工程施工质量验收统一标准》（GB 50300—2013）的有关规定。

⑥ 建设单位对参与工程建设的勘察、设计、施工、监理等单位在工程建设过程中的工作应做出客观、真实的评价，不得主观任意夸大或做出失实的评价。

⑦ 建设单位应严格按照基本建设程序组织工程建设，并将全过程真实反映在建设工程竣工验收报告上。

⑧ 建设单位应明确地给出工程竣工验收意见、质量等级和工程竣工验收结论。

⑨ 竣工验收工作组应由建设单位组织参与工程施工的勘察、设计、施工、监理的工作人员组成，原则上应由建设单位人员担任验收组组长，同时可由1~3名参建单位人员担任副组长。

⑩ 建设单位项目负责人可由建设单位法定代表人担任，或由其委托给本单位的某位工作人员。他们应在建设工程竣工验收报告上签名。

⑪ 建设工程竣工备案表上的工程质量监督机构是指县级以上人民政府建设行政主管部门（建设工程质量监督站）。

⑫ 参与建设的各方必须明确签署工程的质量等级，同时该单位工程的项目负责人与该单位的法定代表应签字负责。

⑬ 建设单位不得在建设工程备案表的第二页上填写任何文字。

（3）备案管理部门收到备案申请后，应审查备案文件是否齐全，并对照工程质量报告予以审查。对符合条件的，备案管理部门应在房屋建筑工程竣工验收备案表上签署同意备案意见；对违反有关规定程序、文件不全、质量不符合国家强制性标准要求的，备案管理部门应要求建设单位限期进行整改，达到要求后，重新申请备案。

（4）备案管理部门发现建设单位在竣工验收过程中有违反国家关于建设质量管理规定行为的，应当在收讫竣工备案文件15d内，责令停止使用，重新组织竣工验收。

（5）竣工验收备案文件齐全，备案管理部门及其工作人员不办理备案手续的，由有关机关责令改正，并对直接责任人员给予行政处分。

（6）备案管理部门收到建设单位报送的竣工验收备案文件，在验证文件齐全后，应在工程竣工验收备案表上签署文件收讫。

工程竣工验收备案表一式两份，一份由建设单位保存，另一份留备案管理部门备案。

（7）对于符合条件、文件完整的房屋建筑工程，建设单位已经提出备案，备案管理部门在规定的时间内未办理备案手续的，建设单位可以依法申请行政复议或提请行政诉讼。

（8）工程质量监督机构应当在工程竣工验收之日起5天内，向备案管理部门提交工程质量监督报告。

一、合格工程竣工验收备案工作程序

合格工程的竣工验收备案工作程序，如图10-32所示。

二、备案制项目竣工资料归档要求

1. 前期资料

备案制项目竣工资料归档的前期资料，如图10-33所示。

2. 设计资料

（1）工程水文、地质勘探报告及地质图。

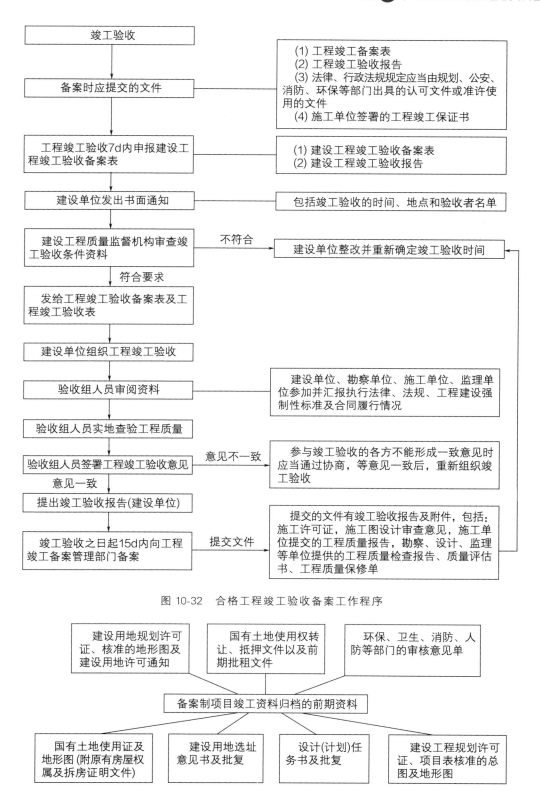

图 10-32　合格工程竣工验收备案工作程序

图 10-33　备案制项目竣工资料归档的前期资料

(2) 工程结构设计计算书及说明书或代保管证明。

3. 施工资料

(1) 开（竣）工报告。
(2) 施工定位测量记录、测量复核单及成果图、规划管理部门放样复核单。
(3) 桩基分项工程质量验收证明书（设计、勘察、施工、监理各单位）。
(4) 打桩记录、桩位测试报告、桩顶标高和偏差实测记录、桩位竣工图。
(5) 地基与基础分部工程质量验收证明书（设计、勘察、施工、监理各单位）。
(6) 主体结构分部工程质量验收证明书（设计、勘察、施工、监理各单位）。
(7) 工程质量事故报告及处理意见书。
(8) 工程沉降、位移观察记录。
(9) 图样交底会议记录、设计变更通知单、技术核定单、业务联系单等。

4. 竣工资料

(1) 建设工程验收报告。
(2) 各专业竣工验收鉴定证书（包括：消防、环保、卫生防疫、环卫、劳动保护、建筑勘察、规划、城建档案等单位）。
(3) 施工单位质量竣工报告（合格证明书），见表10-9。

表10-9 施工单位质量竣工报告（合格证明书）

单位工程名称			
建筑面积		结构类型、层数	
施工单位名称			
施工单位地址			
施工单位邮编			

质量验收意见(应包括下述参考内容)：

(1)施工单位质量责任行为履行情况(如是否依法承揽工程,分包工程签订合同与资质是否相符,是否建立工程质量保证体系,是否建立各级质量责任制及质量控制程序)

(2)本工程是否已按要求完成设计和合同约定的各项内容

(3)在施工过程中,执行强制性标准和强制性条文的情况

(4)施工过程中监理和监督机构提出的要求整改的质量问题是否确已改正,并得到监理等单位认可

(5)工程完工后,企业自检,确认工程是否达到竣工标准,工程质量是否达到合格质量等级,是否满足结构安全和使用功能要求

(6)工程质量保证资料(包括检测报告和功能试验资料)是否基本齐全且已按要求装订成册

(7)建筑物沉降观察成果和倾斜率情况

(8)其他需要说明的情况

项目经理： 年 月 日	施工单位公章
企业质量负责人： (质量科长) 年 月 日	
企业技术负责人： (总工程师) 年 月 日	
企业法人代表： 年 月 日	

(4) 勘察单位工程质量检查报告（合格证明书）见表 10-10。

表 10-10　勘察单位工程质量检查报告（合格证明书）

单位工程名称			
勘察单位名称			
勘察单位地址			
勘察单位邮编		联系电话	

质量验收意见：

项目经理：	年　月　日	
企业质量负责人：	年　月　日	勘察单位公章
企业技术负责人：	年　月　日	
企业法人代表：	年　月　日	

(5) 设计单位工程质量检查报告（合格证明书），见表 10-11。

表 10-11　设计单位工程质量检查报告（合格证明书）

单位工程名称			
设计单位名称			
设计单位地址			
设计单位邮编		联系电话	
设计合理使用年限			
设计允许最终沉降量			

质量验收意见：

项目经理：	年　月　日	
注册建筑师：	年　月　日	设计单位公章
注册结构师：	年　月　日	
单位法人代表：	年　月　日	

(6) 监理单位工程质量检查报告（合格证明书）见表 10-12。

表 10-12　监理单位工程质量检查报告（合格证明书）

单位工程名称			
监理单位名称			
监理单位地址			
监理单位邮编		联系电话	

质量验收意见：
(1)我公司对该工程进行了全过程的全面质量监控，确认工程质量符合法律、法规和工程建设标准强制性条文的要求。
(2)房屋工程有＿＿＿＿、＿＿＿＿、＿＿＿＿、＿＿＿＿、＿＿＿＿、＿＿＿＿、＿＿＿＿、＿＿＿＿，全部达到合格标准，质量保证资料齐全，质量等级合格。

总监理工程师：	年　月　日	监理单位公章

(7) 工程决算（含审价报告）。
(8) 建设工程竣工验收备案表。
(9) 工程现场原地物、地貌，以及建设中和建成后的建筑物的照片与录像。
(10) 工程全套竣工图（新蓝图、红色印泥章、用黑色碳素墨水记注）。

三、影响建设工程竣工验收备案管理效率的主要因素

影响建设工程竣工验收备案管理效率的主要因素,如图10-34所示。

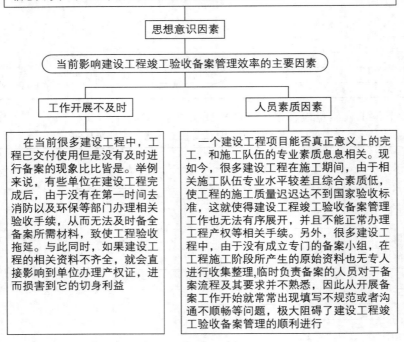

图10-34　影响建设工程竣工验收备案管理效率的主要因素

第六节　建筑工程电子文件与电子档案管理

一、电子文件形成

1. 创建与保存

(1) 形成电子文件时,应根据电子文件的内容及特征,提炼出题名。在业务系统中创建电子文件时,应自动或人工对电子文件命名。

(2) 电子文件形成单位使用的有关业务系统,应具备记录电子文件处理、审批、分发等过程元数据的功能。

(3) 电子文件应以单份文件或一个复合文件为一个保存单位。

(4) 多个具有紧密联系的单份文件可以组合成一个复合文件。组合文件时应符合的规定,如图10-35所示。

(5) 电子文件的形成单位应在其业务系统中对复合文件的每个单份文件建立关联,也可

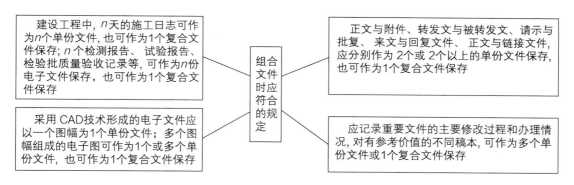

图 10-35 组合文件时应符合的规定

采取下列方式将复合文件联系在一起。

① 将组成复合文件的单份文件保存在同一文件夹内。

② 将组成复合文件的单份文件赋予相同的题名,并在题名后加 01、02、03 等阿拉伯数字加以区分。

(6) 电子文件形成后,不应被非正常修改、获取和删除。

(7) 形成电子文件的业务系统和个人应随时保存电子文件,并根据文件重要程度,定期备份电子文件。

(8) 电子文件的离线备份应存储于移动硬盘、光盘、磁带等能够脱机保存的存储媒体上。

2. 文件分类

(1) 电子文件的形成和积累过程中,应根据文件的内容和性质对电子文件进行分类保存。

(2) 电子文件形成单位应根据本单位的机构设置、工作职能、业务范围、专业性质、工程项目等,预先设置电子文件分类方案。

(3) 电子文件分类方案应根据需要设置 $1\sim n$ 级类目,如图 10-36 所示。类目级别不宜超过 9 级。

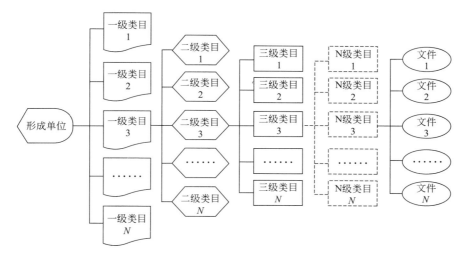

图 10-36 电子文件分类方案层级结构

（4）电子文件分类方案的设计，应统筹考虑文件归档和电子档案管理的要求，与电子档案分类体系一体化设计，并应保持一定的稳定性和连续性。

（5）业务系统和电子文件管理系统，应支持按层级方式来组织分类方案和管理电子文件，并应支持按分类方案中的类目提供元数据描述。

二、电子文件归档

1. 归档范围

（1）电子文件的形成单位应根据业务范围和工作性质，制定本单位电子文件的归档范围和保管期限。

（2）工程电子文件的归档范围应按现行国家标准《建设工程文件归档规范》（GB/T 50328—2014）执行。

（3）业务管理电子文件的归档范围应按国家现行有关规定执行。

2. 归档的电子文件

（1）归档的电子文件应转换为表 10-13 所列的文件格式。

表 10-13　归档电子文件格式

文件类别	格式
文本（表格）文件	OFD、DOC、DOCX、XLS、XLSX、PDF/A、XML、TXT、RTF
图像文件	JPEG、TIFF
图形文件	DWG、PDF/A、SVG
视频文件	AVS、WVI、MPEG2、MPEG4
音频文件	AVS、WAV、AIF、MID、MP3
数据库文件	SQL、DDL、DBF、MDB、ORA
虚拟现实/3D图像文件	WRL、3DS、VRML、X3D、IFC、RVT、DGN
地理信息数据文件	DXF、SHP、SDB

（2）专用软件产生的其他格式的电子文件，应转换成表 10-13 中规定的文件格式。

（3）无法转换的电子文件，应记录足够的技术环境元数据，详细说明电子文件的使用环境和条件。

（4）有条件的电子文件形成单位，应同步归档原始格式的电子文件。

3. 捕获和固化

（1）电子文件的形成单位应建立电子文件管理系统，并应按现行行业标准《建设电子档案元数据标准》（CJJ/T 187—2012）中的规定，对业务系统以及其他应用软件、操作系统环境中形成的电子文件及其元数据进行捕获和登记。

（2）电子文件的捕获范围不应小于归档范围。捕获的电子文件应转换成表 10-13 中规定的文件格式。

（3）电子文件管理系统应自动捕获电子文件的层级、标识、题名、责任者、分类、日期、数量或大小等元数据。

（4）对归档的电子文件应进行固化处理。固化处理可采用下列方式。

① 采用可靠的电子签名技术。

② 采用封装技术。

4. 整理

（1）归档前应对纳入归档范围的电子文件进行整理。文件整理的程序，如图 10-37 所示。

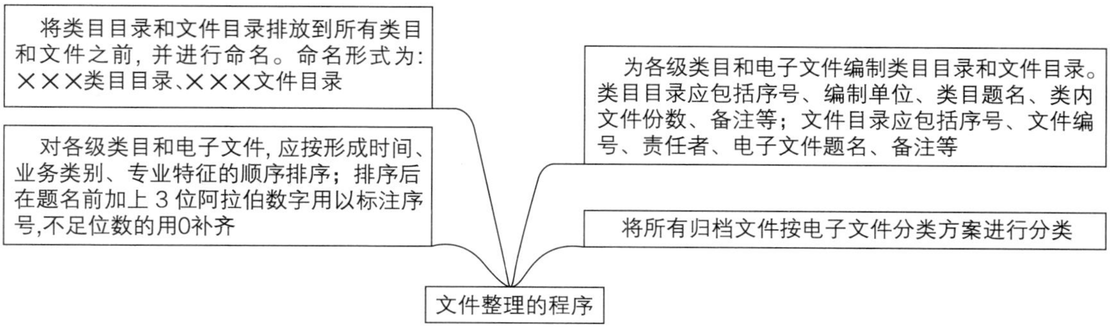

图 10-37　文件整理的程序

（2）电子文件形成单位的业务系统应设置归档整理功能，并能按预先设置的电子文件分类方案，对各级类目和文件的元数据进行捕获和整理。

5. 归档要求

归档要求如图 10-38 所示。

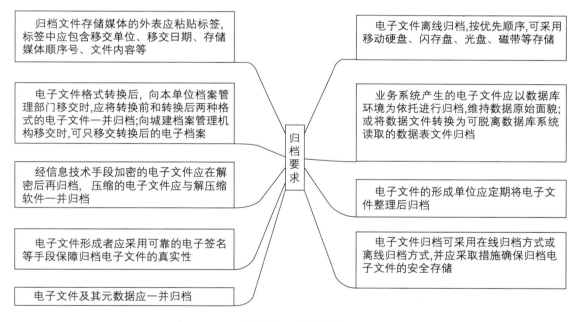

图 10-38　归档要求

6. 检测

（1）在归档工作的环节（图 10-39）中，电子文件的交接双方均应对电子文件进行检测，检测合格后方可归档交接。

（2）对电子文件的检测，应从可用性、完整性、安全性等方面展开，并应符合下列规定。

① 对电子文件可用性的检测，应重点检测的内容，如图 10-40 所示。
② 对电子文件完整性的检测，应重点检测的内容，如图 10-41 所示。
③ 对电子文件安全性的检测，应重点检测的内容，如图 10-42 所示。

（3）电子文件主要技术指标的检测结果应符合的规定，如图 10-43 所示。

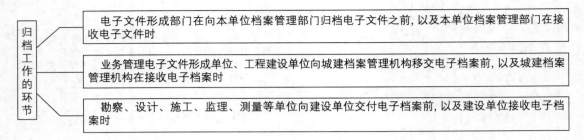

图 10-39　归档工作的环节

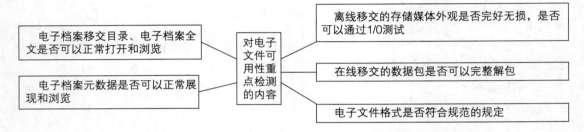

图 10-40　对电子文件可用性重点检测的内容

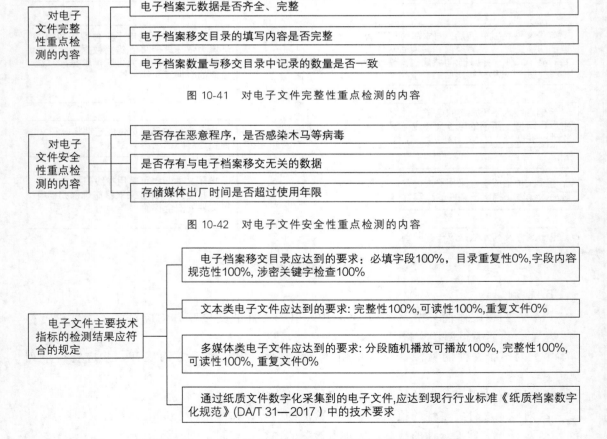

图 10-41　对电子文件完整性重点检测的内容

图 10-42　对电子文件安全性重点检测的内容

图 10-43　电子文件主要技术指标的检测结果应符合的规定

三、电子档案移交和接收

1. 移交

(1) 业务管理电子文件形成单位应按有关规定,每1~5年定期向城建档案管理机构移交电子档案。

(2) 列入城建档案管理机构接收范围的建设工程,建设单位应按规定向城建档案管理机构移交一套符合要求的工程电子档案。建设单位组织工程竣工验收前,当地城建档案管理机构应对工程电子档案进行预验收。

(3) 电子档案移交方式,可采用在线或离线的方式进行,交接双方可根据实际情况选择确定。

(4) 对扩建、改建和维修工程,建设单位应组织设计单位、施工单位、监理单位将工程中产生的电子档案向城建档案管理机构移交。

(5) 移交的电子档案的存储格式和存储媒体应符合规范的规定。

(6) 电子档案移交之前,移交单位应确定电子档案的密级。属于国家秘密的电子档案应使用专用保密存储媒体存储,并应按国家现行有关保密规定办理移交手续。

(7) 电子档案移交之前,移交单位应对准备移交的电子档案进行检测,全部合格后方可移交。

2. 接收

(1) 接收电子档案时,接收单位应对电子档案进行检测。检测内容与要求应符合规范的要求。检测不合格的,应退回移交单位重新处理。

(2) 接收和移交电子档案应办理交接手续,交接手续应符合的规定,如图10-44所示。

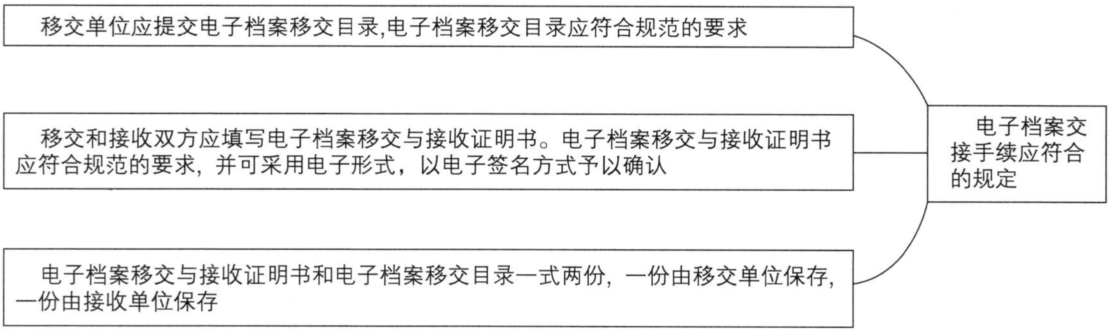

电子档案交接手续应符合的规定
移交单位应提交电子档案移交目录,电子档案移交目录应符合规范的要求
移交和接收双方应填写电子档案移交与接收证明书。电子档案移交与接收证明书应符合规范的要求,并可采用电子形式,以电子签名方式予以确认
电子档案移交与接收证明书和电子档案移交目录一式两份,一份由移交单位保存,一份由接收单位保存

图10-44 电子档案交接手续应符合的规定

四、电子档案保管

1. 存储与备份

(1) 电子档案保管单位应对在线存储和离线存储的电子档案进行保管,应配备符合规定的计算机房、硬件设备、信息管理系统和网络设施,实现对电子档案的有效管理。

(2) 保管电子档案存储媒体应符合的规定,如图10-45所示。

(3) 电子档案保管单位应定期检查电子档案的读取和处理设备。设备环境更新时,应确认电子档案存储媒体与新设备的兼容性,如不兼容,应进行存储媒体转换,原存储媒体保留时间不应少于3年。

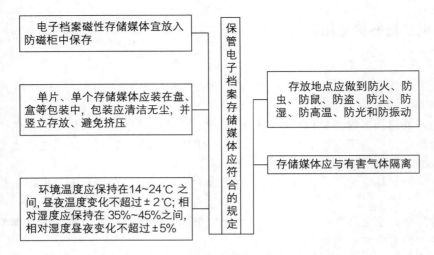

图 10-45　保管电子档案存储媒体应符合的规定

（4）电子档案保管单位应对保存的电子档案进行定期检查。检查应符合的规定，如图 10-46 所示。

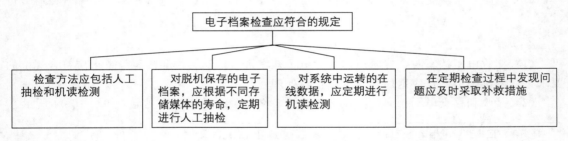

图 10-46　电子档案检查应符合的规定

（5）对脱机备份的电子档案，电子档案保管单位宜根据存储媒体的寿命，定期转存电子档案。转存时应进行登记，登记内容应按规范的规定填写。

（6）城建档案管理机构应定期备份电子档案。备份应符合下列规定。

① 应采取本地备份和异地备份并行的工作策略。

② 应同时备份保障数据恢复的管理系统与应用软件。

（7）对电子档案内容的备份可根据实际情况选择完全备份、差异备份或增量备份。

（8）备份方式可采用数据脱机备份或数据热备份；数据热备份所采用的网络应确保数据安全。

（9）对于备份的数据每年应安排一次恢复演练，备份数据应可恢复。

2. 迁移

电子档案的迁移要求，如图 10-47 所示。

3. 安全保护

（1）电子文件管理系统和城建档案信息管理系统的安全等级保护定级工作，应符合国家相关规定的要求。

（2）电子档案保管单位应采取下列措施满足电子档案的基本安全要求。

① 技术上应对电子档案管理系统的网络安全、设备安全、系统安全、应用安全和数据安全等进行保护。

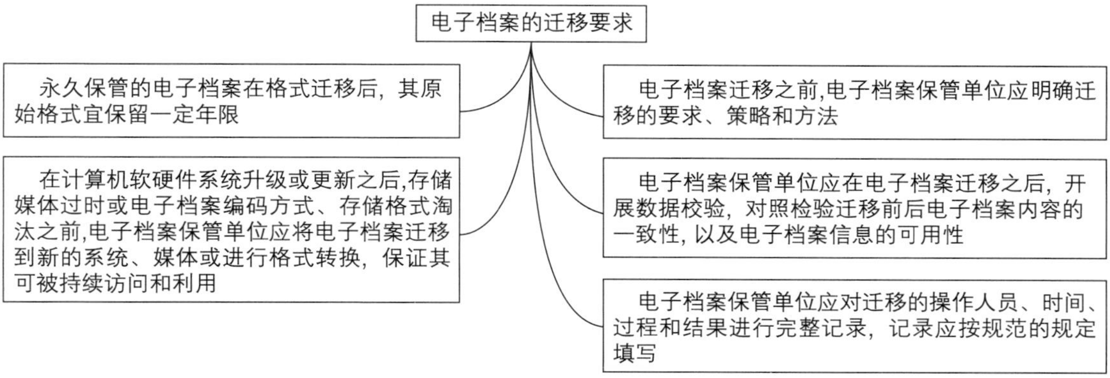

电子档案的迁移要求

- 电子档案迁移之前，电子档案保管单位应明确迁移的要求、策略和方法
- 永久保管的电子档案在格式迁移后，其原始格式宜保留一定年限
- 在计算机软硬件系统升级或更新之后，存储媒体过时或电子档案编码方式、存储格式淘汰之前，电子档案保管单位应将电子档案迁移到新的系统、媒体或进行格式转换，保证其可被持续访问和利用
- 电子档案保管单位应在电子档案迁移之后，开展数据校验，对照检验迁移前后电子档案内容的一致性，以及电子档案信息的可用性
- 电子档案保管单位应对迁移的操作人员、时间、过程和结果进行完整记录，记录应按规范的规定填写

图 10-47　电子档案的迁移要求

② 管理上应制定运行维护和安全管理制度，设置安全管理岗位，落实计算机房日常管理、系统运行安全等责任保障机制。

(3) 电子档案存储媒体运行和保管的环境应符合现行国家标准《计算机场地通用规范》(GB/T 2887—2011)和《计算机场地安全要求》(GB/T 9361—2011)的规定。

(4) 电子档案保管单位应根据网络设施、系统主机和信息应用，采取身份鉴别、访问控制、资源控制、安全审计、边界完整性检查、入侵防范、恶意代码防范、剩余信息保护、通信完整性、通信保密性、抗抵赖、软件容错等保护信息安全的措施。

(5) 电子档案保管单位应制定电子签名管理制度，加强对电子印章的管理。

4. 鉴定销毁

(1) 电子档案保管单位对电子档案的鉴定应包括下列内容。

① 对保管期满的档案重新判断保存价值，确无继续保存价值的，列入销毁范围；仍有保存和利用价值的，列入续存范围。

② 对保密期满的电子档案进行解密。

(2) 电子档案鉴定应按国家关于档案鉴定销毁的有关规定和本单位档案归档范围及保管期限表执行，并应按程序办理，如图 10-48 所示。

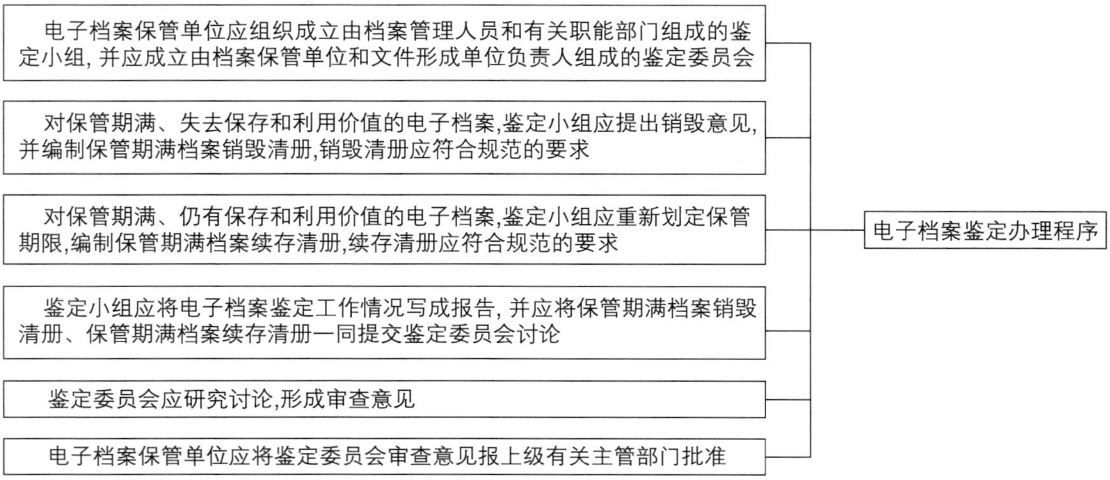

电子档案鉴定办理程序

- 电子档案保管单位应组织成立由档案管理人员和有关职能部门组成的鉴定小组，并应成立由档案保管单位和文件形成单位负责人组成的鉴定委员会
- 对保管期满、失去保存和利用价值的电子档案，鉴定小组应提出销毁意见，并编制保管期满档案销毁清册，销毁清册应符合规范的要求
- 对保管期满、仍有保存和利用价值的电子档案，鉴定小组应重新划定保管期限，编制保管期满档案续存清册，续存清册应符合规范的要求
- 鉴定小组应将电子档案鉴定工作情况写成报告，并应将保管期满档案销毁清册、保管期满档案续存清册一同提交鉴定委员会讨论
- 鉴定委员会应研究讨论，形成审查意见
- 电子档案保管单位应将鉴定委员会审查意见报上级有关主管部门批准

图 10-48　电子档案鉴定办理程序

(3)对批准销毁的电子档案应在档案管理系统中删除相关数据,对光盘等存储媒体应进行物理销毁,销毁清册应永久保存。

(4)非保密建设电子档案可进行逻辑删除。属于保密范围的电子档案被销毁时,按《中华人民共和国保守国家秘密法》中的有关规定执行。

五、电子档案利用

有关电子档案利用的说明,如图10-49所示。

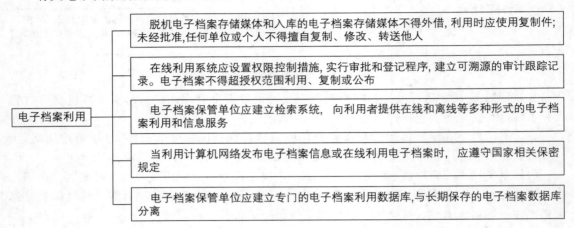

图10-49 电子档案利用

六、其他

1. 归档文件存储媒体的标签

归档文件存储媒体的标签上应包含移交单位、移交日期、媒体顺序号、文件内容和格式等信息,标签式样宜符合表10-14的规定。

表10-14 归档文件存储媒体标签式样

移交单位			
移交日期		储存媒体顺序号	
文件内容			
文件格式			

2. 电子档案移交目录

电子档案移交目录中应包括序号、文件类别、文件题名、文件编号、责任者、日期、备注等内容,移交目录式样应符合表10-15的规定。

表10-15 电子档案移交目录式样

序号	文件类别	文件题名	文件编号	责任人	日期	备注

电子档案移交目录的填写应符合的规定,如图10-50所示。

3. 电子档案移交与接收证明书

电子档案移交与接收证明书应包括所交接电子档案的基本情况和交接双方的单位名称及

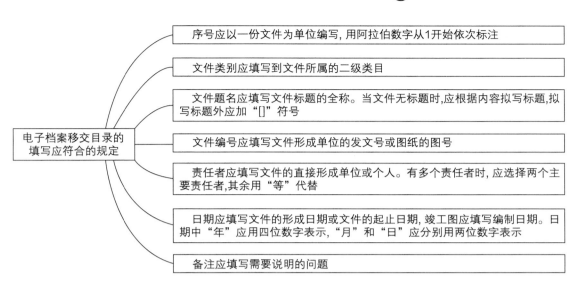

图 10-50　电子档案移交目录的填写应符合的规定

签章等内容，其式样见表 10-16。

表 10-16　电子档案移交与接收证明书式样

电子档案基本情况	
档案内容	
移交档案数量/件（份）	
移交档案数据量/G	
移交媒体的类型、规格、数量	
附：移交目录	
交接双方单位名称	
移交单位	接收单位
代表人： 单位盖章　　　　年　月　日	代表人： 单位盖章　　　　年　月　日

电子档案与接收证明书的填写应符合的规定，如图 10-51 所示。

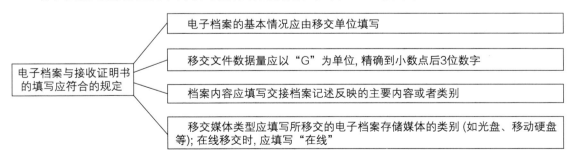

图 10-51　电子档案与接收证明书的填写应符合的规定

4. 电子档案转存登记表

电子档案转存登记表见表 10-17。

表 10-17　电子档案转存登记表

原存储媒体转存登记	原存储媒体类型和数量： 档案容量： 档案内容描述：
存储媒体更新与兼容性检测登记	转存后的存储媒体类型和数量： 档案容量和内容校验： 转存后的存储媒体兼容性检测：

填表人(签名)　　　年　月　日	审核人(签名)　　　年　月　日	单位(盖章)　　　年　月　日

5. 电子档案迁移登记表

电子档案迁移登记表见表10-18。

表 10-18　电子档案迁移登记表

原系统设备情况	系统软件： 应用软件： 存储设备：
目标系统设备情况	硬件系统： 系统软件： 应用软件： 存储设备：
被迁移电子档案情况	原格式： 目标格式： 迁移数量： 迁移时间：
迁移检测情况	硬件系统查验： 系统软件查验： 应用软件查验： 存储媒体查验： 电子档案内容查验： 电子档案形态查验：

迁移者(签名)　　　年　月　日	迁移检验者(签名)　　　年　月　日	单位(盖章)　　　年　月　日

6. 保管期满档案销毁清册

保管期满档案销毁清册式样见表10-19。

表 10-19　保管期满档案销毁清册式样

序号	文件档号	文件题名	文件编号	责任者	日期	保管到期日	销毁意见	鉴定人

保管期满档案销毁清册内容的填写应符合的规定，如图10-52所示。

7. 保管期满档案续存清册

保管期满档案续存清册式样见表10-20。

保管期满档案销毁清册内容的填写应符合的规定：
- 文件题名应填写文件标题的全称。当文件无标题时,应根据内容拟写标题,拟写标题外应加"[]"符号
- 序号应以一份文件为单位编写,用阿拉伯数字从1开始依次标注
- 文件编号应填写文件形成单位的发文号或图纸的图号
- 保管到期日应填写文件保管到期的年、月、日
- 销毁意见应填写"销毁"
- 鉴定人应填写主要的鉴定工作人员
- 文件档号应填写档案保管单位所赋予的编码
- 责任者应填写文件的直接形成单位或个人。有多个责任者时,应选择两个主要责任者,其余用"等"代替
- 日期应填写文件的形成日期或文件的起止日期,竣工图应填写编制日期。日期中"年"应用四位数字表示,"月"和"日"应分别用两位数字表示

图 10-52　保管期满档案销毁清册内容的填写应符合的规定

表 10-20　保管期满档案续存清册式样

序号	文件档号	文件题名	文件编号	责任者	日期	保管到期日	重新划定的保管期限	鉴定人

第十一章

工程监理资料管理

第一节 监理月报

项目监理部每月以监理月报的形式向建设单位报告本月的监理工作情况，使建设单位了解工程的基本情况，同时掌握工程进度、质量、投资，以及施工合同的各项目标完成的监理控制情况。

一、监理月报的封面及内容

1. 工程概况

（1）工程基本情况，如图 11-1 所示。

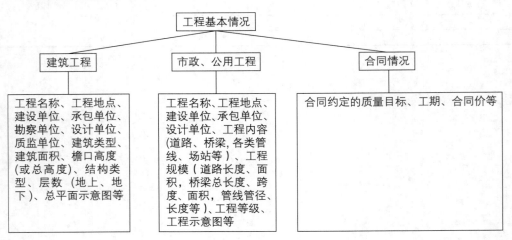

图 11-1　工程基本情况

（2）施工基本情况，如图 11-2 所示。

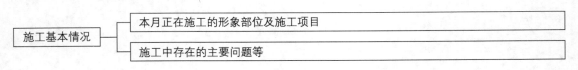

图 11-2　施工基本情况

2. 工程进度

工程进度，如图 11-3 所示。

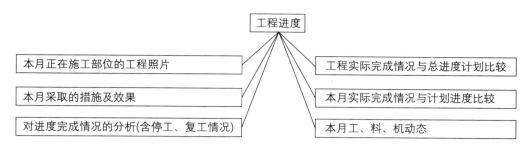

图 11-3 工程进度

3. 工程质量

关于工程质量的内容，如图 11-4 所示。

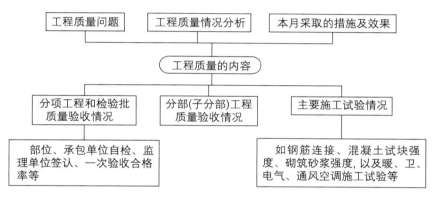

图 11-4 工程质量的内容

4. 工程计量与工程款支付

工程计量与工程款支付的内容，如图 11-5 所示。

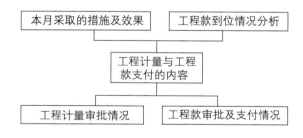

图 11-5 工程计量与工程款支付的内容

5. 构配件与设备

构配件与设备的内容，如图 11-6 所示。

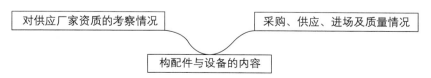

图 11-6 构配件与设备的内容

6. 合同其他事项的处理情况

合同其他事项的处理情况，如图 11-7 所示。

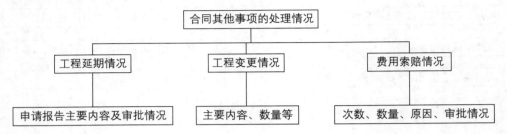

图 11-7 合同其他事项的处理情况

7. 天气对施工影响的情况

影响天数及施工部位。

8. 本月监理工作小结

本月监理工作小结的内容，如图 11-8 所示。

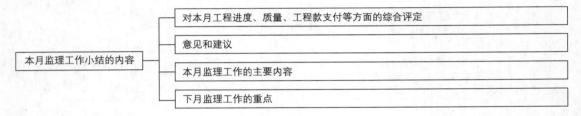

图 11-8 本月监理工作小结的内容

二、监理月报的编制

1. 工程概况

（1）工程基本情况表，见表 11-1。

表 11-1 工程基本情况表

工程名称					
工程地点					
工程性质					
建设单位					
勘察单位					
设计单位					
承包单位					
质监单位					
开工日期		竣工日期		工期天数	
质量目标		合同价款		承包方式	

（2）工程项目一览表，见表 11-2。

表 11-2　工程项目一览表

单位工程名称	建筑面积/m²	结构类型	地上/地下层数	檐高/m	基础及埋深	设备安装	工程造价
工程施工基本情况							

2. 承包单位项目组织系统

（1）承包单位组织框图及主要负责人：用框图表示承包单位项目经理部主要组成人员的组织系统及人员姓名、职务，并简要介绍承包单位的资质等级、过去的工程业绩，以及项目经理部各主要负责人的资格证书和职称等主要情况。

（2）主要分包单位承担分包工程的情况；主要分包单位承担分包工程的情况统计表见表 11-3。

表 11-3　主要分包单位情况统计表

对别	人数（持证人数）	工种	分包工程名称、范围

3. 工程进度

（1）工程实际完成情况与总进度计划的比较，见表 11-4。

表 11-4　工程实际完成情况与总进度计划比较表

序号	分部工程名称	＿＿年												＿＿年											
		1	2	3	4	5	6	7	8	9	10	11	12	1	2	3	4	5	6	7	8	9	10	11	12

━━计划进度━实际进度

（2）本月实际完成情况与总进度计划的比较，见表 11-5。

表 11-5　本月实际完成情况与总进度计划比较表

序号	分项工程名称	＿＿月										＿＿月														
		26	27	28	29	30	31	1	2	3	4	5	6	7	8	9	10	11	12	13	14	15	16	17	18	19	20	21	22	23	24	25

续表

序号	分项工程名称	日期 ___月						___月																						
		26	27	28	29	30	31	1	2	3	4	5	6	7	8	9	10	11	12	13	14	15	16	17	18	19	20	21	22	23	24	25

———计划进度———实际进度   编制人：

(3) 本月工、料、机的动态见表11-6。

表11-6 工、料、机动态

人工	工种					其他	总人数
	人数						
	持证人数						
主要材料	名称	单位	上月库存量	本月进厂量	本月库存量	本月消耗量	
主要机械	名称	生产厂家		规格型号		数量	

4. 编制监理月报的基本要求

编制监理月报的基本要求，如图11-9所示。

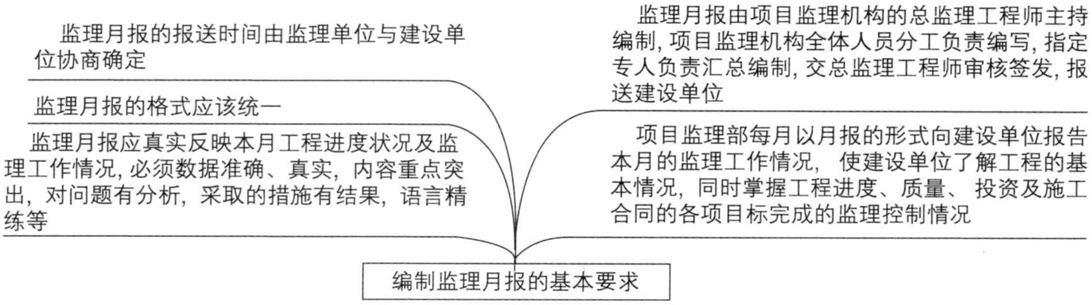

编制监理月报的基本要求

- 监理月报的报送时间由监理单位与建设单位协商确定
- 监理月报的格式应该统一
- 监理月报应真实反映本月工程进度状况及监理工作情况，必须数据准确、真实，内容重点突出，对问题有分析，采取的措施有结果，语言精练等
- 监理月报由项目监理机构的总监理工程师主持编制，项目监理机构全体人员分工负责编写，指定专人负责汇总编制，交总监理工程师审核签发，报送建设单位
- 项目监理部每月以月报的形式向建设单位报告本月的监理工作情况，使建设单位了解工程的基本情况，同时掌握工程进度、质量、投资及施工合同的各项目标完成的监理控制情况

图 11-9　编制监理月报的基本要求

5. 监理月报的编制依据

监理月报的编制依据，如图 11-10 所示。

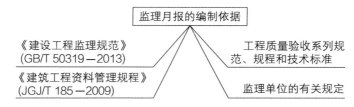

监理月报的编制依据：
- 《建设工程监理规范》（GB/T 50319—2013）
- 《建筑工程资料管理规程》（JGJ/T 185—2009）
- 工程质量验收系列规范、规程和技术标准
- 监理单位的有关规定

图 11-10　监理月报的编制依据

三、监理月报实例

监理月报实例如下所示。

××××人民医院新住院大楼建设工程项目

监 理 月 报

GD-B1-220□□□

（第一期）

2018 年 07 月 13 日至 2018 年 07 月 31 日

项目总监（签名）：

××××工程管理有限公司
××××人民医院新住院大楼建设工程项目监理部
签发日期：2018 年 8 月 5 日

1. 本月工程质量实施情况

GD-B1-220/1
监理月报表1

(1)本月主要管理人员到位情况
项目经理：☑到位　　□不到位　　□其他   项目技术负责人：☑到位　　□不到位　　□其他   项目总监：☑到位　　□不到位　　□其他   专业监理工程师：☑到位　　□不到位　　□其他
(2)本月质量管理文书收发情况
本月监理单位共签发质量整改通知书<u>壹</u>份,工程暂停令<u>/</u>份,未得到落实<u>/</u>份;审批专项施工方案<u>五</u>份   收到质监机构监督文书<u>贰</u>份,未得到落实<u>/</u>份   备注：
(3)本月工程材料进退场及检验检测情况
本月进场材料、设备、构配件,共<u>五</u>批,签发材料报审表<u>五</u>份,见证送检<u>六</u>次。退场材料<u>/</u>批,退场原因为<u>无</u>。   混凝土试压件、砂浆试块留置情况说明：支护桩混凝土留置154组,符合规范要求   标准混凝土试压件：<u>154</u>组   同条件养护混凝土试压件：<u>/</u>组   抗渗混凝土试压件：<u>/</u>组   砂浆试块：<u>/</u>组   本月取回检测(试验)报告<u>/</u>份,结果不合格<u>/</u>份   不合格原材料、试压件、试块复检,销案情况说明：无
(4)本月工程主要检测项目情况说明
无
(5)本月主要隐蔽工程、主要分部分项工程质量验收情况
基础围护桩钢筋笼制作安装,质量验收合格
(6)本月质量缺陷或质量隐患处理情况
① 支护桩钢筋笼箍筋焊点不符合设计及施工规范规定,已按要求整改到位   ② 支护桩外露锚固钢筋长度部分不符合设计图纸要求,已按要求整改到位   ③ 附属临建工程栈桥建设过程中,工字钢构件焊接焊缝不符合设计图纸要求,已按要求整改到位

2. 本月工程进度实施情况

GD-B1-220/2
监理月报表 2

(1)本月施工进度完成情况或形象部位 本月主要工作有支护桩、冠梁、基坑土石方开挖外运、栈桥施工 ① 基坑支护桩工程施工已全部完成 ② 冠梁工程施工已完成 66% ③ 基坑土方第一层土方开挖外运总量约 45000m³，本月实际完成量为 45000m³，累计占总量的 25% ④ 栈桥工程施工已完成 33%
(2)对上月采取纠偏措施的效果 基础支护桩钢筋笼螺旋箍筋焊点及支护桩外露锚固钢筋长度不符合设计及施工规范规定；经监理部责令现场施工作业人员采取有效措施整改后效果较好
(3)本月施工进度偏差情况及原因分析 本月施工进度，基础支护桩工程基本按原计划完成；基坑开挖土方外运未能按施工进度计划的每天出土方量完成。主要原因有：运输时间管制，严重影响外运出土量，造成土方外运施工进度滞后；附属栈桥工程施工进度未按原计划完成；近期天气炎热，施工方人、材、机的投入不足，严重影响施工进度。
(4)下月计划进度安排及拟采取的纠偏措施和对策 ① 冠梁工程全部完成 ② 第二层土方外运、第三次石方破除外运完成 75% ③ 锚索施工完成 35% ④ 喷锚施工完成 20% ⑤ 腰梁吊装完成 30% ⑥ 栈桥立柱、底板和顶板安装全部完成

3. 本月工程进度款支付实施情况

GD-B1-220/3
监理月报表 3

(1)工程进度款审批情况
本月无工程进度款申请审批
(2)工程进度款实际支付情况
无
(3)费用索赔
无

4. 合同及其他事项的处理情况

GD-B1-220/4
监理月报表 4

(1)工程变更
本月监理单位共收到设计变更通知 <u>2</u> 份,总监理工程师签认 <u>2</u> 份,签名盖章不齐全 <u>0</u> 份。☑一般变更;□结构;□建筑;□给排水;□电气;☑其他
备注:
□重大结构变更;涉及重大结构变更的主要内容:□基础形式;□面积;□层数;□层高;□节能;□其他
备注:
重大结构变更施工前是否进行正常的重新审图备案:□是;□否
重大结构变更施工前监理单位有无发出监理通知书要求进行正常的重新审图备案:☑是;□否
重大结构变更是否已施工:□是;□否
(2)工程延期
无
(3)费用索赔
无

5. 现场安全生产与文明施工实施情况

GD-B1-220/5
监理月报表 5

总体描述:
施工现场无重大安全事故发生,本月安全生产情况评价为合格
存在问题:
基础冠梁临边安全防护未能及时采取有效措施落实
处理措施:
基坑土方开挖后,基坑周边安全防护应及时加装安全防护栏,消除安全隐患

6. 工地协调及其他重大事项

GD-B1-220/6
监理月报表 6

总体描述:
基础围护桩施工及基坑开挖土方施工过程中应严格按施工规范规定及设计图纸要求进行各项工序的施工作业。基础围护桩施工工期应按要求完成。基坑开挖土方出土方案施工单位应严格按编制方案执行。施工降水签证业主代表、监理单位人员进行记录。基坑土方量属强、中风化层(石方)以现场实测为准,监理单位人员及施工单位测量人员绘制网络图及影像等资料作为依据材料。桥上坐标点移至固定物,由施工方自行解决。以上为工程建设过程中存在需协调的相关事宜。确保施工质量、安全,加大人、材、机械设备投入,加快施工进度,使工程建设顺利进行,达到预期目标。

7. 有关建议和下月监理工作重点

GD-B1-220/7
监理月报表 7

(1) 有关本工程的建议：
基坑土方量开挖运输出土应按原计划施工进度控制，加快实施完成
(2) 下月监理工作重点：
施工单位建设本工程应保质量、保安全、保进度。工程建设过程中存在的安全隐患应逐一落实整改。基坑土方外运输出土施工计划应编制周密，特别土方开挖应科学安排。基坑围护桩腰梁施工材料、施工人员应提前准备好，提高工作效率保证工程质量。栈道施工进度应加快，无障碍施工应组织人员加快施工

第二节 监理会议纪要

一、监理会议的类型

凡是由项目监理机构主持召开的会议，均称为监理会议，包括监理例会、专业技术讨论会、施工方案研究会、各种形式的协调会等专题工地会议。这些会议都要写出会议纪要。

二、监理例会会议

监理例会由项目监理机构总监理工程师主持，并指定一名监理工程师记录参加例会人员的发言内容。在正式开会前，由项目监理机构总监代表负责组织参加会议的各方人员签到。会议纪要的主要内容，如图 11-11 所示。

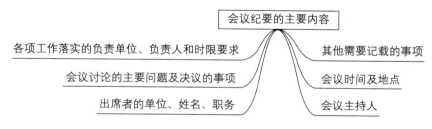

图 11-11 会议纪要的主要内容

1. 会议纪要的审签、打印和发放事项

会议纪要的审签、打印和发放事项，如图 11-12 所示。

2. 第一次工地会议

第一次工地会议是在中标通知书发出后，监理工程师准备发出开工通知前召开。目的是检查工程的准备情况（含各方机构、人员），以确定开工日期，发出开工令。第一次工地会议对顺利实施工程建设监理具有重要的作用，总监理工程师应十分重视。为了开好第一次工地会议，总监理工程师应在做好充分准备的基础上，在正式开会之前用书面形式将会议议程有关事项以及需要准备的内容通知业主和承包商，使各方都做好充分的准备。

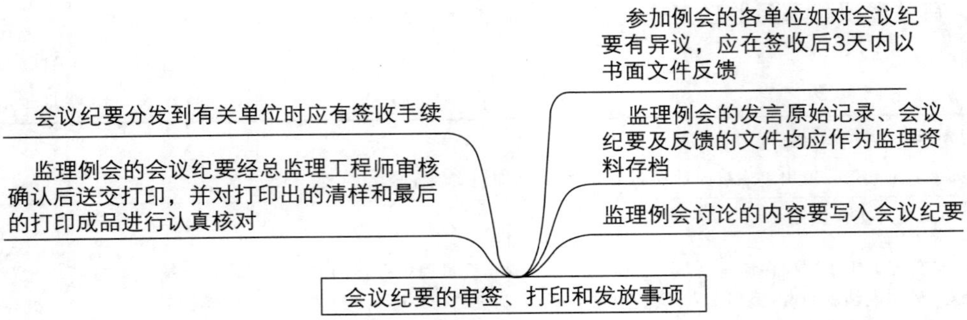

```
                                        参加例会的各单位如对会议纪
                                        要有异议，应在签收后3天内以
                                        书面文件反馈
       会议纪要分发到有关单位时应有签收手续
                                        监理例会的发言原始记录、会议
       监理例会的会议纪要经总监理工程师审核        纪要及反馈的文件均应作为监理资
       确认后送交打印，并对打印出的清样和最后      料存档
       的打印成品进行认真核对
                                        监理例会讨论的内容要写入会议纪要

                   会议纪要的审签、打印和发放事项
```

图 11-12　会议纪要的审签、打印和发放事项

会议准备的内容。第一次工地会议由总监理工程师主持，业主、承包商、指定分包商、专业监理工程师等参加，各方准备工作的内容如下。

（1）监理单位准备工作的内容包括：现场监理组织的机构框图及各专业监理工程师、监理人员名单与职责范围，监理工作的例行程序及有关表达说明。

（2）业主准备工作的内容包括：派驻工地的代表名单和业主的组织机构，工程占地、临时用地、临时道路、拆迁以及其他与工程开工有关的条件，施工许可证、执照的办理情况，资金筹集情况，施工图样及其交底情况。

（3）承包商准备工作的内容包括：工地组织机构图表，参与工程的主要人员名单以及各种技术工人和劳动力进场计划表，用于工程的材料、机械的来源及落实情况，供料计划清单，各种临时设施的准备情况、临时工程建设计划，试验室的建立或委托试验室的资质、地点等情况，工程保险的办理情况、有关已办手续的副本，现场的自然条件、图样、水准基点及主要控制点的测量复核情况，为监理工程师提供的设备准备情况，施工组织总设计及施工进度计划，与开工有关的其他事项。

第一次工地会议应包括的主要内容，如图 11-13 所示。

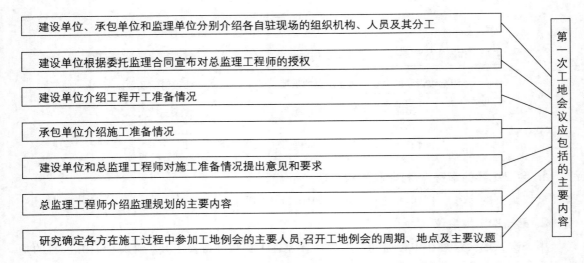

图 11-13　第一次工地会议应包括的主要内容

监理工程师需要将会议全部内容整理成纪要文件。纪要文件应包括的内容，如图 11-14 所示。

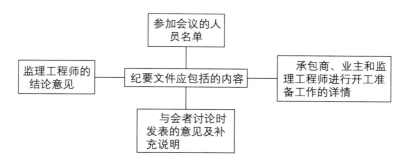

图 11-14　纪要文件应包括的内容

3. 经常性工地会议

经常性工地会议（或工地例会）是在开工以后，按照协商的时间，由监理工程师定期组织召开的会议。它是监理工程师对工程建设过程进行监督协调的有效方式。它的主要目的是分析、讨论工程建设中的实际问题，并做出决定。为了使经常性工地会议具有成效，一般应注意以下几个环节。

（1）会议参加者：在开会前由监理工程师通知有关人员参加，主要人员不得缺席。会议参加人员，如图11-15 所示。

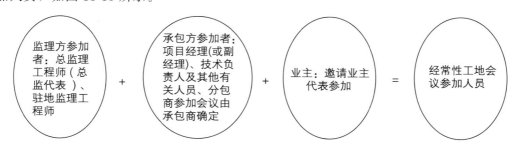

图 11-15　经常性工地会议参加人员

在某些特殊情况下，还可邀请其他有关单位参加会议。

（2）会议资料的准备：会议资料的准备是开好经常性工地会议的重要基础，参会者务必提前做好准备。

① 监理工程师应准备以下资料：上次工地会议的记录、承包商对监理程序执行情况的分析资料、施工进度的分析资料、工程质量情况及有关技术问题的资料、合同履行情况分析资料、其他相关资料。

② 承包商应准备以下主要资料：工程进度图表，气象观测资料，试验数据资料，观测数据资料，人员及设备清单，现场材料的种类、数量及质量，有关事项说明资料（如进度和质量分析、问题分析、技术方案问题、财务支付问题、其他需要说明的问题）。

（3）会议程序如下。

① 确认上次工地会议记录。对上次会议的记录若无争议，就确认各方同意的上次会议记录。

② 工程进度情况。审核主要工程部分的进度情况和影响进度的主要问题，对所采取的措施进行分析。

③ 工程进度的预测。介绍下期的进度计划和主要措施。

④ 承包商投入人力的情况。提供到场人员清单。

⑤ 机械设备到场情况。提供现场施工机械设备清单。
⑥ 材料进场情况。提供进场材料清单，讨论现场材料的质量及其适用性。
⑦ 有关技术事宜。讨论相关的技术问题。
⑧ 财务事宜。讨论有关计量与支付的问题。
⑨ 行政管理事宜。工地试验情况；各单位间的协调、与公共设施部门的关系、监理工作程序、安全状况等。
⑩ 合同事宜。未决定的工程变更情况、延期和索赔问题、工程保险等。
⑪ 其他方面的问题。
⑫ 下次会议的时间、地点和主要内容等。

（4）会议记录：经常性工地会议应有专人做好记录。记录的主要内容一般包括：会议时间、地点及会议序号，出席会议人员的姓名、职务及单位，会议提交的资料，会议中发言者的姓名及发言内容；会议的有关决定。

会议记录要真实、准确，同时必须得到监理工程师及承包商的同意。同意的方式可以是在会议记录上签字，也可以在下次工地会议上对记录取得口头上的认可。

三、会议纪要的编写

会议是各机关企业处理事项和发起决策的重要途径，而会议纪要是各种会议不可或缺的部分，会议纪要的内容包括了会议过程中的报告、讲话、决定、决议、议程等重要事项。会议纪要可以作为研究和总结会议的重要依据，也是向上级汇报，使上级机关了解有关会议并指示执行情况的重要依据。

1. 会议纪要的组成要素

一般来说，会议纪要包括会议标题、会议基本情况、会议内容、会议结尾四个部分。

（1）会议标题。标题即会议的名称。一般写法是单位名称、会议事由（含届、次）加上纪要组成。如××大学校长办公会纪要。

（2）会议基本情况。这部分要写清开会时间、会议地点、出席人、缺席人和列席人（即不属于本次会议的正式成员，但与会议有关的各方面人员）。

主持人，写明主持人的姓名、职务。

记录人，写上记录者的姓名，必要时注明其真实职务，以示对所做记录的内容负责。

上述内容要在会议召开之前写好，不可遗漏；倘若会议纪要要在报纸上公开发表，则可删去上述内容。

（3）会议内容。主要写会议议程议题、讨论过程、发言内容、会议决议等。这一部分是了解会议意图的主要依据，是会议成果的综合反馈，是日后备查的重要部分，要着重记录。

（4）会议结尾。会议结尾没有固定的格式。一般要另起一行，空两格写"散会"字样。在会议纪要的右下方，由会议主持人和记录人签名，以示负责。会议纪要的主要写作要求，如图11-16所示。

2. 监理例会程序

监理例会的程序一般是这样的：首先由施工单位汇报这段时间内工程的进度和亟待解决的问题；然后由总包单位讲述工程进度和需要解决的问题；再由业主单位阐述对前面问题的解决方案（或大家讨论）；随后是质检站对工程情况的意见（也可能有讨论）；最后由监理单位（主持单位）提出意见并做出会议总结。

监理例会程序的关键在于施工单位和总包单位的发言，一般问题都由他们提出，后面都

会议纪要的主要写作要求

做好准备。事先要了解会议的议程，以便于在记录过程中注意各有关方面的关系，将一些事宜有机地联系起来，加快记录的速度，记准、记全。会议记录是原始凭证，所以贵在准确、齐全。采用速记和录音的办法，也是保证记录准确、齐全的有效方法

记录方法。会议记录既可采用符号速记，也可采用文学摘要记录。重要会议、重要领导人讲话可采用符号速记；一般会议，可使用文字摘要记录的方法

注意整理。通常情况下，现场记录是原始记录，一般需要整理。整理的要求是，在原始记录的基础上增补遗漏、纠正错误、核实决议，纠正语法错误，合理划定段落

图 11-16　会议纪要的主要写作要求

是就这些问题的讨论，重点就是如何解决工地上的问题。至于领导们的发言，指示和命令一定要记下来。讨论的时候是最不容易记的，这时你一句我一言，需要清楚的是，业主和监理的话是指示和解决途径，工程单位的话一般是方案，但这一般在最后总结的时候应该有一个定论，没有定论的应作为问题写入纪要（主持人要说的），散会后再去整理到各个部门的发言下面。开会的时候，需要准备一个大点的笔记本（避免频繁翻页），要用速记的方法，尽可能多地把上面说的重点记下来（当然，本单位的没听全还可以请他们再补充）。写好后请主持人过目，并修改补充重点。

3. 会议纪要表格格式

会议纪要表格参考格式如下。

××××××工程例会

① 时间、地点、出席人、列席人。

② 会议主持人。

③ 记下所有领导提的问题和命令。

④ 记下同事提的问题领导的回答。

⑤ 将事件按重要和紧急程度排序。

会议纪要由正文和附件组成。

（1）正文必须包括以下 3 个方面内容。

① 时间、地点、与会人员、主持人。

② 会议研究和协调的问题及议题。

③ 就这些问题和议题达成的解决办法、方案、决议，以及责任人。

（2）附件包括与会人员姓名、单位及职务。

作为文件的起草人或撰稿者，必须尽快熟知与之相关的业务及专业术语。记录时，要以最快的速度理解讲话者的意图和最关键、最有用的话语，这需要锻炼和时间。

4. 会议纪要的写法

（1）标题：标题由会议名称加文体名称组成，如××××会议纪要。如果使用的是专用的会议纪要本，连"纪要"二字也可省略，只写会议名称即可。

（2）会议组织概况：

① 会议时间：要写明年、月、日、上午、下午或晚上，×时×分至×时×分。

② 开会地点：如"××会议室""××礼堂""××现场"等。

③ 主持人的职务和姓名：如："校党委书记×××""公司总经理×××"。

④ 出席人：根据会议的性质、规模和重要程度的不同，出席人一项的详略也会有所不同。有时可以只显示身份和人数，如"各院系党总支书记和直属党支部书记31人""各部门经理""全体与会代表"等。

如果出席人身份复杂，如既有上级领导，又有本单位各部门的主要领导，还有其他相关人员，最好将主要人员的职务、姓名一一列出，其他有关人员则分类列出。

⑤ 列席人：包括列席人的身份、姓名，可参照出席人的记录方法。

⑥ 缺席人：如有重要人物缺席，应做出记录。

⑦ 记录人：包括记录人的姓名和部门，如：××（××办公室秘书）。

（3）会议内容

这部分随着会议的进展一步步完成，没有具体的固定模式。一般包含有以下方面：

会议的议题、宗旨、目的；会议议程；会议报告和讲话；会议讨论和发言；会议的表决情况；会议决定和决议；会议的遗留问题。

这些是一般会议都有的项目，但侧重点会有所不同，先后次序也会有所不同。

（4）结尾

可将主持人宣布的散会一项记入，也可以将散会一项略去不记。最后，由主持人和记录人对记录进行认真校核后，分别签上姓名，以示对此负责。

四、监理会议纪要编制的常用表格

监理会议纪要编制的常用表格见表11-7~表11-9。

表11-7 第一次工地会议纪要

单位工程名称			工程造价/万元	
建筑面积/m^2			结构类型层数	
建设单位			项目负责人	
勘察单位			项目负责人	
设计单位			项目负责人	
施工单位			项目经理	
监理单位			总监理工程师	
会议时间	年 月 日	地点		主持人
签到栏：				
会议内容纪要				
建设单位驻现场的组织机构、人员及分工情况：				
施工单位驻现场的组织机构、人员及分工情况：				
监理单位驻现场的组织机构、人员及分工情况：				
建设单位根据委托监理合同宣布对总监理工程师的授权：				
建设单位介绍工程开工准备情况：				
施工单位介绍施工准备情况：				
建设单位对施工准备情况提出的意见和要求：				
总监理工程师对施工准备情况提出的意见和要求：				
总监理工程师介绍监理规划的主要内容：				
研究确定的各方在施工过程中参加工地例会的主要人员：				
建设单位；				
施工单位；				
监理单位；				
召开工地例会周期、地点及主要议题：				

表 11-8 工地例会纪要

工程名称		编号	
会议名称		主持人	
会议时间	年 月 日	地点	

签到栏：

会议内容纪要
检查上次例会议定事项的落实情况、分析未完事项原因：
检查分析工程项目进度计划的完成情况，提出下一阶段进度目标及其落实措施；
检查工程质量核定及工程款支付情况：
解决需要协调的有关事项：
其他事宜：

表 11-9 专题会议纪要

工程名称		编号	
会议名称		主持人	
会议时间	年 月 日	地点	

签到栏：

会议内容纪要

五、工地例会纪要实例

工地例会纪要实例见表 11-10。

表 11-10 ×××工程工地例会纪要

会议时间：××年×月×日

会议地点：×××

会议主持人：×××

会议记录人：×××

会议出席人员：

建设单位：×××建设工程公司

监理单位：×××监理公司

承包单位：×××建筑工程有限公司

分包单位：×××建筑装潢有限公司

续表

会议的主要内容
(1)上周决议事项的落实情况
(2)上周施工进度情况及本周施工进度计划安排
(3)本周工程项目质量状况,针对存在的问题提出改进措施
(4)工程量核定及工程款支付情况
(5)需要协调的有关事项
(6)其他有关事宜
(7)对下一步工作的要求

第三节 工程进度控制资料

工程进度控制资料主要包括工程开工报审表、施工进度计划报验申请表、工程临时延期申请表和工程临时延期审批表等资料。

一、工程开工报审表

1. 工程开工报审的一般程序

工程开工报审的一般程序,如图11-17所示。

扫码看视频
工程开工报审表

图11-17 工程开工报审的一般程序

2. 相关规定与要求

(1) 工程满足开工条件后,承包单位报项目监理机构复核并批复开工时间。

(2) 若整个项目一次开工,则只填报一次;若工程项目中含有多个单位工程且开工时间不同,则每个单位工程都应填报一次。

(3) 工程名称:指相应的建设项目或单位工程名称,应与施工图的工程名称一致。

(4) 开工的各种证明材料:承包单位应将建设工程施工许可证(复印件)、施工组织设计、施工测量放线资料、现场主要管理人员和特殊工种人员资格证和上岗证,现场管理人员、机具、施工人员进场情况,工程主要材料落实情况,以及施工现场的道路、水、电、通信等是否已达到开工条件等证明文件作为附件同时报送。

(5) 审查意见：总监理工程师应指定专业监理工程师对承包单位的准备情况进行检查，除检查所报内容外，还应对施工现场临时设施是否满足开工要求，地下障碍物是否清除或查明，测量控制桩、试验室是否经项目监理机构审查确认等进行检查并逐项记录检查结果，报项目总监理工师程审核。若总监理工程师确认具备开工条件，则签署同意开工时间，并报告建设单位；否则，应简要指出不符合开工要求之处。

(6) 总监理工程师签发工程开工报审表后报建设单位备案，如委托监理合同需建设单位批准，则应由项目总监理工程师审核后报建设单位，由建设单位批准。工期自批准开工之日起计算。

(7) 工程开工报审表除委托监理合同中注明需建设单位批准外，均由总监理工程师最终签发。

3. 工程开工报审表示例

工程开工报审表，见表 11-11。

表 11-11　工程开工报审表

工程名称	××××	施工编号	××××
		监理编号	××××
		日期	××××

致：××建设监理公司(监理单位)

我方承担的××大厦工程,已完成以下各项工作,具备开工条件,特此申请施工,请核查并签发开工指令。

附：(1) 开工报告(略)

(2) 证明文件

① 建设工程施工许可证(复印件)

② 施工组织设计

③ 施工测量放线

④ 现场主要管理人员和特殊工种人员资格证、上岗证

⑤ 现场管理人员、机具、施工人员进场

⑥ 工程主要材料已落实

⑦ 施工现场道路、水、电、通信等已达到开工条件

施工总承包单位(章)　××××

项目经理　××××

审查意见：

(1) 经查,建设工程施工许可证已办理；

(2) 施工现场主要管理人员和特殊工程人员资格证、上岗证符合要求；

(3) 施工组织设计已批准；

(4) 主要人员(项目经理、专业技术管理人员等)已到场,部分材料已进场；

(5) 施工现场道路、水、电、通信已达到开工要求。

综上所述,工程已符合开工条件,同意开工。

监理单位　××××

总监理工程师　××××

日期　××××

二、 施工进度计划报验申请表

1. 相关规定与要求

施工进度计划报验申请表的相关规定与要求，如图 11-18 所示。

“工作”填写所报进度计划的工程名称及时间
施工进度计划报验申请表的相关规定与要求
监理机构对施工进度的审查或批准，并不解除承包单位对施工进度计划的责任和义务
施工进度计划报验申请是承包单位根据已批准的施工总进度计划,按施工合同约定或监理工程师要求,编制的施工进度计划，应报项目监理机构审查、确认和批准

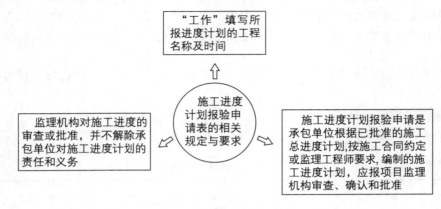

图 11-18 施工进度计划报验申请表的相关规定与要求

2. 施工进度计划审核

对施工进度计划主要进行的审核，如图 11-19 所示。

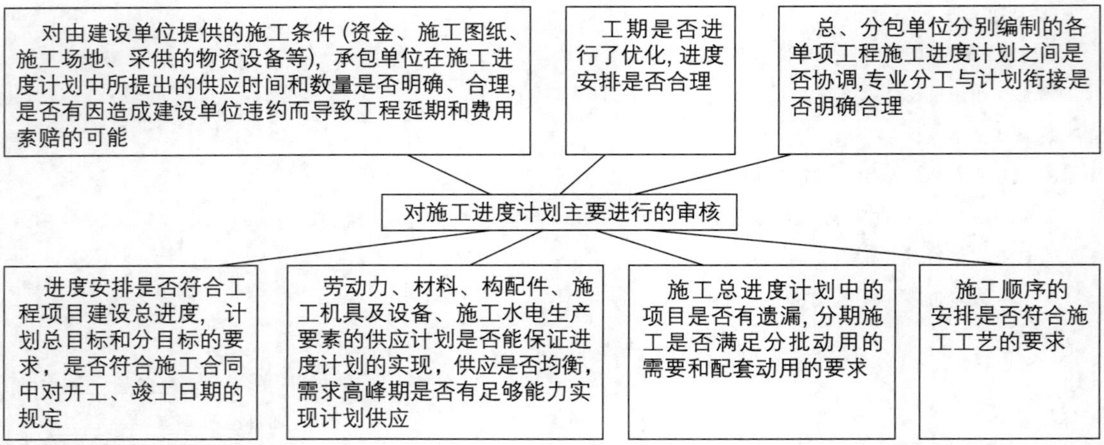

对由建设单位提供的施工条件 (资金、施工图纸、施工场地、采供的物资设备等)，承包单位在施工进度计划中所提出的供应时间和数量是否明确、合理，是否有因造成建设单位违约而导致工程延期和费用索赔的可能
工期是否进行了优化，进度安排是否合理
总、分包单位分别编制的各单项工程施工进度计划之间是否协调,专业分工与计划衔接是否明确合理
对施工进度计划主要进行的审核
进度安排是否符合工程项目建设总进度，计划总目标和分目标的要求，是否符合施工合同中对开工、竣工日期的规定
劳动力、材料、构配件、施工机具及设备、施工水电生产要素的供应计划是否能保证进度计划的实现，供应是否均衡，需求高峰期是否有足够能力实现计划供应
施工总进度计划中的项目是否有遗漏，分期施工是否满足分批动用的需要和配套动用的要求
施工顺序的安排是否符合施工工艺的要求

图 11-19 对施工进度计划主要进行的审核

3. 监理工程师审查意见

通过专业监理工程师的审核，提出审查意见报总监理工程师。总监理工程师审核后，如同意承包单位所报计划，则应签署“本月编制的施工进度计划具有可行性和可操作性，与工程实际情况相符合，满足合同工期及总控制计划的要求，予以通过。同意按此计划组织施工”。如不同意承包单位所报计划，则签署“不同意按此进度计划施工”，并将不同意的原因及理由简要列明。

4. 施工进度计划报审程序

施工进度计划报审程序，如图 11-20 所示。

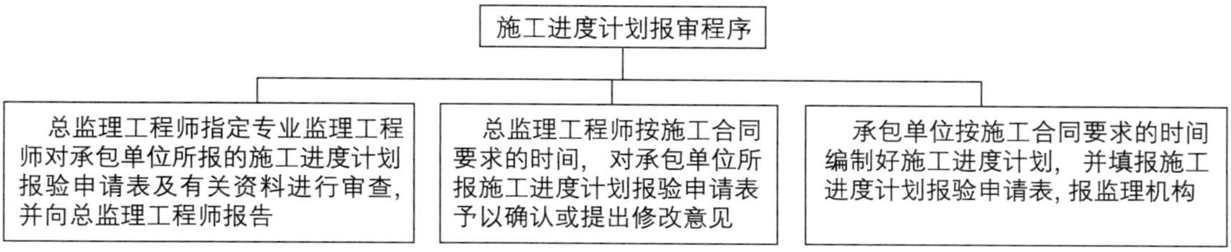

```
                    ┌─────────────────────┐
                    │ 施工进度计划报审程序 │
                    └──────────┬──────────┘
        ┌──────────────────────┼──────────────────────┐
┌───────────────────┐ ┌───────────────────┐ ┌───────────────────┐
│总监理工程师指定专业│ │总监理工程师按施工合│ │承包单位按施工合同要│
│监理工程师对承包单位│ │同要求的时间,对承包 │ │求的时间编制好施工进│
│所报的施工进度计划报│ │单位所报施工进度计划│ │度计划,并填报施工进│
│验申请表及有关资料进│ │报验申请表予以确认或│ │度计划报验申请表,报 │
│行审查,并向总监理工│ │提出修改意见        │ │监理机构            │
│程师报告           │ │                   │ │                   │
└───────────────────┘ └───────────────────┘ └───────────────────┘
```

图 11-20　施工进度计划报审程序

5. 施工进度计划报验申请表填写示例

施工进度计划报验申请表填写范例见表 11-12。

表 11-12　施工进度计划报验申请表填写示例

工程名称	××××	编号	××××

致：×××监理公司（监理单位）

我单位已经完成××综合材料库屋面双 T 板吊装工作,现报上该工程的报验申请表,请予以审查和验收。

附件：施工组织设计（方案）

承包单位（章）：××建筑工程公司

项目经理：×××

日期：××年×月×日

审查意见：

项目监理机构：××监理公司

总监理工程师：×××

日期：××年×月×日

三、工程临时延期申请表

1. 相关规定与要求

工程临时延期申请表的相关规定与要求，如图 11-21 所示。

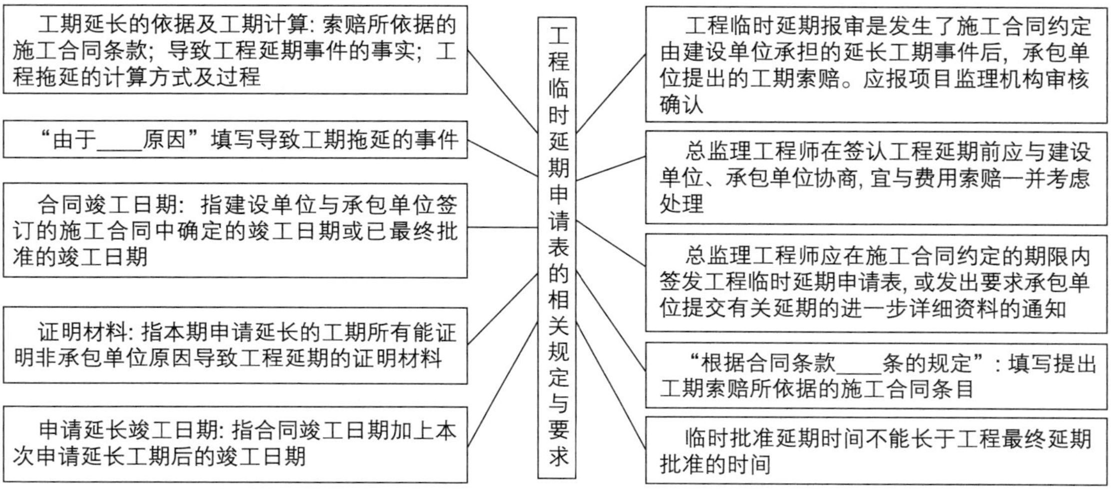

```
┌──────────────────────────┐                    ┌──────────────────────────┐
│工期延长的依据及工期计算：│                    │工程临时延期报审是发生了施│
│索赔所依据的施工合同条款；│                    │工合同约定由建设单位承担的│
│导致工程延期事件的事实；工│──┐              ┌──│延长工期事件后,承包单位提 │
│程拖延的计算方式及过程    │  │ 工            │  │出的工期索赔。应报项目监理│
└──────────────────────────┘  │ 程            │  │机构审核确认              │
                              │ 临            │  └──────────────────────────┘
┌──────────────────────────┐  │ 时            │  ┌──────────────────────────┐
│"由于____原因"填写导致工  │──┤ 延            ├──│总监理工程师在签认工程延期│
│期拖延的事件              │  │ 期            │  │前应与建设单位、承包单位协│
└──────────────────────────┘  │ 申            │  │商,宜与费用索赔一并考虑处 │
                              │ 请            │  │理                        │
┌──────────────────────────┐  │ 表            │  └──────────────────────────┘
│合同竣工日期：指建设单位与│  │ 的            │
│承包单位签订的施工合同中确│──┤ 相            │  ┌──────────────────────────┐
│定的竣工日期或已最终批准的│  │ 关            │  │总监理工程师应在施工合同约│
│竣工日期                  │  │ 规            ├──│定的期限内签发工程临时延期│
└──────────────────────────┘  │ 定            │  │申请表,或发出要求承包单位 │
                              │ 与            │  │提交有关延期的进一步详细资│
┌──────────────────────────┐  │ 要            │  │料的通知                  │
│证明材料：指本期申请延长的│  │ 求            │  └──────────────────────────┘
│工期所有能证明非承包单位原│──┤              │
│因导致工程延期的证明材料  │  │              │  ┌──────────────────────────┐
└──────────────────────────┘  │              ├──│"根据合同条款____条的规定"│
                              │              │  │：填写提出工期索赔所依据的│
┌──────────────────────────┐  │              │  │施工合同条目              │
│申请延长竣工日期：指合同竣│  │              │  └──────────────────────────┘
│工日期加上本次申请延长工期│──┤              │
│后的竣工日期              │  │              │  ┌──────────────────────────┐
└──────────────────────────┘  │              └──│临时批准延期时间不能长于工│
                              └──               │程最终延期批准的时间      │
                                                 └──────────────────────────┘
```

图 11-21　工程临时延期申请表的相关规定与要求

2. 工程延期的原因

工程延期的原因，如图 11-22 所示。

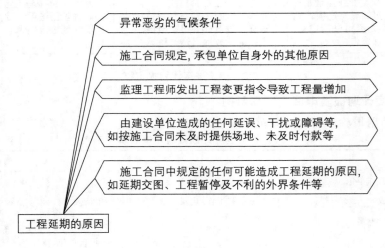

图 11-22　工程延期的原因

3. 工程临时延期报审程序

工程临时延期报审程序，如图 11-23 所示。

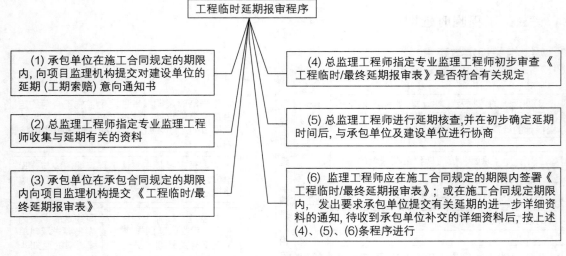

图 11-23　工程临时延期报审程序

4. 工程临时延期申请表填写范例

工程临时延期申请表填写范例，见表 11-13 和表 11-14。

表 11-13　工程临时延期申请表（一）

工程名称	××××大厦工程	编号	××××

致：××监理公司(监理单位)：

根据施工合同条款第 13 条的规定，由于<u>施工现场停水，混凝土垫层无法施工</u>的原因，我方申请工程延期，请予以批准

附件：

(1)工程临时/最终延期的依据及工期计算

混凝土工人 30 人，力工 20 人，木工 6 人，停工 1 天，混凝土垫层延期一天施工

合同竣工日期：2017 年 7 月 8 日

申请延期竣工工期：2017 年 7 月 9 日

(2)证明材料

承包单位(章)：××建筑工程公司

项目经理：×××

日期：2017 年 8 月 28 日

表 11-14　工程临时延期申请表（二）

工程名称	××××住宅楼	编号	××××

致：××监理咨询有限公司(监理单位)

根据施工合同条款通用及专用条款第 9.1.1 条的规定，由于施工图设计文件交付延后的原因，我方申请工程延期，请予以批准。

附件：

(1)工程临时/最终延期的依据及工期计算

本工程开工前建设单位交付施工单位的图纸是初步设计阶段图纸，作为招标专用图纸，设计标高、具体尺寸等需详细标注，经图纸会审后由设计单位尽快出详细施工图设计文件，新图纸出图日期统一为 2015 年 12 月，施工图设计文件从 2016 年 2 月 10 日开始正常交付，造成工程整体开工日期延后，延后时间由计划开工日期 2016 年 1 月 13 日延至 2016 年 2 月 10 日，加上熟悉图纸及合理的施工准备时间，合同工期为 30 日历天。

合同竣工日期：2016 年 7 月 15 日

续表

| 工程名称 | ××××住宅楼 | 编号 | ×××× |

申请延长竣工日期:2016 年 8 月 14 日

(2)证明材料

领取图纸签收清单。

承包单位(章):××建筑工程公司

项目经理:×××

日期:××年×月×日

四、工程临时延期审批表

1. 相关规定与要求

工程临时延期审批表的相关规定与要求,如图 11-24 所示。

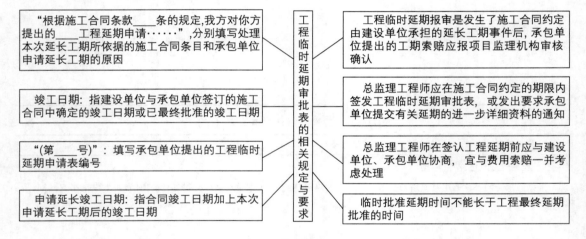

图 11-24 工程临时延期审批表的相关规定与要求

2. 监理工程审查意见

(1)审查意见:专业监理工程师针对承包单位提出的工程临时延期申请表,首先审核在延期事件发生后,承包单位在合同规定的有效期内是否以书面形式向专业监理工程师提出了延期意向通知;其次审查承包单位在合同规定有效期内向专业监理工程师提交的延期依据及延长工期的计算;最后专业监理工程师对提交的延期报告应及时进行调查核实,与监理同期记录进行核对、计算,并将审查情况报告总监理工程师。若总监理工程师同意临时延期,则在"暂同意延长工期前"的"□"内打"√",延期天数按核实天数计算。"竣工日期"指合同竣工日期;"延迟到的竣工日期"指合同竣工日期加上暂同意延期天数后的日期。否则,在"不同意延长工期"前的"□"内打"√"。

(2)说明:指总监理工程师同意或不同意工程临时延期的理由和依据。

(3)总监理工程师在做出临时延期批准时,不应认为其具有临时性而放松控制。

3. 工程延期的原因

工程延期的原因,如图 11-25 所示。

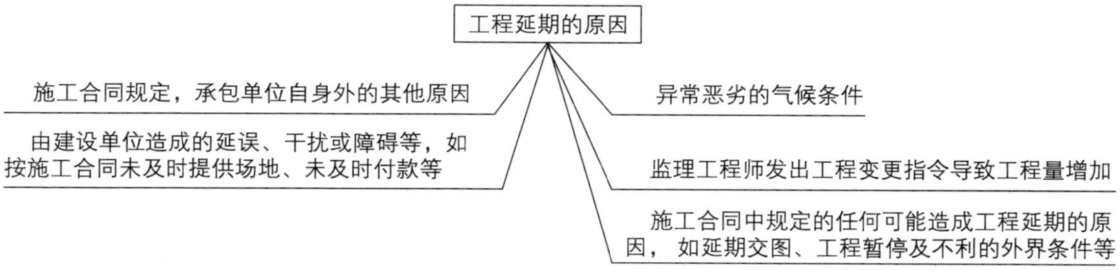

第十一章 工程监理资料管理

图 11-25　工程延期的原因

工程延期的原因：
- 施工合同规定，承包单位自身外的其他原因
- 由建设单位造成的延误、干扰或障碍等，如按施工合同未及时提供场地、未及时付款等
- 异常恶劣的气候条件
- 监理工程师发出工程变更指令导致工程量增加
- 施工合同中规定的任何可能造成工程延期的原因，如延期交图、工程暂停及不利的外界条件等

4. 工程临时延期审批表填写示例

工程临时延期审批表填写示例，见表 11-15。

表 11-15　工程临时延期审批表填写示例

工程名称	××××写字楼	编号	××××

致：××有限公司（监理单位）

　　根据施工合同条款第 11 条的规定，我方对你方提出×××写字楼工程延期申请（第 01 号）延长工期 5 日历天的要求，经审核评估，暂时同意工期延长 5 日历天。使竣工日期（包括已指令延长的日期）从原来的 2015 年 9 月 4 日延迟到 2015 年 9 月 9 日，请你方执行。若不同意延长工期，请按约定竣工日期组织施工。

　　说明：经甲乙双方协商，同意延长工期。

承包单位（章）：××建筑工程公司
项目经理：×××
日期：××年×月×日

第四节　工程质量控制资料

一、旁站监理记录

1. 填写内容

旁站监理记录的填写内容，如图 11-26 所示。

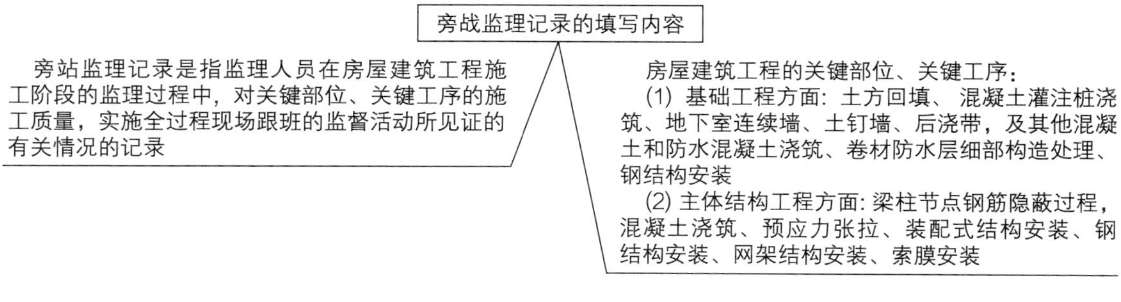

图 11-26　旁站监理记录的填写内容

旁站监理记录的填写内容：
- 旁站监理记录是指监理人员在房屋建筑工程施工阶段的监理过程中，对关键部位、关键工序的施工质量，实施全过程现场跟班的监督活动所见证的有关情况的记录
- 房屋建筑工程的关键部位、关键工序：
  (1) 基础工程方面：土方回填、混凝土灌注桩浇筑、地下室连续墙、土钉墙、后浇带，及其他混凝土和防水混凝土浇筑、卷材防水层细部构造处理、钢结构安装
  (2) 主体结构工程方面：梁柱节点钢筋隐蔽过程，混凝土浇筑、预应力张拉、装配式结构安装、钢结构安装、网架结构安装、索膜安装

2. 相关规定与要求

旁站监理记录的相关规定与要求，如图 11-27 所示。

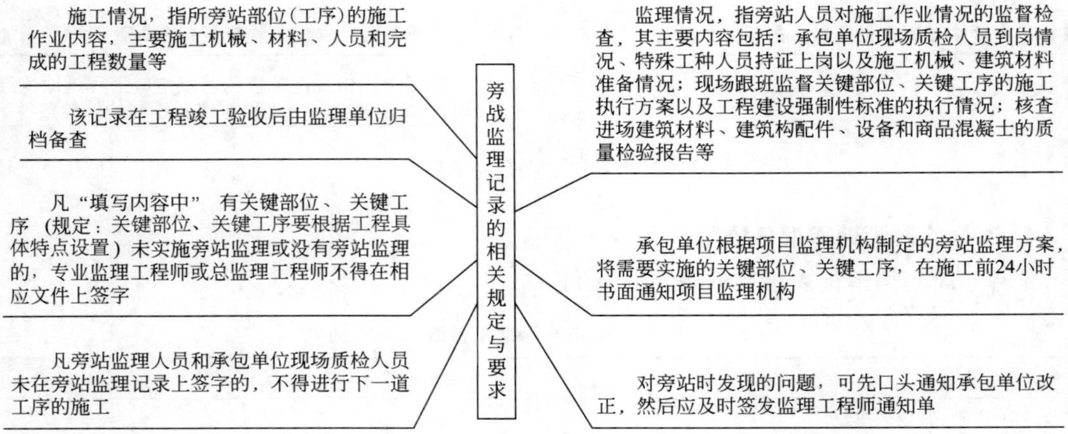

旁站监理记录的相关规定与要求：

- 施工情况，指所旁站部位（工序）的施工作业内容，主要施工机械、材料、人员和完成的工程数量等
- 该记录在工程竣工验收后由监理单位归档备查
- 凡"填写内容中"有关键部位、关键工序（规定：关键部位、关键工序要根据工程具体特点设置）未实施旁站监理或没有旁站监理的，专业监理工程师或总监理工程师不得在相应文件上签字
- 凡旁站监理人员和承包单位现场质检人员未在旁站监理记录上签字的，不得进行下一道工序的施工
- 监理情况，指旁站人员对施工作业情况的监督检查，其主要内容包括：承包单位现场质检人员到岗情况、特殊工种人员持证上岗以及施工机械、建筑材料准备情况；现场跟班监督关键部位、关键工序的施工执行方案以及工程建设强制性标准的执行情况；核查进场建筑材料、建筑构配件、设备和商品混凝土的质量检验报告等
- 承包单位根据项目监理机构制定的旁站监理方案，将需要实施的关键部位、关键工序，在施工前24小时书面通知项目监理机构
- 对旁站时发现的问题，可先口头通知承包单位改正，然后应及时签发监理工程师通知单

图 11-27 旁站监理记录的相关规定与要求

3. 旁站监理记录填写示例

旁站监理记录填写示例见表 11-16。

表 11-16 旁站监理记录填写示例

工程名称	××××写字楼			编号	××××
开始时间	××××	结束时间	××××	日期及天气	××××

监理的部位或工序：

屋面①~⑨/Ⓐ~Ⓖ轴混凝土浇筑。

施工情况：

采用商品混凝土，混凝土强度等级为 C25，配合比编号为×××。现场采用汽车泵2台进行混凝土的浇筑施工。

监理情况：

检查混凝土坍落度5次，实测坍落度为145mm，符合混凝土配合比的要求。制作混凝土试块2组（编号001、002，其中编号为001的试块为见证试块），混凝土浇筑过程符合施工验收规范的要求。

发现问题：

混凝土在浇筑前没有浇湿模板。

处理结果：

在混凝土浇筑前应浇湿模板。

备注：

监理单位名称：×××	施工单位名称：×××
旁站监理人员（签字）：×××	质检员（签字）：×××

二、建筑材料报审表

1. 建筑材料报审表填写要求

建筑材料报审表是承包单位向项目监理机构提请对工程项目进场材料进行审查、确认和批复的文件。

对进场的原材料（构配件、设备），施工单位首先要组织自检自验，并按有关规定进行抽样测试，确认合格后填写工程材料（构配件、设备）报验单，连同出厂合格证、质量保证书、复试报告等一并报驻地监理工程师进行质量认可。

（1）本表由承包单位填报，加盖公章，项目经理签字，经专业监理工程师审查符合要求后签字有效。

（2）承包单位提请工程材料、构配件、设备报验时必须提供附件。附件包括数量清单、质量证明文件和自检结果。无附件资料或不符合附件要求的资料，承包单位不得提请报审，监理单位不得签发报审表。

（3）凡需要测试的工程材料，有见证取样要求的，质量证明文件必须有见证取样证明。

（4）工程原材料、构配件报验单由施工方提出、监理方审查，未经报验的工程原材料和构配件不得用于工程。

（5）虽然有些材料、构配件在进场前，经建设单位和监理单位看过样品或进行过生产现场调研，但这个过程不能代替进场后使用前的报验，使用前必须申办报审手续。

（6）工程材料报验的基本要求如下。

① 施工单位对所有进场的原材料、构配件必须报验，工程竣工后，材料报验要和设计的材料、构配件的品种、数量相一致。

② 进场原材料、构配件报验应及时，监理单位可以和施工单位、材料供应单位协商确定进场材料、构配件进场后的报验方法。

③ 预制构件厂必须对成品、半成品进行严格检查，合格产品签发出厂合格证，不合格的产品不得出厂。

（7）原材料，构配件报验附件应齐全（如材料出厂合格证、复试报告、构配件出厂合格证明等），附件资料不齐全不得报验。

（8）工程原材料、构配件报验应由施工单位的工程技术负责人提出。

（9）报验应按材料品种和批次填报，不得多品种、多批次混填。

2. 建筑材料报审表填写示例

建筑材料报审表填写示例见表 11-17。

表 11-17 建筑材料报审表填写示例

工程名称	××××建筑工程	编号	××××

致：_____（监理单位）

我方于××年××月××日进场的工程材料/构配件/设备数量如下（见附件）。现将质量证明文件及自检结果报上，拟用于下述部位：××××请予以审核。

附件：

（1）数量清单

（2）质量证明文件

续表

工程名称	××××建筑工程	编号	××××

承包单位(章)：××建筑工程公司
项目经理：×××
日期：××年×月×日

审查意见：
项目监理机构：××监理公司
总监理工程师：×××
日期：××年×月×日

三、分项/分部工程施工报验表

分项/分部工程施工报验表填写示例见表 11-18。

表 11-18　分项/分部工程施工报验表

工程名称	××综合楼	编号	××××
		日期	××××

现我方已完成地上 8 层(层)38～41/ⓖ～ⓟ(轴线或房间)25.70～28.65(高程)墙柱（部位)的工程，经我方检验符合设计、规范要求，请予以验收

附件：	名称	页数	编号
(1)□质量控制资料汇总表		___页	
(2)☑隐蔽工程检查记录表		___页	××-××-××
(3)□预检记录		___页	
(4)□施工记录		___页	
(5)□施工试验记录		___页	
(6)□分部工程质量检验评定记录		___页	
(7)□分项工程质量检验评定记录		___页	
(8)☑检验批质量验收记录		___页	××××××
(9)□		___页	
(10)□		___页	

质量检查员(签字)：×××

承包单位名称：×××建筑工程公司　　技术负责人(签字)：×××

审查意见：

(1)所报附件材料齐全、真实

(2)检查所报分部分项实体符合规范和设计要求。

审查结论：		☑合格		□不合格
监理单位名称：××监理公司	(总)监理工程师(签字)：×××		审查日期：××××-××-××	

四、隐蔽工程报验申请表

隐蔽工程报验申请表见表 11-19。

表 11-19　隐蔽工程报验申请表

工程名称	××××	编号	××××

致：_____（监理单位）

我单位已经完成_____工作，现报上该工程报验申请表，请予以审查和验收。

附件：

承包单位（章）：_____

项目经理：_____

日期：_____

审查意见：

项目监理机构：_____

总监理工程师：_____

日期：_____

五、不合格项处置记录表

1. 填写单位

不合格项处置记录表的填写单位，如图 11-28 所示。

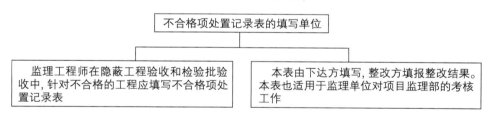

图 11-28　不合格项处置记录表的填写单位

2. 填写内容

（1）"使你单位在____发生"栏填写不合格项发生的具体部位。

（2）"发生严重□／一般□不合格项"栏根据不合格项的情况来判定其性质，当发生严重不合格项时，在"严重"后面的"□"内打"√"；当发生一般不合格项时，在"一般"后面的"□"内打"√"。

（3）"具体情况"栏由监理单位签发人填写不合格项的具体内容，并在"自行整改"或"整改后报我方验收"后面的"□"内打"√"。

（4）"签发单位名称"栏应填写监理单位名称。

（5）"签发人"栏应填写签发该表的监理工程师或总监理工程师。

（6）"不合格项改正措施"栏由整改方填写具体的整改措施内容。

（7）"整改期限"栏填写整改方要求不合格项整改完成的时间。

（8）"整改责任人"栏一般填写不合格项所在工序的施工负责人。

（9）"单位责任人"栏填写整改责任人所在单位或部门的负责人。

(10)"不合格项整改结果"栏填写整改完成的结果,并向签发单位提出验收申请。

(11)"整改结论"栏根据不合格项整改验收情况由监理工程师填写。

(12)"验收单位名称"填写签发单位,即监理单位。

(13)"验收人"栏填写签发人,即监理工程师或总监理工程师。

3. 不合格项处置记录填写示例

不合格项处置记录填写示例见表11-20。

表11-20 不合格项处置记录

工程名称	××××	编号	××××
		发生/发现日期	××××

不合格项发生部位与原因:

致:××建筑工程公司(单位)

由于以下情况的发生,使你单位在地上六层①~⑨/Ⓐ~Ⓖ轴墙体发生严重□/一般□不合格项,请及时采取措施予以整改。

具体情况:

为控制地上六层①~⑨/Ⓐ~Ⓖ轴墙体钢筋保护层厚度,应点焊连接梯子定位筋。经检查梯子筋制作的各部位间距较小,且竖向定位筋顶模筋端部未刷除锈漆。

　　　　　　　　　　　　　　　　　　　　　　　　　　　　　　　　□自行整改

　　　　　　　　　　　　　　　　　　　　　　　　　　　　　　　　☑整改后报我方验收

签发单位名称:××监理公司　　　　签发人(签字):××　　　　日期:××年××月××日

不合格项改正措施:

连接梯子定位筋点焊,使制作的各部位间距符合要求,竖向定位筋顶模筋端部刷防锈漆。

　　　　　　　　　　　　　　　　　　　　　　　　整改限期:×××年××月××日××时

　　　　　　　　　　　　　　　　　　　　　　　　整改责任人(签字):×××

　　　　　　　　　　　　　　　　　　　　　　　　单位责任人(签字):×××

不合格项整改结果

致:××监理公司(签发单位):

根据你方提示,我方已完成整改,请予以验收。

　　　　　　　　　　　　　　　　单位负责人(签字):×××　　日期:××年××月××日

整改结论:
　　　　　　　☑同意验收　　　　□返工重做_____
　　　　　　　□继续整改　　　　□其他_____

验收单位名称:××监理公司　　　验收人(签字):×××　　　日期:××年××月××日

注:本表由下达方填写,整改方填报整改结果,双方各存一份。

六、工程质量问题和质量事故处理

1. 工程质量问题和质量事故处理应注意的问题

（1）对施工过程中出现的质量缺陷，专业监理工程师应及时下达监理工程师通知单，要求承包单位整改，并检查整改结果。

（2）监理人员发现施工存在重大质量隐患，可能造成质量事故或已经造成质量事故的，应通过总监理工程师及时下达工程暂停令，要求承包单位停工整改。整改完毕并经监理人员复查，符合规定要求后，总监理工程师应及时签署工程复工报审表。总监理工程师下达工程暂停令和签署工程复工报审表，应事先向建设单位报告。

（3）对需要返工处理或加固的质量事故，总监理工程师应责令承包单位报送质量事故调查报告和经设计单位等相关单位认可的处理方案，项目监理单位应对质量事故的处理过程和处理结果进行跟踪检查和验收。

总监理工程师应及时向建设单位及本监理单位提交有关质量事故的书面报告，并应将完整的质量事故处理记录整理归档。

2. 工程质量问题技术处理方案报审表填写示例

工程质量问题技术处理方案报审表填写示例见表 11-21。

表 11-21 工程质量问题技术处理方案报审表

工程名称	××××住宅楼	编号	××××

致：××监理公司（监理单位）

我方于 2015 年 9 月 20 日提出的发生混凝土蜂窝麻面的质量问题（事故）的报告，经认真研究后，现提出处理方案，请予以审批。

附件
(1)工程质量问题（事故）详细报告
(2)工程质量问题（事故）技术处理方案

承包单位（章）：××建筑工程公司

项目经理：×××

日期：××年×月×日

第五节 工程造价控制资料

一、工程款支付申请表

1. 工程款支付申请

承包单位根据施工合同中的工程款支付约定，向项目监理单位申请开具工程款支付证书。

2. 填写说明

工程款支付申请表的填写说明，如图 11-29 所示。

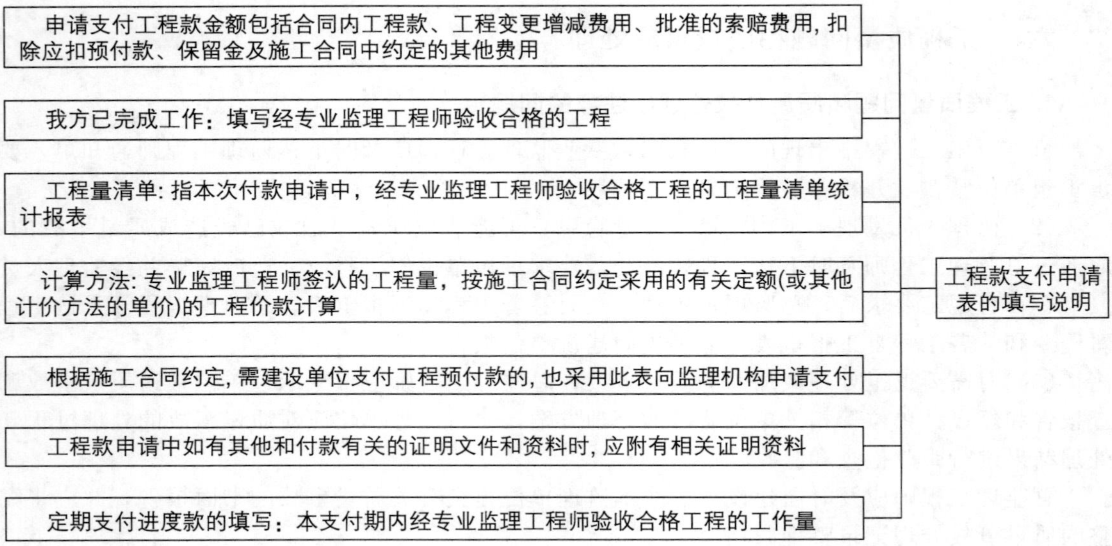

```
┌─ 申请支付工程款金额包括合同内工程款、工程变更增减费用、批准的索赔费用，扣
│  除应扣预付款、保留金及施工合同中约定的其他费用
│
├─ 我方已完成工作：填写经专业监理工程师验收合格的工程
│
├─ 工程量清单：指本次付款申请中，经专业监理工程师验收合格工程的工程量清单统
│  计报表                                                                            ┐
│                                                                                    │
├─ 计算方法：专业监理工程师签认的工程量，按施工合同约定采用的有关定额(或其他        ├─ 工程款支付申请
│  计价方法的单价)的工程价款计算                                                      │  表的填写说明
│                                                                                    │
├─ 根据施工合同约定，需建设单位支付工程预付款的，也采用此表向监理机构申请支付       ┘
│
├─ 工程款申请中如有其他和付款有关的证明文件和资料时，应附有相关证明资料
│
└─ 定期支付进度款的填写：本支付期内经专业监理工程师验收合格工程的工作量
```

图 11-29　工程款支付申请表的填写说明

3. 工程款支付申请表填写示例

工程款支付申请表填写示例见表 11-22。

表 11-22　工程款支付申请表填写示例

工程名称	××××建筑工程	编号	××××

致：××建设监理公司（监理单位）

　　我方已完成了±0.000～+10.500m 的主体结构工程施工工作，按施工合同的规定，建设单位应在××年×月×日前支付该项工程款共(大写)壹佰叁拾伍万柒仟贰佰捌拾玖元整(小写：1357289.00)，现报上××××建筑工程付款申请表，请予以审查并开具工程款支付证书。

附件

(1)工程量清单

(2)计算方法

承包单位(章)：××建筑工程公司

项目经理：×××

日期：××年×月×日

二、工程款支付证书

1. 工程款支付证书的相关内容

（1）此证书是项目监理单位在收到承包单位的工程款支付申请表时，根据施工合同和有关规定审查复核后，签署的应向承包单位支付工程款的证明文件。

（2）建设单位：指建筑施工合同中的发包人。

（3）承包单位申报款：指承包单位向监理机构申报工程款支付申请表中申报的工程款额。

(4) 经审核承包单位应得款：指经专业监理工程师对承包单位向监理机构填报《工程款支付申请表》审核后，核定的工程款额。经审核承包单位应得款包括的内容，如图 11-30 所示。

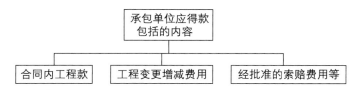

图 11-30　承包单位应得款包括的内容

(5) 本期应扣款：指施工合同约定本期应扣除的预付款、保留金及其他应扣除的工程款的总和。

(6) 本期应付款：指经审核承包单位应得款额减本期应扣款额的余额。

(7) 承包单位的工程付款申请表及附件：指承包单位向监理机构申报的工程款支付申请表及其附件。

(8) 项目监理单位审查记录：指总监理工程师指定专业监理工程师对承包单位向监理机构申报的工程款支付申请表及其附件的审查记录。

2. 工程款支付证书填写示例

工程款支付证书填写示例见表 11-23。

表 11-23　工程款支付证书填写示例

工程名称	××××建筑工程	编号	××××

致：　××集团公司　（建设单位）

根据施工合同的规定，经审核承包单位的付款申请和报表，并扣除有关款项，同意本期支付工程款共(大写)贰佰柒拾万叁仟肆佰玖拾捌元整(小写：2703498.00)。请按合同规定及时付款。

其中：

(1) 承包单位申报款：贰佰玖拾陆万伍仟零肆拾元整

(2) 经审核承包单位应得款：贰佰捌拾叁万柒仟零伍拾元整

(3) 本期应扣款：壹拾叁万叁仟伍佰伍拾柒元整

(4) 本期应付款：贰佰柒拾万叁仟肆佰玖拾捌元整

附件：

(1) 承包单位的工程付款申请表及附件。

(2) 项目监理单位审查记录。（略）

项目监理单位：××监理公司××项目监理部

总监理工程师：×××

日期：××年×月×日

三、费用索赔申请表

1. 填写内容

费用索赔申请表的填写内容，如图 11-31 所示。

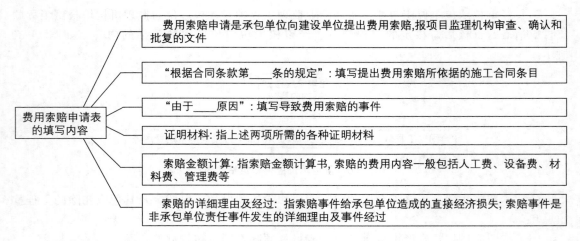

图 11-31　费用索赔申请表的填写内容

2. 索赔原因

承包单位向建设单位索赔的主要原因如下。

（1）合同文件内容出错引起的索赔。
（2）图纸延迟交付造成的索赔。
（3）不利的实物障碍和不利的自然条件引起的索赔。
（4）建设单位提供的水准点、基线等测量资料不准确造成的失误与的索赔。
（5）承包单位依据专业监理工程师意见，进行额外钻孔及勘探工作引起的索赔。
（6）由建设单位风险所造成的损害的补救和修复所引起的索赔。
（7）施工中承包单位开挖到化石、文物、矿产等珍贵物品，要停工处理引起的索赔。
（8）需要加强道路与桥梁结构以承受"特殊超重荷载"引起的索赔。
（9）建设单位雇用其他承包单位，并为其他承包单位提供服务，由此引起的索赔。
（10）额外样品与试验引起的索赔。
（11）对隐蔽工程的揭露或开孔检查引起的索赔。
（12）工程中断引起的索赔。
（13）建设单位延迟移交土地引起的索赔。
（14）由于非承包单位原因造成工程缺陷需要修复而引起的索赔。
（15）要求承包单位调查和检查缺陷引起的索赔。
（16）工程变更引起的索赔。
（17）由于变更合同总价格超过有效合同价的15％而引起的索赔。
（18）由于特殊风险引起工程被破坏和其他款项支出而提出的索赔。
（19）因特殊风险使合同，终止后引起的的索赔。
（20）合同解除后引起的的索赔。
（21）建设单位违约引起工程终止等引起的的索赔。
（22）物价变动引起工程成本增减，由此引起的的索赔。
（23）后继法规变化引起的索赔。
（24）货币及汇率变化引起的索赔。

3. 费用索赔申请表填写示例

费用索赔申请表填写示例见表 11-24 和表 11-25。

表 11-24　费用索赔申请表填写示例（1）

工程名称	××××建筑工程	编号	××××

致：××建设监理公司（监理单位）

　　根据施工合同第 11 条的规定，由于<u>工程变更单××的变更致使我方增加额外费用</u>的原因，我方要求索赔金额（大写）<u>壹万捌仟柒佰伍拾元整</u>，请予以批准。

　　索赔的详细理由及经过：

　　设计单位提出的工程变更，使我方增加额外费用支出如下。

　　(1)地下一层 1、2 段顶板钢筋已绑扎验收合格，需要 1/4 部分拆除重做

　　(2)工程变更增加的合同外施工项目的费用

　　(3)因工程变更导致工程延期而增加的费用

　　索赔金额的计算：

　　(1)地下一层 1、2 段顶板钢筋 1/4 部分拆除重做

　　需要 15 人工×3 天×20.95 元/工日×1.35 综合取费＝1273 元

　　(2)工程变更增加的合同外施工项目的费用为 15377 元（见概算书）

　　(3)工程延期 3d 所增加的管理费用为 2100 元

　　（根据实际情况，依照工程概预算定额计算）

　　附：证明材料

　　(1)监理单位与承包单位对工程变更暂停工时的施工进度记录

　　(2)工程变更单及图纸

　　(3)工程变更费用报审表

　　（证明材料主要包括：合同文件、监理工程师批准的施工进度计划、合同履行过程中的来往函件、施工现场记录、工地会议纪要、工程照片、监理工程师发布的各种书面指令、工程进度款支付凭证、检查和试验记录、汇率变化表、各类财务凭证、其他有关资料。）

承包单位(章)：<u>××建筑工程公司</u>

项目经理：<u>×××</u>

日期：<u>××年×月×日</u>

表 11-25　费用索赔申请表填写示例（2）

工程名称	××××建筑工程	编号	××××

致：××房地产开发有限公司

　　根据施工合同第 30 条的规定，由于地质复杂而造成工期延误的原因，我方要求索赔金额（大写）伍万捌仟柒佰柒拾元整，请予以批准。

　　索赔的详细理由及经过：

　　由于本工程地质较复杂，勘探单位出具的勘察报告不能真实地反映地下实际地貌情况，造成我方施工的 3♯、5♯、8♯、10♯、地下室①～⑤轴位置的桩基工程没能正常施工。另外，正常施工后还需技术论证、补桩、重复检查等工作，造成工期延后，也令我方造成很大的损失。

　　索赔金额的计算：

　　(1)临时用水、用电增加费（发票）：1500 元（发票）×80％＝1200 元

　　(2)误工费：20 人/天×30 天×20.95 元/工日＝12570 元

　　(3)管理费增加：30 天×15 人/天×100 元/天＝45000 元

续表

工程名称	××××建筑工程	编号	××××

合计金额：1200+12570+45000=58770 元

附：证明材料

打桩记录统计汇总表、会议纪要、检验报告、水电费用发票等

（证明材料主要包括：合同文件 1 监理工程师批准的施工进度计划；合同履行过程中的来往函件；施工现场记录；工地会议纪要；工程照片；监理工程师发布的各种书面指令；工程进度款支付凭证；检查和试验记录；汇率变化表；各类财务凭证；其他有关资料。）

承包单位（章）：××建筑工程公司

项目经理：×××

日期：××年×月×日

四、费用索赔审批表

1. 费用索赔审批表的填写内容

（1）总监理工程师应在施工合同约定的期限内签发费用索赔审批表，或发出要求承包单位提交有关费用索赔的进一步详细资料的通知。

（2）"根据施工合同条款第_____条的规定"：填写提出费用索赔所依据的施工合同条目。

（3）"你方提出的_____费用索赔申请"：填写导致费用索赔的事件。

（4）专业监理工程师应首先审查索赔事件发生后，承包单位是否在施工合同规定的期限内（28 天），向专业监理工程师递交过索赔意向通知，如超过此期限，专业监理工程师和建设单位有权拒绝索赔要求。其次，审核承包单位的索赔条件是否成立。最后应审核承包单位报送的费用索赔申请表，包括索赔的详细理由及经过，索赔金额的计算及证明材料；如不满足索赔条件，专业监理工程师应在"不同意此项索赔"前的"□"内打"√"；如符合条件，专业监理工程师就初定的索赔金额向总监理工程师报告，由总监理工程师分别与承包单位及建设单位进行协商，达成一致或监理工程师公正地自主决定后，在"同意此项索赔"前的"□"内打"√"，并把确定金额写明；如承包人对监理工程师的决定不满意，则可按合同中的仲裁条款提交仲裁机构仲裁。

（5）同意/不同意索赔的理由：同意索赔的理由应简要列明；对不同意索赔，或虽同意索赔但其中存在不合理部分的，应简要说明情况，如图 11-32 所示。

（6）索赔金额的计算：指专业监理工程师批准的费用索赔金额的计算过程及方法。

2. 费用索赔审批表填写示例

费用索赔审批表填写示例见表 11-26。

表 11-26 费用索赔审批表填写示例

工程名称	××××建筑工程	编号	××××

致：×××建筑工程公司（承包单位）

根据施工合同条款第 11 条的规定，你方提出的<u>因工程变更增加额外费用索赔申请</u>（第×××号），索赔金额（大写）<u>壹万捌仟柒佰伍拾元整</u>，经我方审核评估。

续表

工程名称	××××建筑工程	编号	××××

☐ 不同意此项索赔

☑ 同意此项索赔，金额为(大写)：壹万捌仟柒佰伍拾元整

同意/不同意索赔的理由：

① 费用索赔属于非承包方的原因

② 费用索赔的情况属实

索赔金额的计算：

① 同意工程设计变更增加的合同外施工项目的费用

② 工程延期 __3__ 天，增加管理费 2100 元

承包单位(章)：××建筑工程公司

项目经理：×××

日期：××年×月×日

应简要说明的情况
- 承包单位没有采取适当措施避免或减少损失
- 索赔事项不属于建设单位或监理工程师的责任，而是其他第三方的责任
- 建设单位和承包单位共同负有责任的，承包单位必须划分和证明双方责任大小
- 事实依据不足
- 施工合同依据不足
- 承包单位未遵守意向通知要求
- 施工合同中的开脱责任条款已经免除了建设单位的补偿责任
- 承包单位已经放弃索赔要求
- 承包单位必须提供进一步证据
- 损失计算夸大等

图 11-32　应简要说明的情况

附 录

隐蔽工程验收记录常用表格填写示例

一、土方开挖工程隐蔽工程验收记录

编号：××

工程名称	××××	分部工程名称	地基与基础分部
分项工程名称	土方开挖分项	隐蔽部位	地梁基槽
施工单位	××××	项目经理	××
施工图名称及图号		结施××	
序号	检查验收内容	施工单位自检记录	
1	土方开挖的标高	经检查，土方开挖的标高符合设计要求	
2	基底的清理	基底清理到位，浮土、松土全部清除，无砖块、石头等杂物	
3	基底尺寸	经检查，基底尺寸符合设计要求	
4	基底土性	经检查，基底土性为××××，符合设计要求	
	图示或说明：		
	照片		
施工单位检查意见	符合设计要求及规范规定。 项目专职质量检查员：×××　　　　　　　项目技术负责人：××× ××××年××月××日		
监理（建设）单位验收意见	经检查，隐蔽工程各项内容符合设计要求及规范规定，同意隐蔽。 监理工程师：××× （建设单位技术负责人）： ××××年××月××日		

二、土方回填工程隐蔽工程验收记录

编号：××

工程名称	××××	分部工程名称	地基与基础分部
分项工程名称	土方回填分项	隐蔽部位	地梁基槽
施工单位	××××	项目经理	××
施工图名称及图号		结施××	

续表

序号	检查验收内容	施工单位自检记录
1	基层清理	干净、无杂质
2	回填土的标高	回填土的标高符合设计要求
3	回填土质	××土,符合设计要求
4	分层厚度及压实指标	分××层压实,每层厚度为××cm,设计要求压实度为××
5	回填土的表面平整度	回填土的表面平整度符合规范要求

图示或说明:

照片

施工单位检查意见	符合设计要求及规范规定。 项目专职质量检查员:×××　　　　　项目技术负责人:××× 　　　　　　　　　　　　　　　　　　　××××年××月××日
监理(建设)单位验收意见	经检查,隐蔽工程各项内容符合设计要求及规范规定,同意隐蔽。 监理工程师:××× (建设单位技术负责人):　　　　　　　　　××××年××月××日

三、 混凝土工程隐蔽工程验收记录

编号:××

工程名称	××××	分部工程名称	地基与基础分部
分项工程名称	混凝土灌注桩分项	隐蔽部位	桩基(混凝土)
施工单位	××××	项目经理	××
施工图名称及图号	结施××		

序号	检查验收内容	施工单位自检记录
1	原材料检验及报验	使用××××公司生产的××混凝土,将出厂合格证及砂、石、水泥质量证明书报××××监理公司验收,已通过验收
2	试块强度检验	有××××质量检测中心出具的混凝土立方体试件抗压强度检测报告
3	结构实体检验及处理	有××××质量检测中心出具的桩基低应变动力检测报告,混凝土强度、钢筋间距、钢筋保护层厚度符合设计要求
4	构件尺寸偏差	尺寸偏差在规范允许的偏差范围内

图示或说明:

照片

施工单位检查意见	符合设计要求及规范规定。 项目专职质量检查员:×××　　　　　项目技术负责人:××× 　　　　　　　　　　　　　　　　　　　××××年××月××日
监理(建设)单位验收意见	经检查,隐蔽工程各项内容符合设计要求及规范规定,同意隐蔽。 监理工程师:××× (建设单位技术负责人): 　　　　　　　　　　　　　　　　　　　××××年××月××日

四、钢筋工程隐蔽工程验收记录

编号：××

工程名称	××××	分部工程名称	地基与基础分部
分项工程名称	钢筋分项	隐蔽部位	地梁
施工单位	××××	项目经理	××
施工图名称及图号		结施××	
序号	检查验收内容	施工单位自检记录	
1	原材料检验及报验	采用HRB400××,将质量证明书及见证检测报告报××××监理公司验收,已通过验收	
2	受力钢筋的品种、级别、规格和数量	受力钢筋的品质、级别、规格、数量符合设计要求	
3	接头类型及检验	经检查,接头位置、数量、焊剂及表面清渣和连接质量符合设计要求及规范规定,见证检测报告全部合格,有××××质量检测中心出具的钢筋焊接性能检测报告	
4	箍筋的数量、间距、规格和位置	箍筋的数量、间距、规格和位置符合设计要求	
5	保护层的厚度及控制措施	保护层的厚度为××mm,用钢筋保护层塑料限位卡垫设,间距每平方米不少于2个	
图示或说明：			
	照片		
施工单位检查意见	符合设计要求及规范规定。 项目专职质量检查员：×××　　　　　　　项目技术负责人：××× 　　　　　　　　　　　　　　　　　　　　　××××年××月××日		
监理(建设)单位验收意见	经检查,隐蔽工程各项内容符合设计要求及规范规定,同意隐蔽。 监理工程师：××× (建设单位技术负责人)： 　　　　　　　　　　　　　　　　　　　　　××××年××月××日		

五、砖砌体工程隐蔽工程验收记录

编号：××

工程名称	××××	分部工程名称	主体结构分部
分项工程名称	砖砌体分项	隐蔽部位	一层砖砌体
施工单位	××××	项目经理	××
施工图名称及图号		建施××	
序号	检查验收内容	施工单位自检记录	
1	原材料检验及报验	使用××××砖厂生产的烧结普通砖,将检验报告及见证检测报告报××××监理公司验收,已通过验收	
2	试块强度检验	有××××质量检测中心出具的砂浆立方体抗压强度检测报告	
3	灰缝厚度	检查10处,最大13mm,最小8mm,平均10.5mm,符合规范要求	

续表

序号	检查验收内容	施工单位自检记录
4	马牙槎的留置位置	马牙槎的留置符合规范规定
5	滚砖砌筑质量	用标准砖砍砖后滚砖,已挤紧,符合规范规定
图示或说明:		
照片		
施工单位检查意见	符合设计要求及规范规定。 项目专职质量检查员:×××　　　　　项目技术负责人:××× 　　　　　　　　　　　　　　　　　　　××××年××月××日	
监理(建设)单位验收意见	经检查,隐蔽工程各项内容符合设计要求及规范规定,同意隐蔽。 监理工程师:××× (建设单位技术负责人): 　　　　　　　　　　　　　　　　　　　××××年××月××日	

六、填充墙砌体工程隐蔽工程验收记录

编号:××

工程名称	××××	分部工程名称	主体结构分部
分项工程名称	填充墙砌体分项	隐蔽部位	一层填充墙砌体
施工单位	××××	项目经理	××
施工图名称及图号		建施××	
序号	检查验收内容	施工单位自检记录	
1	原材料检验及报验	使用××××砖厂生产的蒸压加气砖,将检验报告及见证检测报告报××××监理公司验收,已通过验收	
2	试块强度检验	有××××质量检测中心出具的砂浆立方体抗压强度检测报告	
3	灰缝厚度	检查10处,最大13mm,最小8mm,平均10.5mm,符合规范要求	
4	马牙槎的留置位置	马牙槎的留置符合规范规定	
5	滚砖砌筑质量	用标准砖砍砖后滚砖,已挤紧,符合规范规定	
图示或说明:			
照片			
施工单位检查意见	符合设计要求及规范规定。 项目专职质量检查员:×××　　　　　项目技术负责人:××× 　　　　　　　　　　　　　　　　　　　××××年××月××日		
监理(建设)单位验收意见	经检查,隐蔽工程各项内容符合设计要求及规范规定,同意隐蔽。 监理工程师:××× (建设单位技术负责人): 　　　　　　　　　　　　　　　　　　　××××年××月××日		

七、防水工程隐蔽工程验收记录

编号：××

工程名称	××××	分部工程名称	地基与基础分部
分项工程名称	卷材防水分项	隐蔽部位	剪力墙
施工单位	××××	项目经理	××
施工图名称及图号		建施××	

序号	检查验收内容	施工单位自检记录
1	原材料检验及报验	使用××××公司生产的×××，将出厂合格证及质量证明书报××××监理公司验收，已通过验收
2	防水层的外观质量	采用纵、横向铺贴，相互搭接100mm，粘接牢固，符合规范要求
3	细部构造	符合设计要求及规范规定
4	防水层的厚度	防水层的厚度符合设计要求
5	基层表面质量	基层表面洁净，无污垢
6	蓄水检验	/

图示或说明：

照片

施工单位检查意见	符合设计要求及规范规定。 项目专职质量检查员：×××　　　　　　　　项目技术负责人：××× 　　　　　　　　　　　　　　　　　　　　　　　××××年××月××日
监理(建设)单位验收意见	经检查、隐蔽工程各项内容符合设计要求及规范规定，同意隐蔽。 监理工程师：××× (建设单位技术负责人)： 　　　　　　　　　　　　　　　　　　　　　　　××××年××月××日

八、抹灰隐蔽工程验收记录

编号：××

工程名称	××××	分部工程名称	装饰装修分部
分项工程名称	抹灰分项	隐蔽部位	一层内墙
施工单位	××××	项目经理	××
施工图名称及图号		建施××	

序号	检查验收内容	施工单位自检记录
1	抹灰总厚度大于或等于35mm时的加强措施	抹灰总厚度大于或等于35mm时在抹灰层的中间放置加强细钢丝网，使其不开裂，并分2层进行抹灰
2	不同材料基体交接处的加强措施	不同材料基体交接处采用细钢丝网粘贴，钢丝网与基体的搭接宽度为100mm，使其不开裂

图示或说明：

照片

续表

施工单位检查意见	符合设计要求及规范规定。
	项目专职质量检查员：×××　　　　　　　项目技术负责人：×××
	××××年××月××日
监理(建设)单位验收意见	经检查，隐蔽工程各项内容符合设计要求及规范规定，同意隐蔽。
	监理工程师：×××
	(建设单位技术负责人)：
	××××年××月××日

九、门窗工程隐蔽工程验收记录

编号：××

工程名称	××××	分部工程名称	装饰装修分部
分项工程名称	金属、塑料门窗安装分项	隐蔽部位	一层
施工单位	××××	项目经理	××
施工图名称及图号		建施××	
序号	检查验收内容	施工单位自检记录	
1	原材料检验及报验	使用××××生产的型材，将出厂合格证及检验报告报×××监理公司验收，已通过验收	
2	锚固件施工质量	锚固件固定点间距600mm，与洞口固定牢固	
3	防腐、嵌填及密封处理	玻璃密封胶与玻璃及玻璃槽口接缝平整、不卷边、不脱槽，窗框与墙体间隙采用闭孔弹性材料填嵌饱满，表面用密封胶密封	
图示或说明：			
照片			
施工单位检查意见	符合设计要求及规范规定。		
	项目专职质量检查员：×××　　　　　　　项目技术负责人：×××		
	××××年××月××日		
监理(建设)单位验收意见	经检查，隐蔽工程各项内容符合设计要求及规范规定，同意隐蔽。		
	监理工程师：×××		
	(建设单位技术负责人)：		
	××××年××月××日		

十、电气工程隐蔽工程验收记录

编号：××

工程名称	××××	分部工程名称	建筑电气分部
分项工程名称	电线、电缆导管和线槽敷设分项	隐蔽部位	一层墙体

续表

施工单位	××××	项目经理	××
施工图名称及图号		电施××	
序号	检查验收内容	施工单位自检记录	
1	原材料检验及报验	使用××××生产的PVC套管和接线盒,将出厂合格证及质量证明书报×××监理公司验收,已通过验收	
2	电线、电缆导管安装质量	电线、电缆导管安装质量符合规范规定	
3	电线、电缆导管接头及密封处理	采用PVC管接头处用直接连接,外裹防水绝缘胶布密封处理	
4	线盒安装质量	线盒安装质量符合规范规定	
5	线管管径	线管采用φ×× PVC管,符合设计要求	
6	电线、电缆导管在砌体中的埋设深度	电线、电缆导管在砌体中的埋设深度均大于15mm	
7	电线、电缆导管的保护措施	电线、电缆导管在易损伤部位采用直接连接	
		图示或说明:	
		照片	
施工单位检查意见	符合设计要求及规范规定。 项目专职质量检查员:××× 项目技术负责人:××× ××××年××月××日		
监理(建设)单位验收意见	经检查,隐蔽工程各项内容符合设计要求及规范规定,同意隐蔽。 监理工程师:××× (建设单位技术负责人): ××××年××月××日		

十一、给水与排水工程隐蔽工程验收记录

编号:××

工程名称	××××	分部工程名称	建筑给水、排水及采暖分部
分项工程名称	给水管道及配件安装分项	隐蔽部位	一层
施工单位	××××	项目经理	××
施工图名称及图号		水施××	
序号	检查验收内容	施工单位自检记录	
1	原材料检验及报验	使用××××生产的×××套管和配件,将出厂合格证、质量证明书报××××监理公司验收,已通过验收	
2	管道安装质量	管道安装牢固、可靠	
3	试验检验	非承压管道系统已做灌水试验,有灌水试验记录	
		图示或说明:	
		照片	

续表

施工单位检查意见	符合设计要求及规范规定。	
	项目专职质量检查员：×××	项目技术负责人：×××
		××××年××月××日
监理(建设)单位验收意见	经检查,隐蔽工程各项内容符合设计要求及规范规定,同意隐蔽。	
	监理工程师：×××	(建设单位技术负责人)：×××
		××××年××月××日

资料员模拟试卷

土建施工全套表格

资料员考核评价大纲

部分参考文献

[1] 赵浩. 建筑工程施工技术资料编制简明手册 [M]. 北京：人民交通出版社，2005.
[2] 本书编委会. 建筑工程资料员一本通 [M]. 哈尔滨：哈尔滨工程大学出版社，2008.
[3] 王占良，刘文君，居义杰. 建筑工程资料表格填写范例 [M]. 北京：经济科学出版社，2005.
[4] 北京土木建筑学会. 建筑工程资料管理规程 [M]. 北京：机械工业出版社，2010.
[5] 郭丽峰. 资料员 [M]. 北京：化学工业出版社，2008.
[6] JGJ/T 185—2009 建筑工程资料管理规程 [S].
[7] 高航海. 资料员工作表格填写范例 [M]. 北京：中国建材工业出版社，2010.
[8] 王天魁，等. 建筑工程资料管理 [M]. 北京：化学工业出版社，2007.
[9] 吴金华. 资料专业管理实务 [M]. 北京：中国电力出版社，2011.
[10] 郝增锁，郝晓明，高成琪，等. 建筑工程档案资料快速编制、组卷与范例 [M]. 上海：上海科学技术出版社，2011.
[11] GB 50300—2013 建筑工程施工质量验收统一验收标准 [S].
[12] GB/T 50319—2013 建设工程监理规范 [S].
[13] JGJ/T 185—2009 建筑工程资料管理规程 [S].
[14] DB11/T 695—2009 建筑工程资料管理规程 [S].
[15] GB/T 50328—2014 建设工程文件归档规范 [S].